东南学术文库

SOUTHEAST UNIVERSITY ACADEMIC LIBRARY

文旅兴市
现代城市空间的转型与重构

Culture and Tourism:
Transformation and Reconstruction of Modern Urban Space

赵政原 ◆ 著

东南大学出版社
·南京·

图书在版编目(CIP)数据

文旅兴市：现代城市空间的转型与重构/赵政原著. —南京：东南大学出版社，2023. 2

ISBN 978 - 7 - 5766 - 0606 - 5

Ⅰ.①文…　Ⅱ.①赵…　Ⅲ.①旅游文化—作用—城市经济—经济发展—研究—中国　Ⅳ.①F299.21

中国版本图书馆 CIP 数据核字(2022)第 256140 号

○ 国家自然科学基金青年项目(42001157)

文 旅 兴 市 ：现 代 城 市 空 间 的 转 型 与 重 构
Wenlü Xingshi：Xiandai Chengshi Kongjian de Zhuanxing yu Chonggou

著　　者：赵政原
出版发行：东南大学出版社
社　　址：南京市四牌楼 2 号　邮编：210096　电话：025 - 83793330
网　　址：http://www. seupress. com
经　　销：全国各地新华书店
排　　版：南京星光测绘科技有限公司
印　　刷：南京工大印务有限责任公司
开　　本：700mm×1000mm　1/16
印　　张：13. 25
字　　数：260 千字
版　　次：2023 年 2 月第 1 版
印　　次：2023 年 2 月第 1 次印刷
书　　号：ISBN 978 - 7 - 5766 - 0606 - 5
定　　价：65. 00 元

本社图书若有印装质量问题，请直接与营销部联系。电话：025 - 83791830

责任编辑：刘庆楚　责任印制：周荣虎　封面设计：企图书装

编委会名单

身处南雍　心接学衡

——《东南学术文库》序

每到三月梧桐萌芽，东南大学四牌楼校区都会雾起一层新绿。若是有停放在路边的车辆，不消多久就和路面一起着上了颜色。从校园穿行而过，鬓后鬓前也免不了会沾上这些细密嫩屑。掸下细看，是五瓣的青芽。一直走出南门，植物的清香才淡下来。回首望去，质朴白石门内掩映的大礼堂，正衬着初春的朦胧图景。

细数其史，张之洞初建三江师范学堂，始启教习传统。后定名中央，蔚为亚洲之冠，一时英杰荟萃。可惜书生处所，终难避时运。待旧邦新造，工学院声名鹊起，恢复旧称东南，终成就今日学府。但凡游人来宁，此处都是值得一赏的好风景。短短数百米，却是大学魅力的极致诠释。治学处环境静谧，草木楼阁无言，但又似轻缓倾吐方寸之地上的往事。驻足回味，南雍余韵未散，学衡旧音绕梁。大学之道，大师之道矣。高等学府的底蕴，不在对楼堂物件继受，更要仰赖学养文脉传承。昔日柳诒徵、梅光迪、吴宓、胡先骕、韩忠谟、钱端升、梅仲协、史尚宽诸先贤大儒的所思所虑、求真求是的人文社科精气神，时至今日依然是东南大学的宝贵财富，给予后人滋养，勉励吾辈精进。

由于历史原因，东南大学一度以工科见长。但人文之脉未断，问道之志不泯。时值国家大力建设世界一流高校的宝贵契机，东南大学作为国内顶尖学府之一，自然不会缺席。学校现已建成人文学院、马克思主义学院、艺术学院、经济管理学院、法学院、外国语学院、体育系等成建制人文社科院系，共涉及 6 大学科门类、5 个一级博士点学科、19 个一级硕士点学科。人文社科专任教师 800 余人，其中教授近百位，“长江学者”、国家“万人计划”哲学社会科学领军人才、全国文化名家、“马克思主义理论研究和建设工程”首席专家等人文社科领域内顶尖人才济济一堂。院系建设、人才储备以及研究平台等方面多年来的铢积锱累，为东南大学人文社科的进一步发展奠定了坚实基础。

在深厚人文社科历史积淀传承基础上，立足国际一流科研型综合性大学之定位，东南大学力筹“强精优”、蕴含“东大气质”的一流精品文科，鼎力推动人文社科科研工作，成果喜人。近年来，承担了近三百项国家级、省部级人文社科项目课题研究工作，涌现出一大批高质量的优秀成果，获得省部级以上科研奖励近百项。人文社科科研发展之迅猛，不仅在理工科优势高校中名列前茅，更大有赶超传统人文社科优势院校之势。

东南学人深知治学路艰，人文社科建设需戒骄戒躁，忌好大喜功，宜勤勉耕耘。不积跬步，无以至千里；不积小流，无以成江海。唯有以辞藻文章的点滴推敲，方可成就百世流芳的绝句。适时出版东南大学人文社科研究成果，既是积极服务社会公众之举，也是提升东南大学的知名度和影响力，为东南大学建设国际知名高水平一流大学贡献心力的表现。而通观当今图书出版之态势，全国每年出版新书逾四十万种，零散单册发行极易淹埋于茫茫书海中，因此更需积聚力量、整体策划、持之以恒，通过出版系列学术丛书之形式，集中向社会展示、宣传东南大学和东南大学人文社科的形象与实力。秉持记录、分享、反思、共进的人文社科学科建设理念，我们郑重推出这套《东南学术文库》，将近些年来东南大学人文社科诸君的研究和思考，付之枣梨，以飨读者。知我罪我，留待社会评判！

是为序。

《东南学术文库》编委会

2016 年 1 月

目　录

导　论

第一节　现代城市空间的转型

城市是人类改造自然和利用自然的能力体现得最为充分和突出的地方，是人类文明发展到一定阶段的产物，也是一个地区经济和文化相对发达的中心。工业革命以降，伴随着技术的突飞猛进所带来的人类生活方式的改变，以乡村为中心的社会让位于以城市为中心的社会。传统社会的农业人口大量从乡村向城市流动，逐渐发展起近代大工厂制度，使城市成为最主要的生产中心；同时大量的人口尤其是年轻人口的聚集又极大地扩大了对多元化的商品和服务的需求，使城市也最终成为最具魅力的消费中心。可以说，自工业革命以来，城市作为社会变迁的主体，在现代政治生活、经济生活和文化生活中起着举足轻重的作用。

二战以后，西方国家的城市发展再一次走到了历史的拐点，一方面是产业结构调整带来了传统制造业的持续衰退，另一方面是各类"城市病"促使人们为改善居住条件从城市中心区迁移到城市的近郊，这在很大程度上改变了城市原有的空间结构。在此背景下，为了适应这一城市后工业化时代的需求，西方发达国家先后推动了一系列"城市更新(urban renewal)""城市再生(urban regeneration)"计划。这既包括新建住宅区、城市绿化和景观建设等生活空间的治理，也包括对衰落的工业区和交通线重新规划以吸引高科技产业、文化创意产业和休闲娱乐产业的投资，同时还包括由专业城市经理人参与的各类市政体制的改革。其中，艺术和文化被视作实现城市新的经济和社会目标的重要途径。[1] 尤其是 1980 年代以后，随着西方发达国家的工业生产方式从“福特主义”（Fordism）向“后福特主义（Post-Fordism）”的转变，一系列新型经济运作和组织模式对城市和区域空间带来了巨大影响，诸多用于描述资本主义经济发展新特点的概念，如“新经济（new economy）”“知识经济（knowledge economy）”“创意经济（creative economy）”和“创新经济（innovation economy）”等广泛见诸各类城市公共政策文本和社会经济领域的学术研究，并在实践层面进一步推动了西方城市空间的重构。[2]

在此背景下，不同学科的学者对城市化进程中涌现出的各种现象予以了高度的关心，城市研究日益成为西方各人文社会学科中的显学，来源于不同学术谱系和理论体系的城市地理学、城市经济学、城市社会学、城市人类学、城市政治学、城市生态学、城市史学以及城市文学与文化迅速发展并相互融合，逐渐使城市研究成为一个专门的学科领域。这其中，不仅仅包括研究城市生产活动与社会交往的社会学科，关注价值和审美的人文学科也越来越多地展开了包括城市意象与文化的研究，并形成了一系列与城市有关的空间批判和空间叙事理论。因此，可以说，现代城市既是由钢筋混凝土所组成的物质空间，也是人们从事生产和消费活动的社会场域，更是包含了普通民众集体记忆和情感生活的精神世界。

中国的工业化和城镇化进程晚于西方发达国家，但近年来规模城市总数已达到世界首位，城镇人口数量占据全国总人口数的 60%以上。在国际现代建筑协会（CIAM）于 1933 年制定的关于城市规划的纲领性文件《雅典宪章》（*Athens Charter*）中，就已经明确指出现代城市的四大功能为居住、工作、游憩和交通。从世界各国城市文明的发展历程来看，正是工作和闲暇的双重作用，方才共同构成了今天绚丽多彩的城市文化。然而在我国半个多世纪急速的城市化进程中，对居住、工作、交通予以了更多的关注，而游憩、休闲、娱乐的功能则居于从属地位。近年来随着我国城市居民生活水平的日益提高，对

---

[1] 露丝·陶斯. 文化经济学[M]. 周正兵，译. 大连：东北财经大学出版社，2016：15－151.

[2] 有关西方城市新经济的兴起，可参见 Cooke P, Lazzeretti L. Cultural Clusters and Local Economic Development[M]. Cheltenham: Edward Elgar, 2007; Franke S, Verhagen E. Creativity and the City: How the Creative Economy Changes the City[M]. Rotterdam: Nai Uitgevers Pub, 2005.

城市空间的需求也逐渐从传统的生产型环境向休闲型环境转变。相较于传统的生产型环境，休闲型环境更加注重基于个人感官的“场所体验”。城市公园、创意街区、绿地景观以及文化建筑和场馆已成为城市空间中不可或缺的要素。可以说，在当今休闲日益成为一种现代生活方式的背景下，如何充分利用城市在历史发展过程中形成的文化积淀，推动和发展文化产业和都市旅游，营造休闲和游憩空间，既是城市文化延续的需要，也是城市功能回归的需要。

随着近年来，中国的城市发展进入了新的历史时期，由重视物质和实体空间的规划和建设向城市文化和精神塑造转变。“文旅兴市”也越来越多地出现在许多城市的政策和规划文本中，这里的“文化”既包括了民族文化与现代文明和时代精神相结合的新时代社会主义文化，也包括了极具地方特色的城市历史文化。而通过“以文促旅，以旅彰文”，推动城市更新，把住历史文化资源，从而让城市社会经济在发展中绽放出新的魅力。

在当前中国城市更新的实践中，其空间层面的转型主要体现在以下几个方面：第一，对老工业空间（厂房、仓库等）的创意化开发以及旧生活空间的旅游化的更新，使其转型为包括创意产业园区、特色文化街区以及绿地、公园等游憩设施，正成为很多城市的普遍选择，但也不可避免地面临着同质化的问题。第二，以博物馆、美术馆、文化馆等为代表的文化场馆作为公共文化服务的重要载体，正逐渐超越传统的注重收藏、保存与研究馆内资源的范畴，更侧重阐释与沟通文化，旅游和体验的功能日益突出。第三，城市空间中的文化地标、文化景观除了原有的功能外，正日益成为传承城市民众集体记忆、提升城市文化吸引力的重要载体。

第二节　城市的文化与旅游政策

一、21世纪以来我国公共文化政策的展开

公共文化政策工具是实现公共文化服务有效供给的途径。公共文化政策一方面需要满足广大群众的基本文化需求，另一方面还需要尽可能为群众提供多元化个性化的公共文化内容。在新中国成立后半个多世纪的时间里，党和国家的工作重心主要集中在政治建设和经济建设领域，对于文化领域的关注也基本是为前两者服务的。改革开放前，公共文化服务尽管较多地受制

于意识形态的限制，但在各城镇也逐步兴建了公共图书馆、文化馆（站）、群众艺术馆和博物馆等文化基础设施。随着改革开放后社会主义市场经济的基本确立，文化领域的体制改革也得以不断推进，发展公益性的文化事业逐渐被上升到国家政策层面。

2002 年 11 月召开的党的十六大提出："国家支持和保障文化公益事业，并鼓励它们增强自身发展活力。"2005 年，《中共中央关于制定国民经济和社会发展规划第十一个五年规划的建议》中明确指出要逐步形成覆盖全社会的比较完备的"公共文化服务体系"，这是官方文本中首次明确提出"公共文化服务"的概念。2007 年中共中央办公厅、国务院办公厅印发了《关于加强公共文化服务体系建设的若干意见》，全面部署了大力加强公共文化服务体系建设的各项工作。2010 年 10 月，党的十七届五中全会上提出"十二五"时期文化建设的两大战略任务，将"基本建成公共文化服务体系"作为其中之一。2011 年，党的十七届六中全会通过了《中共中央关于深化文化体制改革推动社会主义文化大发展大繁荣若干重大问题的决定》，具体阐释了公共文化、公共文化服务、公共文化服务体系的性质、内容、特点、目标，明确了公共文化服务公益性、基本性、均等性、便利性的基本特点。2012 年 7 月国务院印发的《国家基本公共服务体系"十二五"规划》，首次将基本公共文化体育服务纳入其中。党的十八大以来，党中央高度重视公共文化建设。2013 年，《中共中央关于全面深化改革若干重大问题的决定》专门提出"构建现代公共文化服务体系"。2015 年，中共中央办公厅、国务院办公厅印发《关于加快构建现代公共文化服务体系的意见》，进一步明确了在新形势下构建现代公共文化服务体系的重要意义、总体要求和战略举措。随后，《博物馆条例》《公共文化服务保障法》《公共图书馆法》等一系列法律法规被制定和实施，为构建现代公共文化服务体系提供了法律制度层面的保障。2017 年，党的十九大报告进一步提出了新时代文化建设的基本方略，指出要完善公共文化服务体系，深入实施文化惠民工程，丰富群众性文化活动。2022 年，党的二十大报告更是将"健全现代公共文化服务体系"作为实现中国式现代化的重要内容，再次明确了要"加强国家科普能力建设，深化全民阅读活动"和"实施国家文化数字化战略，健全现代公共文化服务体系，创新实施文化惠民工程"。

总体而言，经过近 20 年的发展，国家对公共文化服务的重视程度有了明显提升，政策参与主体显著增加，除中共中央、全国人大常委会、国务院及其办公厅外，发展改革委、财政部、税务总局、文化部（文化和旅游部）、国家广播电视总局、新闻出版署、国家文物局等业务部门均不同程度参与其中，各单位间协同度有了较大提高。公共文化服务体系的内涵丰富、规模广泛。从政策内容来看，涉及广播电视“户户通”、文化志愿服务、“书香社会”、“15 分钟品质文化生活圈”、公共数字文化建设、群众歌咏等诸多领域。但另一方面，我国的公共文化服务仍然存在城乡之间资源配置不均衡、基层公共文化服务资源相对匮乏、刚性供给与民众弹性需求之间的矛盾等方面的问题。因此，各地方政府也在其政策的制定和执行过程中，积极摸索多种政策工具，以期对公共文化服务体系的发展起到激励和促进作用。

二、文化产业的行业范畴与政策实践

不同于公共文化政策以公益性、基本性、均等性、便利性为基本特点，文化产业政策作为国家针对文化产业发展所采取的特定规则和措施，是国家为指导和调节文化产业和经济利益所指定的规则和措施，是国家间接管理文化产业的重要手段，一方面固然有其“文化政策”的一面，但更多地表现出“产业政策”的特征。作为市场经济活动的一个领域，“文化产业”出现在中央政策文件中的时间要略早于“公共文化服务”。2000 年 10 月，“十五”计划首次正式提出“文化产业”和“文化产业政策”的概念。2001 年，《文化产业发展第十个五年计划纲要》《关于“十五”期间加强基层公共文化设施建设的通知》等支持文化产业的政策性文件相继颁布，此后一系列相关的行业性法规和条例相继出台。2011 年 10 月召开的中共十七届六中全会通过的《中共中央关于深化文化体制改革推动社会主义文化大发展大繁荣若干重大问题的决定》中，明确提出了“加快发展文化产业，推动文化产业成为国民经济支柱性产业”。此后，我国各级人民政府及相关部门颁布了很多旨在促进文化产业快速发展的政策性文件。目前，作为中国首部文化法的《中华人民共和国文化产业促进法》也正在制定的过程中。

由于我国一直以来对国民经济实行分行业管理，而文化产业覆盖广播电影电视、新闻出版、演艺会展、娱乐游戏、艺术活动、文化旅游等多个行业，其复杂性和多元性也决定了文化产业政策体系长期以来呈现分业管理的特征。《文化及相关产业分类(2012)》的颁布为量化统计和比较文化产业规模提供了依据。在此基础上，全国的各地方政府先后出台了大量相关政策以促进本地文化产业的发展，甚至有的城市将文化产业增加值占 GDP 比重等指标纳入地方政府绩效考核范围。

从西方发达国家的经验来看，各国也对文化产业的范畴进行了不同的界定。英国文化、媒体、体育政府部门(DCMS)在《2001 年文化创意产业评估文件报告》(*The Creative Industries Mapping Document* 2001)中提出，文化创意产业中 13 项行业的设立标准是基于利用知识产权所需的创造力、技能和才华来创造财富和就业活动的。[1] 随后英国国家科学、技术与艺术基金会(NESTA)在 2006 年的《创造增长：英国如何发展世界级的创意企业报告》中提出了国家科学、技术与艺术基金会模型(NESTA Model)，根据统计文化产业创意创新带来的商业成长目标进行调整，建立了创意服务提供者、创意内容生产者、创意体验提供者、创意原创提供者四大产业范畴。[2] 而在美国 2005 年发布的《创意产业国会报告》(*Creative Industries* 2005：*The Congressional Report*)中，则将参与艺术生产与制造的企业视作艺术核心企业(arts-centric businesses)。[3] 而日本长期以来将文化创意产业作为"内容产业"，即将通过一定介质将信息化的内容作为产品提供的产业，包括影像产业、音乐产业、游戏产业、出版产业等四大类。此外，世界知识产权组织(World Intellectual Property Organization，WIPO)在 2003 年提出了世界知识产权组织模型(WIPO Model)，将文化产业定义为直接或间接参与受版权保护的工作内容，包括创意策划、制造、生产、发行与营销等方面。[4] 联合国教科文组织(UNESCO)也因统计需求在 2009 年将文化产业划分为五个核心领域，即文化和自然遗产，表演和节庆，视觉艺术、工艺与设计、书籍和媒体，音像和数字媒体，旅游、体育和休闲产业。[5]

总体来看，主要文化产业发达国家，如澳、美、法、加、英、日、韩等国家的文化产业政策具有不同的治理模式。这些政策治理模式分别包括基于文化创富的演进型政策模式、基于市场引导的竞争型政策模式、基于文化保护的

---

[1] UK Department of Culture，Media and Sport. The Creative Industries Mapping Document 2001[M]. London：DCMS，2001.

[2] National Endowment for Science， Technology and the Arts(NESTA). Creating Growth：How the UK Can Develop World Class Creative Businesses. NESTA，2006. Retrieved August 14，2014，from http://creative-blueprint. co. uk /library/item/creating-growth.

[3] Americans for the Arts. Creative Industries 2005：The Congressional Report[R]. Washington DC：Americans for the Arts，2005.

[4] World Intellectual Property Organization(WIPO). Guide on Surveying the Economic Contri bution of the Copyright-based Industries. Geneva：WIPO，2003.

[5] UNESCO Institute for Statistics(UIS). The 2009 UNESCO Framework for Cultural Statistics(Draft)[M]. Montreal：UIS，2009.

干预型政策模式、基于政府引领的中间型政策模式以及基于法律保障的约束型政策模式等。[1] 今后，中国的文化产业政策也将在借鉴西方发达国家政策的基础上，通过完善管理运行体制机制、健全部门协同联动工作机制等，进一步形成并完善具有中国特色社会主义市场经济条件下的文化产业政策。

三、国内外旅游政策的实施进展

旅游政策是指国家或地方政府为促进和规范旅游产业发展、服务社会民生而制定的一系列旅游发展战略方针、法律法规、规章制度和办法措施的总和。主要内容包括：旅游产业政策的制定、旅游法规体系的构建、旅游市场的开拓与促销、旅游人力资源的开发与管理、旅游规划的编制与管理、旅游服务质量的监督与管理、旅游市场秩序的规范与维护、旅游数字化建设与旅游统计管理、旅游企业管理等。[2] 旅游业作为一项具有较强综合性的第三产业，与农业、工业等传统产业相比，往往更容易受到地区乃至国家的政治、经济、文化、生态等因素的影响。因此，旅游政策作为国家或地方政府对旅游业干预的手段和工具，也普遍具有多重的政策属性，呈现出经济性、社会性和文化性的特征。

近代的旅游业肇始于西欧，但早期规模相对有限，对经济未能形成强有力的影响，因而各国政府也并未针对旅游制定相应的产业政策。直到西班牙于1911年正式成立专门的官方旅游机构“皇家委员会”（Royal Commission），并出台了一系列鼓励性政策以促进本国旅游业的快速发展，被认为是开启了借助旅游政策促进地方经济发展的先河。[3] 而随着二战后大众旅游的兴起，全球旅游业蓬勃发展，更是出现了众多以旅游业为主导产业的地区和国家。因此，各国政府开始将旅游业视作重要的产业部门，对其干预力度不断加强。由于旅游业具有涉及面宽、乘数效应强、引动促发性快等特点，许多国家通过旅游政策促进旅游业跨越式发展，再通过旅游业作用到整个宏观经济。此外，包括奥运会、球类世界杯、世博会在内的大型活动普遍被认为是

---

〔1〕 向勇，刘颖. 国际文化产业的政策模式及对中国的启示研究[J]. 福建论坛(人文社会科学版)，2016，20(4)：102－110.

〔2〕 李锋. 国外旅游政策研究：进展、争论与展望[J]. 旅游科学，2015，29(1)：58－75.

〔3〕 Garcia A F. A Comparative Study of the Evolution of Tourism Policy in Spain and Portugal [J]. Tourism Management Perspectives，2014，11(1)：34－50.

带动当地旅游业发展的重要机遇。[1] 而在发生经济危机之后，不少国家政府也将旅游业视作恢复经济的驱动引擎，制定和实施了一系列促进性旅游政策。[2] 但与文化产业政策一样，各国由于政治经济制度、旅游业发展水平以及政府干预经济程度的不同，旅游产业管理体制与政策存在着较大的差异。一般来说，可以划分为以英美为代表的依托成熟的市场经济的市场规制模式；以日本和西欧为代表的政府间接参与的官民协作模式；以及以泰国为代表的政府部门统筹规划和宏观管理的官方权威管理模式。

新中国成立以来，中国的旅游政策先后经历了改革开放前的外事接待，改革开放初期的旅游创汇、市场化改革、扩大内需等不同的发展阶段。近年来，伴随着中国旅游从传统的观光经济向体验经济转型，包括基础设施、配套服务在内的旅游公共服务体系愈发受到关注和重视。从 2009 年国务院发布的《关于加快发展旅游业的意见》提出把旅游业培育成国民经济的战略性支柱产业和人民群众更加满意的现代服务业两大宏伟目标，到 2016 年当时的国家旅游局提出的"全域旅游"理念，均体现出了这一趋势。随着旅游业不再是单纯的产业经济部门，而已经成为涉及政治、文化、社会、生态的复合型产业，因此旅游政策也呈现出多元性的特征，包括通过政策积极引导旅游产业由经济性产业向综合性事业转变，并拓展其在国家形象推广、幸福民生、生态保护、文化传承等方面的功能。同时，国家和地方政府还通过旅游政策积极促进旅游产业转型升级，鼓励旅游产品转型升级，推动旅游产业与相关行业融合发展。

第三节　城市文化资源的保护与开发

一、城市文化资源的地方性

文化资源泛指人们从事一切与文化活动有关的生产和生活内容的总称，其存在形式既包括物质形态，也包括精神形态。但相较于自然资源已经具有明确的界定，并形成了专门的政府行政机构加以管理，目前学术界和行政机

---

[1] Pastras P, Bramwell B. A Strategic-relational Approach to Tourism[J]. Annals of Tourism Research, 2013, 43(1): 390 - 414.

[2] Jucan C N, Jucan M S. Travel and Tourism as a Driver of Economic Recovery[J]. Procedia Economics and Finance, 2013, 6(1): 81 - 88.

构对于文化资源还没有形成普遍接受的定义，仅仅是不同学科和领域的学者根据其自身学术背景和研究视角进行过不同的界定，其管理和开发也常常涉及不同的政府部门。一般认为，文化资源是历史的客观存在，它在漫长的时间延续过程中逐渐积累，最终形成历史文化资源。这种资源往往借助于城市载体转化为城市文化资源，从而对城市的影响力、竞争力和可持续发展能力产生重大作用，体现文化资源的软实力价值。

事实上，我国自改革开放，尤其是1990年代以后，伴随着各地的文化经济建设和商业旅游开发，文化资源的开发和利用一直是居高不下的热门话题。文化地理学的同心圆扩散模型，以及文化经济学的产业链分析模式等，均被引入到研究中。而从研究对象上看，作为一个跨学科的领域，有的侧重于文化资源的活化利用乃至产业化经营，有的更关注开发利用中的产权保护，有的则侧重于文化遗产和非物质文化遗产的原真性保护。[1] 这些研究都在很大程度上丰富了人们对于文化资源开发的思路，提高了对保护和开发的重要性的认知。事实上，文化资源的保护与开发的问题不仅涉及对文化资源本身的认识，而由于文化资源所具有的地方特性，往往更涉及文化资源与城乡发展的耦合关系。相较于自然资源开发的重点是强化其形式美，文化资源开发的核心则是整合文化要素，把散点化的文化因子“聚合”成内容丰富、特色突出、主题鲜明的文化产品，这就需要从区域文化的历史积淀中去挖掘核心文化并加以开发。

“地方性”是指一个地域在自然环境、人文历史、文化背景、风俗传统等各个方面形成自己区域所独有的区别于其它地域的特质。随着20世纪后半叶西方国家社会科学领域涌现出大量对于普遍主义的质疑，如地理学的“人文主义转向”、人类学的“文化研究”等，使长期被忽略的具有差异化的地方叙事开始被视为承载着情感意义、行为规范和意识形态的文化体系。西方人文主义地理学的代表人物段义孚（Yi-Fu Tuan）就高度强调了人与地方之间的情感联系，认为人们对于长期居住或经常接触的“地方”，会产生各种强烈和持久的情感。[2] 爱德华·雷尔夫（E. Relph）也认为任何一个地方都具有客观

---

〔1〕 可参见苏卉，王丹. 基于数字技术的大遗址区文化资源的活化策略研究[J]. 资源开发与市场，2016，32(2)：174－177；黄晓. 产业化视角下的贵州民族民间文化资源保护[J]. 贵州社会科学，2006(2)：51－53；梁学成. 对世界遗产的旅游价值分析与开发模式研究[J]. 旅游学刊，2006，21(6)：16－22.

〔2〕 Tuan Y F. Rootedness and Sense of Place[J]. Landscape，1980，24(2)：3－8.

物质、功能以及意义三重属性，地方性就体现在这三重属性中。[1] 换言之，从人文主义地理学者看来，人对地方的独特情感，在日常生活中真切而细腻地影响着人们的行为，这也构成了城市文化的重要内容，也影响着城市的旅游发展。城市的文化资源，本质上就是这些具有高度地方性的遗址遗迹、纪念场所、节事民俗、神话传说、历史记载和民间记忆的总和。现代社会的人们通过旅游观光、纪念活动等而延续这些地方的文脉和历史传统。

但随着现代社会资本力量的进入，地方性的文脉正不可避免地遭到侵蚀，经济利益成为衡量地方空间价值的最主要标准。正如刘易斯·芒福德(L. Mumford)所言，"资本主义把单独的建筑地块和街区，把街道和大道，都作为可以买和卖的抽象单位，毫不尊重过去历史上这块地是做什么用"[2]。因此，如何推动各级公共文化服务机构对地方文化加以支持和鼓励，并激活普通民众对城市本地文化的理解和欣赏，建设和培养高质量的本地文化传承和创造人才，在此基础上借助具体的生活场景，来重塑城市空间中的地方价值，已经成为绝大多数城市亟须面对的重要课题。

二、城市文化资源的开发路径

第一，在于充分发掘"地方性知识"，采用多种方式对城市既有的物质和非物质文化进行发掘、记录和保护。这里既包括建筑、文物等物质文化遗存，更包括了大量的民俗、工艺、歌谣、仪式、记忆等包含着民众日常生产生活经验的非物质文化遗存。事实上从近几十年中国城市文化资源的开发现状来看，相较于物质文化遗存，作为日常生产生活的非物质文化遗存往往是文化保护和传承工作中最容易被忽视的内容。近年来，在城市更新的浪潮之下，不少城市展开了"历史文化街区"的建设，将一批具有历史文化价值的城市建筑改造为环境优雅、设施便捷的特色商业街，但从文化的传承来看，也存在流于形式的问题。作为城市文化最重要表征的生产生活样貌，在城市空间的重构中，往往容易丧失殆尽。

第二，传统的民俗、工艺，作为一种古老的地方文化的形式，如何与新时代城市空间的社会经济需求和技术水平进行嫁接，从而实现传统文化的现代重构，也是所有城市文化资源的开发利用中不得不面对的重要课题。因此，

---

[1] Relph E. Place and Placelessness[M]. London: Pion, 1976: 35-40.

[2] 刘易斯·芒福德. 城市发展史——起源、演变和前景[M]. 宋俊岭，倪文彦，译. 北京：中国建筑工业出版社，2005: 437.

借助与时俱进的创意思维和先进的技术手段，并通过合理的规划和设计，重新激活传统工艺的活力，实现符合现代生产生活方式的文化再生产，就成为了城市文化资源开发中最关键的一环，也是激发当代城市文化产业和文化旅游的内生力的核心之所在。

第三，文化型城市正在成为全球城市化进程中的重要方向。城市的文化设施、地标建筑、旅游景点等作为吸引外地游客的文化载体，也不再是封闭的、静态的、不交流的。在新媒体时代，地方文化的传播成为城市文化保护与开发的重要手段，旅游短视频、旅游记录片滋生了大量的网红旅游景点，使得一大批被埋没在城市街巷的文化景观、地方美食、传统技艺、名人轶事得以被重新发掘并广泛传播。通过在网络空间中的文化再生产，城市文化与更广阔空间中的人和事得以建立起新的连接，创造出新的旅游景点和文化产品。例如，不少城市还通过积极吸引具有本地特色的文学、艺术和影视作品的创作，发展地方文化产业。一方面，借助其极具地方文化符号的景观叙事，让全国乃至全球的读者和观众感受到城市所具有的独特的文化印记，尤其是文字和影像的细腻刻画，让城市的风土人情和文化符号广泛传播。另一方面，众多作为取景地的建筑设施和自然风光成为各大网站推介的"网红"景点，也有效地促进了"影视 IP＋城市"的文旅融合效应。

但与此同时，过度一味的商业化和旅游化也无助于文化资源所携带的文化基因与城市环境的整合。商业旅游开发以标准化对目的地施加影响，是全球化在地方层面的重要体现。因此，被视作"地方性"重要元素的本地文化也以其特有的力量，不断以抵抗的姿态呈现自我，这也常常被视作抵抗同质化和商品化的重要力量。通过传统文化的复兴和创新，将地方性植入到文化设施、文创产品和旅游项目中，是促进文化复兴、提升旅游体验以及振兴相关产业的必由之路。

三、文化资源与城市环境的共生关系

地方文化资源与城市空间存在着共生关系。共生关系是在一定的环境中发生的，共生单元之外各种因素一起构成共生环境。共生环境与共生体之间通过物质、信息和能量的交流产生相互作用。城市空间往往被视为文化资源旅游开发的最重要的环境。

共生模式是指共生单元相互作用的方式或相互结合的形式，反映共生单元间的作用方式及强度和相互交换物质、能量、信息的关系。文化资源与所

属城市空间的共生关系往往会随着时间序列的纵向变化而呈现出不同的阶段性特征。在文化资源开发利用的不同发展阶段，其与城市空间有着不同的功能和空间特征。从共生理论的视角来看，呈现出偏利共生、非对称性互惠共生和对称性互惠共生等不同的共生行为模式，从而对城市的空间规模和形态、产业类型和结构以及社会环境等产生不同程度的影响。

偏利共生（Commensalism）亦称共栖，指两种都能独立生存的生物以一定的关系生活在一起的现象，是种间共生演化的形成阶段。偏利共生对其中一方有利，对另一方正反向作用不明显，属于“正相互作用”。共生单元形态方差可以较大，以产生新利益为前提，一方全部获取新利益，不存在新利益的广谱分配。其作用特征表现为：对一方有利而对另一方无害，存在双边双向交流，有利于获利方进化创新，对非获利方无补偿机制时不利。在文化资源与城市建立共生关系的初级阶段，作为文化资源主要载体的旅游景区或文化场所与城市相距较远或影响力较为有限，即形成了“文化孤岛”或“文化飞地”，由于空间区位、规划建设、产业结构等多重因素，文化资源与城市之间的关系相对薄弱。文化资源的消费者以外地游客或少数高收入阶层的文化消费者为主。

非对称性互惠共生（Non-symmetric reciprocal symbiosis）模式是互惠共生模式的一种，在这种关系中共生单元的形态方差较小，同类共生单元亲近度虽高但存在明显差异，产生新利益、存在新利益的广谱分配，分配机制呈现非对称性的特征，存在广谱的进化作用，存在双向双边交流，但由于分配机制的非对称性导致进化的非同步性。这一阶段是共生演化的发展阶段，文化资源与城市空间的关系及其对城市的影响遵从“增长极理论”所描述的典型特征，逐渐从单一的文化场馆和旅游景区扩大为整个区域，其影响也逐步增强。此时的开发行为更多是由大型项目所驱动，在文化的流通上呈现出单向性。在空间演化则表现为：文化区和城市之间日益紧密的协作与互动，尤其是本地市民开始参与到地方的文化建设中，促进了城市空间和文化资源的共同发展，但文化区的效用较之城市更加显著，其进化呈现典型的非同步性特征，因此二者呈现显著的非对称性互惠共生模式特征。文化场所作为各种文化创意的聚集地，并随之成为先进文化思想的集中地。

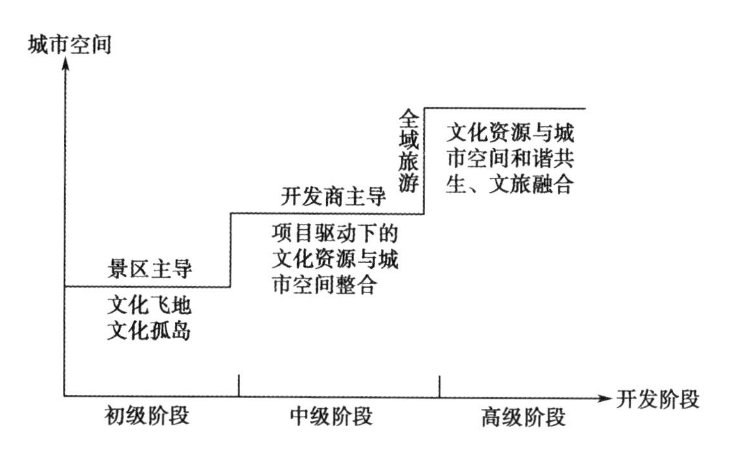

图 0.1　各开发阶段中文化资源与城市空间的共生关系

对称性互惠共生(Symmetric reciprocal symbiosis)是实现共生单元之间互惠共赢的理想模式和目标,也是促进共生系统优化的方向。在这一模式下,共生单元之间形态方差接近于零,同类共生单元之间亲近度高且相同或相近,产生新利益并按照对称性机制进行分配。在演化特征上存在广谱的进化作用,存在双边交流机制,共生单元的进化具有同步性。在这一阶段,地方文化资源已完全融入所在城市乃至周边区域的整体发展运行当中,文化场所和景区与城市之间的互动及深层次的功能整合全面展开。文化公共服务体系完全形成,真正意义上实现了城市即景区,形成文化事业、文化产业以及旅游业与城市空间融合的共建共赢发展格局。文化资源真正意义上成为了城市品牌的组成部分,并能够不断地吸引人才、资金、技术等资源向其集聚,对地方文化经济起到重要的引领作用。

第四节　作为旅游目的地的城市

一、旅游目的地的形成与演化

随着世界和各国旅游业的发展,作为旅游活动中心的旅游目的地演化和发展成为旅游研究重要议题。由于旅游目的地系统的多元性和综合性,尽管其早期以地理学的研究为主,近年来随着研究范式的多元化,逐步拓展到经济学、管理学、社会学等多个领域。从地理学的视角来看,旅游目的地往往被视作一个为旅游者所认可的、特定的地理空间区域和经济活动区域。[1] 在此基础上，可以对旅游目的地资源分布、旅游空间结构形成科学的认识，并对其中的旅游活动及现象进行描述和解释，最终有助于形成针对旅游目的地可持续发展的政策与管理体系。其中，旅游目的地的空间演化与生命周期、旅游产业集群与网络、旅游目的地的管理与治理等领域一直受到国内外经济地理学者的广泛关注。[2]

旅游目的地作为一种因旅游流的产生、分配、集聚与扩散而形成并发展的复杂、开放的地域综合体，构成了特殊的复合生态系统。但从过去的研究成果来看，尽管目前旅游目的地研究内容和方法日趋多元，但大多数仍未跳脱出基于力学均衡模型的传统思维，即从需求和供给角度，寻求一种平衡状态下的资源最佳配置方式。这样的研究往往背离了旅游目的地的实际发展状况和游客的多样化需求，以及环境保护和社会文化发展的需要。[3]

二、旅游目的地演化动力机制

旅游业与区域经济的相互关系一直是国内外旅游地理学者的关注热点，旅游行业通过上下产业链条，促进区域及城市经济的发展。传统的研究热点包括旅游驱动型经济增长假说、旅游专业化假说等，均利用面板模型分析了旅游对国家或地方经济增长的贡献。[4] 大多数研究认为，旅游的专业化能够驱动地方经济的增长。然而，这种基于新古典经济学框架下的研究由于缺乏对产业结构内生型变量的关注，并不能够很好地解释旅游业和旅游活动在区域发展中的作用。对此，不少早期的西方旅游地理学者将目光投向了源自阿尔弗雷德·马歇尔（A. Marshall）的“MAR 外部性”理论和源自简·雅格布斯（J. Jacobs）的“Jacobs 外部性”理论，即从区域经济体系内部探讨旅游

---

[1] Buhalis D. Marketing the Competitive Destination of the Future[J]. Tourism Management, 2000, 21(1): 97 - 116.

[2] Ioannides D. Commentary: The Economic Geography of the Tourist Industry: Ten Years of Progress in Research and an Agenda for the Future[J]. Tourism Geographies, 2006, 8(1): 76 - 86.

[3] Brouder P. Evolutionary Economic Geography: A New Path for Tourism Studies[J]. Tourism Geographies, 2014, 16(1): 2 - 7.

[4] Balaguer J, Cantavella-Jordá M. Tourism as a Long-run Economic Growth Factor: The Spanish Case[J]. Applied Economics, 2002, 34(7): 877 - 884; Brau R, Lanza A, Pigliaru F. How Fast are Small Tourism Countries Growing? Evidence from the Data for 1980—2003[J]. Tourism Economics, 2007, 13(4): 603 - 613.

目的地演化和经济增长的动力机制，知识外溢、人力资本、研发机构、劳动分工和专业化、集聚效应、做中学成为了主要变量。[1] 大多数学者认为，经济和产业的多样化能够促进旅游城市的经济和社会可持续发展，而过度专业化则会带来排挤其他行业[2]、经济社会的两极分化[3]、易受到经济波动影响[4]等问题。

演化经济地理学的视角则进一步试图超越“MAR 外部性”和“Jacobs 外部性”之间围绕专业化和多样化的对立，强调多元利益相关者的创新行为与合作机制。演化经济地理学中的广义进化论范式强调，相关联的多样性有利于企业的外部性，从而促进区域内的学习、合作与创新。由于旅游产业集群符合这一特性，不少学者开始关注在旅游集群内企业间知识转移[5]、产业间的关联性对旅游集群演化的作用，也有学者探讨了旅游产业集群内企业间内在的非正式交流与合作机制，及其对集群创新和竞争力提升的重要影响[6]。即充分权衡以新奇性为目的的认知距离和以有效吸收为目的的认知接近性，过度同质化和过度差异化均不利于当地旅游竞争力的提升。

而且相较于均衡模型，演化视角往往关注较长时间段的产业结构和企业行为。一般而言，旅游业的发展往往与区域经济中的其他部门发展路径一致。不同城市的旅游业往往具有自身的发展路径，不同类型的企业家和组织对城市旅游业的构造和形态有巨大影响。[7] 换言之，演化经济地理学关注城市和区域的创新过程如何影响区域内旅游经济的变化，从而了解旅游业在

---

〔1〕 Sheng L. Specialization Versus Diversification: A Simple Model for Tourist Cities [J]. Tourism Management, 2011, 32(5): 1229 - 1231.

〔2〕 Bardolet E, Sheldon P J. Tourism in Archipelagos: Hawaii and the Balearics[J]. Annals of Tourism Research, 2008, 35 (4): 900 - 923.

〔3〕 Sheng L, Tsui Y. Foreign Investment in Tourism: The Case of Macao as a Small Tourism Economy[J]. Tourism Geographies, 2010, 12(2): 173 - 191.

〔4〕 Terhorst P, Erkus-Öztürk H. Urban Tourism and Spatial Segmentation in the Field of Restaurants: The Case of Amsterdam[J]. International Journal of Culture, Tourism and Hospitality Research, 2015, 9(2): 85 - 102.

〔5〕 Shaw G, Williams A. Knowledge Transfer and Management in Tourism Organizations: An Emerging Research Agenda[J]. Tourism Management, 2009, 30(3): 325 - 335.

〔6〕 Jacint B, José C P. Relationship between Spatial Agglomeration and Hotel Prices: Evidence from Business and Tourism Consumers[J]. Tourism Management, 2013, 36: 391 - 400.

〔7〕 Rogerson C M, Rogerson J M. Urban Tourism Destinations in South Africa: Divergent Trajectories 2001—2012[J]. Urbani Izziv, 2014, 25(S): 189 - 203.

当地嵌入的状况。[1]

三、旅游目的地研究的"演化转向"

自加拿大旅游地理学者理查德·巴特勒(R. W. Butler)于1980年借鉴产品生命周期的概念建立起旅游地生命周期演化模型以来，大量的实证研究讨论并检验了该模型在不同地区的适用性，通过引入系统论、社会网络理论等进一步完善并拓展了该理论。[2] 近年来，函数模型得到更为广泛的运用，并进一步拓展到生态足迹模型、旅游可持续发展评价指标体系等领域。[3] 然而，不同旅游目的地之间居民和旅游者特性、自然及人文环境等具有明显的差异，而这种区域根植性很大程度上影响了旅游地的演化规律和可持续发展路径，并常常难以通过统一的模型进行测量和计算。演化经济地理学的复杂系统论范式，则能够为旅游地理研究提供一个超越单线逻辑的叙事，而强调对更为广泛的区域综合要素的关注[4]，即旅游促进区域内产品、服务、资本以及企业家技能的转移和流动[5]。其中，城市旅游作为旅游经济中最为关键和复杂的部分，在区域旅游发展中占据着重要地位。随着世界各国城市旅游的迅速发展，其复杂的治理问题日益凸显，越来越多的学者强调复杂系统论在城市旅游经济发展与可持续发展中的重要性。[6]

不可否认的是，由于在方法论层面的相对匮乏，"演化转向"下的旅游目的地研究的实证成果仍然受到了一定的限制，但其思想框架仍然给研究充满

---

[1] Brouder P, Ioannides D. Urban Tourism and Evolutionary Economic Geography: Complexity and Co-evolution in Contested Spaces[J]. Urban Forum, 2014, 25: 419－430.

[2] Pavlovich K. The Evolution and Transformation of a Tourism Destination Network: The Waitomo Caves, New Zealand[J]. Tourism Management, 2004, 24(2): 203－216;徐红罡，郑海燕，保继刚. 城市旅游地生命周期的系统动态模型[J]. 人文地理，2005，20(5): 66－69.

[3] Peng H, Zhang J, Lu L, et al. Eco-efficiency and Its Determinants at a Tourism Destination: A Case Study of Huangshan National Park, China[J]. Tourism Management, 2017, 60(6): 201－211.

[4] Milne S, Ateljevic I. Tourism, Economic Development and the Globallocal Nexus: Theory Embracing Complexity[J]. Tourism Geographies, 2001, 3(4): 369－393; Baggio R. Symptoms of Complexity in a Tourism System[J]. Tourism Analysis, 2008, 13(1): 1－20.

[5] Zahra A, Ryan C. From Chaos to Cohesion—Complexity in Tourism Structures: An analysis of New Zealand's Regional Tourism Organizations[J]. Tourism Management, 2007, 28(3): 854－862.

[6] Mackinnon D, Cumbers A, Pike A, et al. Evolution in Economic Geography: Institutions, Political Economy, and Adaptation[J]. Economic Geography, 2009, 85(2): 129－150.

不确定因素的旅游目的地可持续发展提供了一种可供借鉴和批判的视角。尤其是近年来文化政治经济学(cultural political economy, CPE)作为一种趋于结构性的视角开始被应用于旅游地的研究中，技术、市场、文化以及国家干预被认为是旅游增加的主要驱动力，而这种驱动下的演化过程往往是非线性的。[1] 个人与地方直接参与到全球化网络中[2]，以及经济结构变化下工作场所的分散化[3]均极大地改变了旅游和移动的形态，并最终重塑了旅游目的地。此外，创意资本、制度关系等均被视为影响旅游目的地变迁的重要因素。[4] 这些成果均与复杂系统论有着莫大的关联性和相关性。事实上，复杂系统论乃至整个演化经济地理学的“演化转向”，均是西方近几十年来社会科学“文化转向”“制度转向”趋势下的产物，即认为社会—文化进程在较宏观的尺度上决定了地方的演化路径。旅游目的地作为一个复杂系统，其可持续发展问题一直是这一系列“转向”下西方学者关注的热点。

此外，与西方国家不同，中国的旅游目的地普遍采取的是一种自上而下的治理模式。中国学者也普遍认为旅游公共服务体系应当由政府主导，甚至是供给的唯一主体。同时，旅游公共服务体系是一个包含多个要素和子系统的复杂系统，其演化过程往往受到多种不同因素的影响和制约。因此，在新政治经济学的基础上，借助“路径依赖”“创造性破坏”等概念，将有助于我们探索不同旅游目的地的公共服务体系发展模式和治理模式。

第五节　文旅融合背景下的城市空间

随着中国经济的快速发展，文化事业、文化产业和旅游业都有了长足的

---

[1] Williams A M. Mobilities and Sustainable Tourism: Pathcreating or Path-dependent Relationships? [J]. Journal of Sustainable Tourism, 2013, 21(4): 511 - 531.

[2] Larsen J, Urry J, Axhausen K. Networks and Tourism, Mobile Social Life[J]. Annals of Tourism Research, 2007, 34(1): 244 - 262.

[3] Mills M, Blossfeld H P, Buchholz A, et al. Converging Divergences? An International Comparison of the Impact of Globalization on Industrial Relations and Employment Careers [J]. International Sociology, 2008, 23(4): 561 - 595.

[4] Romero-Padilla Y, Navarro-Jurado E, Malvárez-García G. The Potential of International Coastal Mass Tourism Destinations to Generate Creative Capital[J]. Journal of Sustainable Tourism, 2016, 24(4): 574 - 593; Anton C S, Wilson J. The Evolution of Coastal Tourism Destinations: A Path Plasticity Perspective on Tourism Urbanization[J]. Journal of Sustainable Tourism, 2017, 25(1): 96 - 112.

进步，并随着近年来城市空间的转型出现了相互融合的趋势。文化产业和旅游产业作为密切联系、相互作用的两个产业部门，在国民经济中的作用也越发显著。旅游是文化外在价值的体现载体和传播渠道，文化则为旅游的核心和灵魂。2009 年以来，国务院相继出台了《文化产业振兴规划》和《关于加快发展旅游业的意见》，标志着文化旅游产业成为国家战略性产业。尤其在今天全球化和信息化的时代，城市文化和休闲方式日益多样化，城市空间作为多元文化最重要的载体，借助“文旅融合”的契机也能够更好地引导民众进行理性的文化娱乐，丰富文化休闲内容，促进人文审美，提升人文涵养，服务于人的全面发展。

事实上，从西方半个多世纪的城市发展历程来看，文化政策作为推动城市更新的重要手段，最初始于 20 世纪 70 年代的美国，其后被逐渐推广至西欧乃至世界各国。尤其是近年来，不少发达国家的文化政策已越来越不再特指狭义的人文艺术政策，而是泛指那些与政治、经济、军事、外交等领域交织在一起的广义文化政策。这其中既包括了推动城市产业转型的产业性文化政策，也包括促进观光休闲的旅游性文化政策，还包括提升城市形象和审美情趣的装饰性文化政策。通过文化设施建设，改善城市形象，以此来吸引文化旅游，举办大型文化体育活动，从而带动其他行业乃至城市经济的发展。

“文旅融合”的理念也正越来越多地被我国各个地方政府所接受，并成为各个城市制定和实施公共政策主要内容之一，不少城市均提出了“文旅兴市”的战略目标。自从 2018 年文化和旅游机构整合以来，各地闻风而动，纷纷成立了“文旅集团”“文旅规划院”“文旅学院”等，“文旅融合规划”“文旅产业发展规划”一夜间成了“热词”。“文旅融合”以文化和旅游作为提升城市空间、塑造城市形象的两大抓手，在文化上注重本地文化的保护和传承，使其成为重要的城市品牌，在旅游上协调吃、住、行、游等服务需求和市政、交通、安保等城市基础设施的对接与融合，让本地居民有更多的归属感，从而取得情感上的共鸣和价值观上的认同。

换言之，“文旅融合”既是为了满足现代城市生活中的人们对高品质生活的追求，同时也将推动旅游业高质量发展，实现文化高效能传播。在“文旅融合”背景下，城市文化将不仅仅被视作城市记忆的一部分，简单地打造成具象化的产品，而是要将城市历史文化资源作为重要的无形资产，以地方文脉作为背景，使城市的消费形态能够融入到本地的文化氛围当中。于是，地方的历史遗存、文化景点、民间工艺、主题餐饮住宿就是要将文化贯穿到旅游发展过程中进行主题化的体现。这就需要城市的规划建设者和运营管理者在挖掘和利用城市文化资源的过程中，推动传统文化的通俗化、日常生活的审美化，在利用文化的过程中发展文化。

我国的城市化进程已经步入了新时期，各个城市均面临着激烈的国际和国内竞争。在改革开放四十余年的飞速发展中，早期计划经济体制带来的相对均质的城市经济，以及几千年文化积淀所形成的多样的城镇景观正被迅速重塑和转型。近年来，随着文化在城市中的作用日益凸显，“新型城镇化”“特色小镇”等注重地方特色的理念成为明显的政策导向，作为城市发展战略的重要推动力被诸多的地方政府、开发企业以及学者和社会公众所广泛提及，文化开发和旅游开发也成为了新时期城市建设的重要面向。但与此同时，也产生了诸如缺乏地方特色、开发主体单一、利益分配不均等问题。这就要求我们对开发过程的关注不能仅仅局限于硬件设施、基础服务等物质和技术建设，更要深入到社会文化和机制建设层面，注重建设过程中的民众参与和地方特色。

而与西方发达国家所迥异的是，作为尚处在工业化进程中的中国，社会经济仍然处在的剧烈转型期，区域差异、城乡差异、代际差异仍然显著。这就使得我国不同地区的城市之间、城市与城郊和乡村之间、大中小城市之间的发展仍然存在着不同的任务。如果全然照搬西方发达国家或我国沿海大中城市的成功经验，展开文化资源的旅游开发和城市营销，将不可避免地导致标准的一元化，有可能忽视社会文化和产业结构的地域性与多样性。我国幅员辽阔，自然环境多样，民族众多，城市文化资源更是往往涉及产业经济、旅游观光、体育休闲等多个领域，这就需要我们立足各地方的省情、市情，综合考虑自然资源、文化特色、经济发展等状况，差别化地展开文化资源的保护、开发和利用。本书也将结合对国内多个不同类型城市的文化产业和旅游产业的案例分析，试图揭示其在开发和利用中的相似点和不同点。

同时，作为复杂系统的城市空间，其文化资源与旅游资源在保护与开发过程中，其演化动因与过程往往难以简化为几个要素进行讨论，其中所涉及的大量问题均是新古典经济学所难以涉及的。而借鉴了演化思想的演化经济学作为现代西方经济学的一个新兴领域，主要在借鉴进化论的思想，并结合一些自然科学领域的最新成果的基础上，以动态的过程视角分析经济现象及社会规律。由于其强调了来自传统等既存因素的约束与能动以及未来的新奇带来的改变，这就为我们分析城市空间、尤其是城市产业空间的演进提供了新的视角。包括分析不同影响因素在不同发展阶段的重要性和作用方式的差异性，探究不同发展时期历史遗留的制度安排如何适应新制度环境和文化需求，以及文化资源在内的场所特征是如何形成累计叠加效应影响空间演化，微观层面的利益主体又如何通过制度创新创造新的物质空间和社会文化空间。

而在旅游领域也同样如此。地方政治与区域政策始终是西方旅游研究的课题之一。20 世纪 70 年代以来，西方各国意识到旅游市场的市场失灵并开始有意识地通过各种途径规范和引导旅游业的发展。而与西方国家新自由主义影响下的旅游政策不同，社会主义制度下的中国受到较大程度意识形态的影响。近年来，西方的"新政治经济学"认为经济和政治是相互渗透的，因此需要将二者结合起来分析，其主要关注了管制和政策在不同资本主义模式下的特征、社会和经济制度可持续性问题、不平等问题以及全球化下新世界秩序的演变。[1] 而着重探讨制度结构及制度变迁（包括正式和非正式）对经济效率和经济发展影响的制度经济学和新制度经济学同样早已被广泛运用于旅游地理学研究中。

因此，通过加强演化经济地理学（演化经济学）范式与政治经济学、制度经济学方法的结合，在此基础上进行区域间比较以及跨国比较将有助于更好地理解中国的文化和旅游政策在不同区域政策产生和演化的内在机制和外在环境，进而解释中国特色的文化产业和旅游目的地的演化过程。不同于被视作"科学"的新古典经济理论，演化经济学有着非常明显的"人文"色彩，理论来源和方法论的多样性是其最大的特点。本书也将结合演化经济学的相关理论和分析范式进行较具体的案例分析。

此外，随着近年来不少中国城市正成为公共外交的活跃主体，从早期的旅游推广营销发展到文化节、展销会、城市论坛等更具有针对性和多样化的对外交流模式，"文旅融合"的政策导向也将有助于推动中国城市文化的对外传播，乃至于从非物质层面营造有利于国家发展的国际社会环境。

因此，本书结合理论剖析和具体案例，基于文化立市的总体目标和现实需求，从多个不同侧面对中国城市空间文旅转型的路径和特征展开了专题性的研究。第一章"工业遗产"，立足于当前中国各城市以工业遗产保护利用为

---

[1] Payne A. The Genealogy of New Political Economy[M]//Anthony P. Key Debates in New Political Economy. London, UK: Routledge, 2006: 1-10.

切入点引领带动城市更新改造的现状，回顾了西方英语世界对工业遗产的主要研究成果，并在借鉴日本北九州工业遗产保护和开发的经验的基础上，为中国将来工业遗产的进一步保护和开发提供了思路和建议。第二章“文学景观”，立足于“世界文学之都”背景下保护城市文学资源、开发文学景观的现实需求，基于新文化地理学的视角分析了不同时代的社会经济如何影响城市意象的形成与变迁，在不同时代建构出独特的文化符号，并最终成为当代的城市文学景观。第三章“文创园区”，我们将演化理论范式运用到城市空间转型的讨论中，对工业遗产转型为城市文化创意产业园区的过程进行了详细阐释。在此基础上，结合对多家城市文创园区的调研和访谈，分析文化产业集群的结构演替特征，并在此基础上探讨集群演替如何促进文化产业的创造性生成。第四章“都市新经济”，我们在回顾了西方关于城市创意经济研究的基础上，以上海的广告产业为案例，探讨中国的国际大都市的商务服务业如何在城市空间中集聚和扩散，并在改革开放以来中国独特的制度和经济背景下形成全球化和本地化的两极内在空间结构。第五章“公共文化设施”，立足于当前文旅融合背景下都市新城区公共文化设施的发展需要，通过南京市建邺区的具体案例，分析都市新城区的公共部门是如何展开文旅融合的政策实践，并为城市公共文化设施创造出新的发展路径的。第六章“旅游国际合作”，着重关注近年来跨国旅游合作正逐渐从早期民间和地方的行为，逐渐上升为国家重要的政治经济行为。我们在回顾了湖南的旅游城市张家界如何成长为国际知名旅游目的地的基础上，具体剖析其展开跨国旅游合作的主要路径和模式。第七章“红色旅游”，通过聚焦正成为中国文化旅游新热点的红色旅游，以位于江西的红都瑞金作为典型案例，探讨应当如何借鉴文化生态的理念提高城市文化竞争力，并推动历史文化名城多元文化空间的红色旅游开发。

第一章

作为记忆的景观：
文化空间中的城市工业遗产

第一节　城市空间中的工业遗产

一、工业遗产的形成

工业遗产(Industrial Heritage)作为一个诞生于二战以后的欧洲的概念，近年来伴随着中国的新型城镇化，也在社会各界获得了广泛的关注，并日益成为一门显学，吸引了不同学科领域学者展开了跨学科的研究。由于现代工业的生产方式更新和技术变革远较农业时代为快，工业生产所必备的厂房、仓库、设备、矿坑以及其背后的生产工艺、运输渠道、相关的知识技术、生产生活环境，均有可能随着技术变革或资源枯竭在短时间内失去原有功能。这些在人类工业化进程中所保留下来的物质文化遗产和非物质文化遗产，既包括了传统意义上的生产场所，同时也包括了居住和生活的空间、用于通勤的交通系统等。

近代工业起源于英国并迅速传播到欧洲大陆。20 世纪中叶，随着传统工业的衰落和转型，西欧国家进入后工业时代，开始采取行动保护其工业遗产。因此，长期以来，西欧各国在工业制造业和工业遗产研究方面领先于全球，其工业遗产研究具有主题广泛、研究方法多样、研究视角和内容丰富的特点。[1] 从时间上看，工业遗产的观念形成于二战后的英国。1978 年在瑞典召开的国际工业遗产保护委员会（TICCIH）被视为第一个致力于工业遗产保护的国际性组织，此后“工业遗产”正式成为统一的国际性术语，工业遗产的观念也逐渐传播到西欧和北美。但直到 2003 年在俄罗斯召开的 TICCIH 大会上才正式通过了专门用于保护工业遗产的国际准则《下塔吉尔宪章》（*Nizhny Tagil Charter*），并第一次系统地阐述了工业遗产的定义和价值，并对世界各国认定、记录和研究以及保护、宣传工业遗产提出了指导性意见。

从空间上看，今天国外工业遗产的保护和利用仍主要集中在欧洲、美洲（主要为美国、加拿大）、大洋洲、亚洲（主要为日本）等发达国家。从联合国教科文组织（UNESCO）所公布的《世界遗产名录》来看，工业遗产的分布更呈现出明显的东西方不平衡：英国作为近代工业的源头，截至 2020 年在全世界 52 项工业遗产中占据了 12 处，而全欧洲则拥有 38 处，亚洲近邻日本也有 3 项入选。与之相对的，则是为数众多的亚非拉国家对工业遗产仍然缺乏足够的认识，保护的意识和意愿均远落后于古代文化遗产。同时，不同国家对“工业遗产”的定位存在差异。与西方各国对“工业遗产”认知的差异一样，中国对工业遗产同样有着自己的理解。我国于 2006 年发布的《无锡建议》，国际工业遗产保护委员会 2012 年通过的《亚洲工业遗产台北宣言》（*Taipei Declaration for Asian Industrial Heritage*）等均是针对东方世界工业遗产的历史与现状提出适应性的保护原则。

二、中国的工业遗产的形成与分布

我国对工业遗产保护和利用尽管起步较晚，但近年来发展迅速。在学术界，中国建筑学会工业建筑遗产学术委员会（2010 年）、中国历史文化名城委员会工业遗产学部（2013 年）、中国文物学会工业遗产委员会（2014 年）、中国科学技术史学会工业考古与工业遗产研究会（2015 年）先后成立，在工业遗产调查、研究、保护等方面起到了一定的引领作用。2016 年 12 月 10 日，国家

[1] 可参见 Rix M. Industrial Archaeology[M]. London: Historical Association, 1967; Hudson K. World Industrial Archaeology[M]. London: CUP Archive, 1979; Stratton M, Trinder B. Twentieth Century Industrial Archaeology[M]. Abingdon-on-Thames, UK: Taylor & Francis, 2002; Palmer M. Industrial Archaeology: Principles and Practice[M]. Abingdon-on-Thames, UK: Routledge, 2012.

工业和信息化部"中国工业遗产联盟"成立，旨在推进工业遗产保护、发展工业文化、传承工匠精神。2018 年，工业和信息化部发布《国家工业遗产管理暂行办法》，要求加强工业遗产保护，促进工业遗产合理利用，支持和鼓励利用国家工业遗产资源开发工业旅游项目。国务院办公厅在《关于促进全域旅游发展的指导意见》也要求利用工业园区、工业展示区、工业历史遗迹等开展工业旅游。同时自 2017 年起，工业和信息化部先后公布了五批"国家工业遗产名单"，截至 2021 年底达到 194 处（表 1.1）。

表 1.1 五批国家工业遗产名录

批次	国家工业遗产名录
第一批（2017 年 12 月）	张裕酿酒公司、鞍山钢铁厂、旅顺船坞、景德镇国营宇宙瓷厂、西华山钨矿、本溪湖煤铁公司、宝鸡申新纱厂、温州矾矿、菱湖丝厂、重钢型钢厂、汉冶萍公司（汉阳铁厂、大冶铁厂、安源煤矿）
第二批（2018 年 11 月）	国营 738 厂、国营 751 厂、北京卫星制造厂、原子能"一堆一器"、井陉煤矿、秦皇岛西港、开滦矿务局秦皇岛电厂、山海关桥梁厂、开滦唐山矿、启新水泥厂、太原兵工厂、阳泉三矿、沈阳铸造厂、国营庆阳化工厂、铁人一口井、金陵机器局、永利化学工业公司铔厂、茂新面粉厂旧址、大生纱厂、合肥钢铁厂、泾县宣纸厂、李渡烧酒作坊遗址、济南第二机床厂、青岛啤酒厂、青岛国棉五厂、第一拖拉机制造厂、洛阳矿山机器厂、铜绿山古铜矿遗址、安化第一茶厂、成都国营红光电子管厂、泸州老窖窖池群及酿酒作坊、中国工程物理研究院院部机关旧址、五粮液窖池群及酿酒作坊、茅台酒酿酒作坊、黎阳航空发动机公司、石龙坝水电站、昆明钢铁厂、王石凹煤矿、延长石油厂、中核四〇四厂、刘家峡水电站、可可托海矿务局
第三批（2019 年 12 月）	北京珐琅厂、度支部印刷局、大港油田港 5 井、开滦赵各庄矿、"刘伯承工厂"旧址、石圪节煤矿、高平丝织印染厂、抚顺西露天矿、营口造纸厂、大连冷冻机厂铸造工厂、一重富拉尔基厂区、龙江森工桦南森林铁路、上海造币厂、常州恒源畅厂、恒顺镇江香醋传统酿造区、洋河老窖池群及酿酒作坊、绍兴鉴湖黄酒作坊、古井贡酒年份原浆传统酿造区、贵池茶厂、歙县老胡开文墨厂、泉州源和堂蜜饯厂、福建红旗机器厂、景德镇明清御窑厂遗址、景德镇国营为民瓷厂、吉州窑遗址、兴国官田中央兵工厂、潍坊大英烟公司、东阿阿胶厂 78 号旧址、湖北 5133 厂、华新水泥厂旧址、中核二七二厂铀水冶纯化生产线及配套工程、南风古灶、核工业 816 工程、重庆长风化工厂、成都水井街酒坊、自贡井盐（大安盐厂、东源井、燊海井）、攀枝花钢铁厂、洞窝水电站、隆昌气矿圣灯山气田旧址、核工业受控核聚变实验旧址、嘉阳煤矿老矿区、六枝矿区、贵州万山汞矿、云南凤庆茶厂老厂区、羊八井地热发电试验设施、红光沟航天六院旧址、中科院国家授时中心蒲城长短波授时台、定边盐场、中核 504 厂

续表

批次	国家工业遗产名录
第四批（2020年12月）	北京电报大楼、海鸥表业手表制作生产线、天津第三棉纺织厂、张家口沙城酒厂、刘伶醉古烧锅、杏花村汾酒老作坊及传统酿造区、老龙口酒厂、大连造船厂修船南坞、阜新煤炭工业遗产群、长春电影制片厂、夹皮沟金矿、哈尔滨卷烟厂旧址、东北轻合金加工厂、哈尔滨电机厂、哈尔滨锅炉厂、北满钢厂、大北电报局、运十飞机、常州大明纱厂、双沟老窖池群及酿酒作坊、善琏湖笔厂、庐江矾矿、口子窖窖池群及酿酒作坊、中国航天603基地、安庆胡玉美酱园、福建船政、安溪茶厂、洪都机械厂旧址、江西星火化工厂、铜岭铜矿遗址、景德镇国营建国瓷厂、津浦铁路局济南机器厂、山东省邮电管理局旧址、扳倒井窖池群及酿酒作坊、胜利油田功勋井、景芝酒窖池群和酿酒作坊、德州机床厂、洛阳耐火材料厂、洛阳铜加工厂、葛洲坝水利枢纽、二三四八蒲纺总厂、湖北省赵李桥茶厂、粤汉铁路株洲总机厂、新晃汞矿、锡矿山锑矿、兵工署第一兵工厂旧址、狮子滩梯级水电站枢纽、先市酱油酿造作坊、航空发动机高空模拟试验基地旧址、乐山永利川厂旧址、四川国际电台旧址、长征电器十二厂、贵飞强度试验中心旧址、国营第二九八厂旧址、易门铜矿、纳金电站、夺底电站、耀州陶瓷工业遗产群、玉门油田老君庙油矿、茫崖石棉矿老矿区、独山子炼油厂、北京卫星制造厂
第五批（2021年11月）	北京电子管厂、北京化工研究院、元宝山发电厂、沈阳造币厂、上海船厂、常州戚墅堰机厂、扬州谢馥春香粉厂旧址、宁波和丰纱厂、湖州七〇一三液体火箭发动机试车台、温岭江厦潮汐试验电站、古田溪水电厂、山东明水浅井粘土矿、烟台醴泉啤酒股份有限公司旧址、焦作煤矿、青山热电厂、武钢一号高炉、中核711铀矿、江门甘蔗化工厂、英德红旗茶厂、柳州空气压缩机厂、合山煤矿、西南应用磁学研究所旧址、卓筒井和蓬基井、中国核动力九〇九基地、六合丝厂、昆明电波观测站110雷达、西安电影制片厂、西凤酒厂、核武器研制基地国营二二一厂、西北煤机一厂、克拉玛依油田

截止到2021年底，国家工业遗产的地域覆盖范围已经遍及除西藏和港澳台之外的所有省市自治区，绝大多数重要城市的代表性工业遗产均得以入选。从工业门类来看，也彰显出我国工业文化的多样性特征：既包括大量的装备制造、原材料和能源等重工业项目，也包括了数量众多的酒、丝绸和化妆品等消费品生产类遗产，此外还有少量科技研发、地方传统产业以及影视文化产业的遗产入选。

事实上，中国国内的工业遗产尽管从时间上看，其历史仅一个多世纪，但存在着多样的源头和明显的空间分异。我国的近现代工业遗产一般可以划分为清末工业遗产（1840—1911年）、民国工业遗产（1912—1949年）以及现代工业遗产（1949—1976年），以及少量改革开放后的工业遗产。清末作为我国近代工业的开端，伴随着国家从封建社会到半封建半殖民地社会的转型，带有强烈的民族救亡的历史烙印。早期的工业主要包括官办或官督商办企业，以军事工业、造船业为主，以及民营企业或洋务企业，主要包括印刷业、纺织业、食品业、火柴业、皮革制造业、玻璃、铁路、港口、水电煤公用事业等。[1] 因此，一批早期的工业遗产来自于近代开埠或洋务企业，在半封建半殖民地背景下不成比例地集中于上海等少数城市。[2] 民国初期，随着辛亥革命的爆发和中华民国的成立，掀起了一场实业救国与建国热潮。尽管资产阶级革命派、改良派等各政治派别和团体分歧重重，但在振兴实业、发展经济以救亡建国的问题上具有最大程度的一致性。加之由于工科教育发展迅速，也培养了一批本土工业技术人才。这一时期随着工业部门进一步细化，民族企业数量也大幅度增加，但以纺纱、织布、生丝等纤维工业，制粉、精米及制油等农产加工业为主，钢铁工业、装备工业、基本化学工业等重化工业所占的比重十分有限。[3] 可以说，近代的工业遗产无论是其空间分布还是演进过程均带有明显的半封建半殖民地特征，同时在经历了多次的战争与革命的破坏之后不少已经面目全非，即使部分厂址得以保留，但其所有权也已发生了多次变更。

中华人民共和国的前三十年，开始了新中国的“早期工业化”建设，又成为改革开放新时期“新型工业化”战略的不可或缺的基础。而 1949 年以后一批共和国早期的工业基地，以及中西部地区以三线建设为代表的工业设施，在今天同样成为了重要的工业遗产。例如最具有代表性的钢铁工业，在新中国成立以后被作为国家发展建设独立、完整的工业体系的核心内容，得到了高度的重视和自上而下的全力推动。新中国成立初期苏联援建的 156 个项目中，有八个大型的钢铁工业项目，如扩建鞍钢和本钢，新建武钢、北满钢厂(齐齐哈尔)、吉林铁合金厂、吉林炭素厂、热河钒铁厂(承德钢铁厂)等。1956 年规划的“三大(鞍钢、武钢和包钢)五中(太钢、重钢、马钢、首钢和湘潭钢铁厂)十八小(邯郸、济南、临汾、新余、南京、柳州、广州、三明、合肥、江油、新疆八一、杭州、鄂城、涟源、安阳、兰州、贵阳和通化钢铁厂)”，以及 1958 年国务

---

[1] 汪敬虞. 十九世纪西方资本主义对中国的经济侵略[M]. 北京：人民出版社，1983：1-7.

[2] 方书生. 近代中国工业体系的萌芽与演化[J]. 上海经济研究，2018，30(11)：114-128.

[3] 叶笑山. 中国经济年刊[M]. 香港：香港中外出版社，1936：2.

院批准的56个地方骨干钢铁企业，构成了新中国钢铁工业的基本蓝图。计划经济早期的中国钢铁工业基本延续了原料指向的布局原则，即依托当地的煤炭、铁矿，形成了华北北部、辽宁南部、山东中部等典型的地域性煤钢企业。[1] 但随着1964年开始的三线建设，钢铁工业的布局发生了重大调整，攀枝花、酒泉、水城、江油和成都无缝钢管厂，以及西宁特钢、陕西钢厂得到了重点支持，为西部钢铁工业打下基础。在改革开放以后的很长一段时期，这些钢铁工业仍然持续扮演着重要角色，并通过国外技术引进和自主创新的科技水平逐渐提高，产量迅速攀升。很多企业新建、改建一批大高炉，采用了先进的技术装备，并在消化吸收引进的炼铁技术的基础上推动国产化并在全国范围内移植推广。直到1990年代以后随着钢铁产量和品种质量高速发展，开始逐渐出现对外依存度过高和产能过剩等问题[2]，表现出大多数低附加值的普钢品种过剩，而优质钢品种仍需大量进口的结构性失衡特征。在此背景下，从20世纪90年代起，中国的钢铁行业进行了多轮“关停并转”整顿，一批老旧的工厂和设备遭到淘汰，以保证行业持续的技术创新和效益提升。同时，早期位于城市中心的钢铁工厂也在新的城市规划建设中陆续搬迁至城郊。这一系列的措施均直接催生了一大批钢铁工业遗产。

近年来，中国的城市更新进入了快速发展的阶段，如何在对城中老旧或衰落区域进行拆迁、改造以及再开发的过程中，有效保存城市风貌，避免“千城一面”现象的产生，成为社会各界高度关注的话题。政府引导、市场运作，以市场为主体推进改造成为越来越普遍的方式。[3] 2020年6月发改委等多部委印发《关于印发〈推动老工业城市工业遗产保护利用实施方案〉的通知》，强调以老工业城市工业遗产保护利用为切入点，引领带动城市更新改造，推动老工业城市加快从“工业锈带”转变为“生活秀带”。

三、中国城市工业遗产的景观特征

从目前中国的工业遗产转型具体案例来看，修缮后作为文化、商业和旅

---

〔1〕 魏心镇.矿产资源区域组合类型与地域工业综合体[J].地理学报,1981,36(4)：358-367.

〔2〕 荣文丽,武力.论中国技术进步的跨越式发展[J].中国经济史研究,2013(2)：110-127.

〔3〕 参见林强.城市更新的制度安排与政策反思——以深圳为例[J].城市规划.2017,41(11)：52-55;李云燕,赵万民,朱猛,等.我国新时期旧城更新困境、思路与基本框架思考[J].城市发展研究,2020,27(1)：55-64.

游设施较为普遍。因此，我们借鉴当代新芝加哥学派的特里·克拉克(Terry Clark)等所提出的"场景理论"，对中国城市工业遗产的场景要素特征进行一个简要的梳理。[1] 该理论将都市娱乐休闲设施与市民生活的组合看作都市"场景"，认为这些不同的场景蕴含着不同的文化价值取向，这些文化价值进而吸引着不同的人群来进行文化实践与文化消费，最终为区域创造经济价值。场景理论提出了7个构成场景的基本要素：(1) 邻里/社区；(2) 物质结构/基础设施，如艺廊、培训学校、书店、超市、商场等；(3) 多样的人口构成，如不同种族、性别、教育程度、职业、年龄的构成；(4) 节事活动，如音乐会、社区文化艺术节；(5) 蕴含在以上四个要素中的符号意义和文化价值观念；(6) 公共性，即这一场景对所有人开放；(7) 政治和政策，既包括政策如何塑造、维持、改造或生产出一个场景，也包括场景如何影响城市的政治氛围。

(一) 邻里/社区

中国大量的工业遗产，很长一段时间内是社会主义工业化建设的主要支撑力量。而工业遗产作为地方居民集体意识和价值观的重要载体，蕴含了地方居民和劳动者的生活经验和历史记忆。尤其是在很长的一段时间里，在社会主义单位制度下，企业和社区紧密相连，无论是一线工人、技术骨干，还是管理者与经营者，其家庭生活、教育休闲、友情爱情均和企业的发展和兴衰密不可分。广大企业职工和城镇居民对于工厂及其周边遗产建筑和遗产点的历史渊源和发展历程有着极为详尽的了解和记忆。然而，近年来，随着中国各地城市更新的加速，传统的单位制社区正面临剧烈的瓦解和重构，转型为更具市场经济特征的"街居制""社区制"。对于很多居民而言，原有的对于工业遗产的集体记忆正在减弱和消失。

(二) 物质结构/基础设施

近代以来的工业建筑是工业遗产最核心的要素。工业遗产景观也能够被视作以工业单体建筑物(构筑物)为基础的物质性遗存的集中分布，并具有时空完整性，有着文化、经济、生态等多功能价值的中宏观尺度的工业遗产地域综合体。[2] 而随着地方政府和开发企业的修缮和改造，工业遗产建筑在一定程度上保留了建筑物原有的工业气息，被转型为精心设计的物质空间。

---

[1] 参见丹尼尔·亚伦·西尔，特里·尼科尔斯·克拉克. 场景：空间品质如何塑造社会生活[M]. 祁述裕，吴军，等译. 北京：社会科学文献出版社，2019.

[2] 佟玉权，韩福文. 工业遗产景观的内涵及整体性特征[J]. 城市问题，2009(11)：14-17.

原有的用于工业生产的车间和仓库被艺廊、餐厅、培训机构、设计工作室等所取代。尽管这一趋势是后工业城市产业结构变迁的必然，但中国工业遗产的转型模式有着明显的同质化现象，各地争相效仿使得低水平重复和浅层次竞争屡见不鲜。

（三）多样的人口构成

在工业时代，工厂的人口构成相对单一，即使是工厂周边区域也是一个个相对封闭的工业社区。而随着工厂生产的衰退甚至迁址，原有的工业设施及其周边人口开始流失，人口结构迅速老化，呈现出萧条的景象。而通过商业化和创意化改造，工业遗产内的常驻人员趋于年轻化和多样化，最终完成了遗产区域的“绅士化”或“中产阶级化”。国内多个大中城市的案例均表明，创意产业园区能够有效推进周边区域的“绅士化”，在人员和设施的集聚等方面表现得尤为明显。[1] 但另一方面，这类基于城市精英的公共利益所推动的议程，也容易加剧城市经济发展的不平衡。[2] 同时，伴随着越来越多样化的人口构成，如不同年龄、职业、阶层、出生地等，也会在工业遗产的历史阐释、环境保护等方面产生争议。

（四）节事活动

文化、商业和旅游开发后的工业遗产，常常会举办各类文化活动，以得到媒体和社会各界的关注。整体来看，工业遗产空间举办的节事活动主要可以分为三类：一是围绕工业遗产本身开展的各类研学和考察活动，关注对象主要集中在工业建筑、工业设施以及与地方历史有关的展览和陈列上；二是由园区开发企业和入驻企业组织的开展规模较小的社交活动，这类活动偏重社交性和娱乐性，如读书会、电影会、艺术节、创意市集等，旨在提升园区内的文化氛围，促进员工业余生活；三是由于不少工业遗产是在政府主导下建设，当地政府部门也倾向于利用这里具有浓郁地方特色的历史文化氛围，举办各类招商交流会，这类活动由于规格较高和规模较大往往也成为了工业遗产重要的宣传机遇。从目前国内的情况来看，不同的工业遗产根据开发状况其活动

---

〔1〕 参见王兰，邱松，廖舒文. 创意产业园区周边绅士化：基于上海案例的实证研究[J]. 现代城市研究，2019，34(2)：69－77；吴淑凤. 迁入者与创意街区的社会建构——基于一种绅士化的视角[J]. 城市规划，2019，43(6)：90－96；马仁锋，王腾飞，张文忠. 创意再生视域宁波老工业区绅士化动力机制[J]. 地理学报，2019，74(4)：780－796.

〔2〕 江莉莉. 试论文化创意空间的意义[C]//莫健伟，崔德炜. 文化创意空间——艺术与商业的集聚与融合. 北京：社会科学文献出版社，2012：13－29.

的内容和规模也存在一定差异。

（五）符号意义和文化价值观念

工业遗产的保护与开发，本质上也是感知和记忆的营造和重构过程，即通过全面传递出昔日工业时代生产、运输乃至消费等各个方面的场景和信息，再通过阐释让大众了解其历史价值与文化意义，以建立起公众的地方想象。因此，很多工业遗产在工厂车间的保护改造过程中，有意识地保留部分工业设施，同时复原一些过去工业时代的口号和标语，作为一种嵌入式的景观设计，以构成新的遗产景观。但另一方面，从文化角度来看，工业遗产的创意开发和商品化，使得遗产讲述的主体从原来的产业工人转为新来的白领阶层，其意义被全新赋予。尤其从中国的工业遗产转型实践来看，新空间的管理者也普遍乐意营造一些新的文化符号，以迎合当下都市白领和青年群体的审美品位。

（六）公共性

过去的工业空间是封闭的，而高大的工业建筑和厂区围墙也将工厂内部的工人和外部世界区隔开来。在工业时代，工人往往是代表了较高的社会地位和福利保障，是外部世界所羡慕的对象。而随着用于生产的工业空间逐渐转型为消费空间，原有的场景开始对所有人开放，被陈列和展示给所有感兴趣的游客。而转型为文化产业园区和商业街区的工业遗产空间，无论是入驻企业的工作人员，还是外来游客和临时拜访的人员都可以随时自由进出，由此形成了一种轻松、宽容、平等、被充分信任和被充分尊重的空间氛围，这和过去高度封闭、注重效率以及等级森严的工业空间截然不同。

（七）政治和政策

在工业遗产开发的过程中，往往存在原工厂主、地方政府、园区管委会、艺术家、媒体和游客通过不同的方式展开博弈，最终塑造了新的文化景观和文化空间。比如一些园区甚至经历了一个循序渐进的过程，即首先闲置空间以低廉的租金、宽敞的创作空间吸引艺术家的入驻，接着社会各界围绕用地功能转型展开讨论，最后政府介入管理体系逐步健全。而随着中央和地方政府开始介入并积极推动文化创意产业园区的完善，艺术家在园区发展中的作用开始式微，开发商、知名画廊、建筑商甚至跨国公司的影响则逐渐增大。[1]

---

[1] Yin Y, Liu Z, Dunford M, et al. The 798 Art District: Multi-scalar Drivers of Land Use Succession and Industrial Restructuring in Beijing[J]. Habitat International, 2015, 46: 147－155.

总之，场景理论的核心在于场景所创造的价值。即由时间、地点、场合等构成的消费情境中，人们所感知到的体验价值。在场景理论的视角下，中国城市的工业遗产已不再仅仅是“工业”的，而是既凝聚了城市民众对过去时代所共同奋斗的集体记忆，更是当代城市消费文化的重要组成。工业遗产的转型与活化利用，无论是创意产业园、博物馆，还是公共休闲空间和商业街区，其所呈现出的更是当代城市社会产业结构和生活方式上的改变。

第二节　文化景观视角下的西方工业遗产研究主题

景观(landscape)作为地理空间中具有特殊意义的点，往往具有鲜明的自然或人文特征。而地理景观根植于社会的权力与知识关系之中，是社会、政治、文化积累与和谐的自然景观互动之下形成的人类关系的总和。[1] 文化景观由于和人们日常生活空间息息相关，因此往往积累了丰富的文化内涵；而有些自然景观尽管距离日常生活较远，但也会带有民族、地缘记忆以及时代发展的文化表征。德国近代地理学家弗里德里希·拉采尔(F. Ratzel)最早系统地阐明了文化景观的概念，称之为“历史景观”，强调应当对田地、村落、城镇及道路等进行分类，以便了解其分布、相互联系和历史起源。之后德国地理学家奥托·施吕特尔(O. Schlüter)和美国地理学家卡尔·索尔(C. Sauer)又进一步对文化景观的定义加以深化，并将对景观的研究视为人文地理学的核心内容之一。随着多个学科的“文化转向”，社会文化活动越来越多地被视为塑造景观形态、建构景观意义的主要动力，因此对景观的分析必须对其背后的文化过程和文化观念加以考察。[2] 换言之，在文化地理学意义上，文化景观绝不仅仅是“自然化”的过程，也是诸多文化要素作用的结果。因此，景观与叙事往往密不可分，叙事性的景观能够赋予景观更多的文化内涵和历史意义。景观不仅是叙事产生和发展的场所，景观自身也是一个不断变化的叙事过程。

---

〔1〕温迪·J. 达比. 风景与认同：英国民族与阶级地理[M]. 张箭飞，赵红英，译. 南京：译林出版社，2011：9.

〔2〕Anderson K, Domosh M, Thrift N, Pile S. Handbook of Cultural Geography[M]. London: Sage Publications Ltd. 2003: 282.

一、工业遗产景观的时空演进

工业遗产作为一种典型的文化景观，地理学的研究成果为其研究提供了学术方面的支撑。在地理学意义上，"文化景观"是一个宏观和综合的概念，是人类活动对自然景观的改变[1]，反映了人与环境的互动关系，即指自然风光、田野、建筑、村落、厂矿、城市、交通工具和道路及人物和服饰等所构成的文化现象的复合体，反映文化体系的特征和一个地区的地理特征。近代工业革命早期的产业类型，无论是纺织工业、采矿业还是港口设施，均很大程度上缘自于工业革命前的资源基础和资本积累。英国早期的"工业考古"的研究，就从经济史、技术史、历史地理学等领域广泛吸取成果，包括分析工厂选址的原因、阐释工业景观的变化过程、调查工业景观内部各组成部分之间以及整体工业景观与外部居住区发展模式、交通系统的空间关系。[2]

在多数情况下，建筑无疑是工业遗产景观最核心的要素之一。从 1920 年代起，以索尔为代表的美国文化地理学家就开始关注建筑形式和建筑技术，并将其视作一个地区历史、文化、技术水平和生活方式的物质表现。[3]此后，文化地理学者努力寻找建筑风格的演变与其他地方文化形式（如农业技术、习俗、方言）之间的关系。而近年来，伴随着社会批判理论和文化研究理论的引入，建筑设计的全球化、建筑的符号价值以及建筑的社会政治环境对居住者的影响成为新的研究趋势。[4]

事实上，这一趋势也和文化地理学范式的变迁相一致。1980 年代以后，以皮特·杰克逊(P. Jackson)为代表的新一代文化地理学者在借鉴了"芝加哥学派"城市社会学家的理论成果的基础上，进一步发展了索尔的观点，即强

---

[1] 周尚意，孔翔，朱竑. 文化地理学[M]. 北京：高等教育出版社，2006：301.

[2] 参见 John Butt, Ian Donnachie. Industrial Archaeology in the British Isles[M]. London: Paul Elek, 1979; Marilyn P N. Industrial Archaeology Principles and Practice[M]. London and New York: Routledge, 1998.

[3] Sauer C. The Morphology of Landscape[J]. University of California Publications in Geography, 1925, 2: 19 - 54.

[4] 参见 Goss J. The Built Environment and Social Theory: Towards an Architectural Geography[J]. Professional Geographer, 1988, 40: 392 - 403; Lees L. Towards a Critical Geography of Architecture: The Case of an Ersatz Colosseum[J]. Ecumene, 2001, 8: 51 - 86; Llewellyn M. Polyvocalism and The Public: "Doing" a Critical Historical Geography of Architecture[J]. Area, 2003, 35: 264 - 270.

调了人积极建构文化意义的能力。[1] 在这个意义上,"文化景观"不再是"原真"和"他者"的社会的现代呈现,更是在权力博弈中曲折发展并推动其象征性意义的演变的产物。[2] 这就给通过从空间角度思考文化与自然互动的文化地理学赋予了现代性的意味。工业遗产景观作为以工业文化为主题的文化景观类型,包括了产业经济、社会文化及自然环境等多种物质的和非物质的要素相互作用并共同演化的过程,因而与城市及区域的历史传统延续以及城市文脉的传承和更新等课题息息相关。

二、工业遗产与集体记忆

工业遗产是城市重要的文化符号,无论是以建筑、机器等实物形式得到保存的,还是以民俗、技艺、口述等方式在城市空间中流传的,均体现了城市文化传承和地方居民的集体记忆。莫里斯·哈布瓦赫(Maurice Halbwachs)作为现代记忆研究的开创者,其受涂尔干"集体欢腾"理论的影响,在著作《记忆的社会框架》中首次提出了"集体记忆"的概念并强调了记忆的社会性,认为个体不仅在社会环境中获得记忆,同时有赖群体的框架来唤回和重构记忆。之后又在《论集体记忆》一书中进一步作了阐释和说明,即一个特定社会群体成员共享往事的过程和结果。[3] 在这个意义上,记忆并非仅仅是对过去的保留,而是在现在基础上的重新建构。此后,年鉴学派历史学家皮埃尔·诺拉(Pierre Nora)在其著作《记忆之场——法国国民意识的文化社会史》中,强调了记忆往往需要通过附着于物质现实之上的象征符号,如纪念仪式和节日、档案资料、博物馆、纪念碑等一系列外在场所加以保存。[4] 同样,阿斯曼夫妇作为"文化记忆"研究的重要开创者,认为文化记忆是对意义的传承,人们通过模仿、物体、交往等构成了具有时间指向的意义

---

〔1〕 参见 Jackson P. Maps of Meaning: An Introduction to Cultural Geography. London: Routledge, 1989;钱俊希, 朱竑. 新文化地理学的理论统一性与话题多样性[J]. 地理研究,2015, 34(3): 422 - 436.

〔2〕 李倩菁, 蔡晓梅. 新文化地理学视角下景观研究综述与展望[J]. 人文地理,2017,32(1): 23 - 28,98.

〔3〕 莫里斯·哈布瓦赫. 论集体记忆[M]. 毕然,郭金华,译. 上海: 上海人民出版社, 2002: 303 -313.

〔4〕 皮埃尔·诺拉. 记忆之场: 法国国民意识的文化社会史[M]. 黄艳红,等译. 南京: 南京大学出版社,2015: 257.

传承。[1]

美国的城市史学者兼建筑师多洛雷斯·海登(Dolores Hayden)在其专著《地方的力量：城市景观作为公共历史》中，强调了城市景观是由多元的城市历史和集体记忆所共同孕育而成的。[2] 因此，景观是记忆的载体，即诺拉所定义的真实的"记忆环境"(milieux de memoire) 象征着一种与地方记忆交织的地方延续性。文化记忆是通过一个社会的文化互动的框架指导行为和经验的知识，以及在代代相传的积淀中形成的记忆。尤其是近代工业遗产作为人类进入工业时代后的历史遗存，这种城市记忆集中表现在剧烈的"时空压缩"所带来的生活生产方式、科学技术观念以及消费文化的改变。因此，近年来以英美为代表的"工业考古学"，越来越多地关注生产技术的变革所带来的工人劳动组织形式、职住关系、阶级特性的变化，比如纺织产业女工的出现、职场和居住区的分离、劳工和资本家间鲜明的阶级分化等，均成为了目前的重要研究对象。

地方的个体、企业乃至其他社会团体均有着保存"自己的历史"的强烈愿望。[3] 尽管记忆不完全是真实的历史，但随着人文主义地理学理论的发展，也开始允许以感性甚至推测性的记忆形式来补充和挑战传统的社会记忆形式。一方面，个人记忆往往会产生差异；但另一方面，其群体的、集体的记忆则体现出一定的社会性。[4] 对于工业遗产而言，不仅仅产业结构的变迁是重要的研究内容，其所承载的民众所经历的生活样式的变迁乃至社会心理的改变均得到了关注。比如环境史学家近年来开始倾向于以口述史的形式还原过去的环境记忆，尤其是超越长期由官方话语主导的工业革命初期对工业化过程的正面描述而忽视的课题。[5] 在此过程中，非传统学术风格的具有

---

[1] 扬·阿斯曼. 文化记忆：早期高级文化中的文字、回忆和政治身份[M]. 金寿福，黄晓晨，译. 北京：北京大学出版社，2015：11-12.

[2] Hayden D. The Power of Place: Urban Landscapes as Public History[M]. Cambridge, Mass: MIT Press, 1995: 296.

[3] Urry J. How Societies Remember the Past[C]//Macdonald S, and Fyfe G. eds. Theorizing Museums. Oxford: Cambridge, Mass: Blackwell, 1996: 45-68.

[4] 李凡，朱竑，黄维. 从地理学视角看城市历史文化景观集体记忆的研究[J]. 人文地理，2010(4)：60-6.

[5] Edensor T. The Ghosts of Industrial Ruins: Ordering and Disordering Memory in Excessive Space[J]. Environment and Planning D, 2005, 23: 829.

鲜明个人色彩和情感体验的故事正成为学者们的研究对象。[1]

同时，西方国家早期对工业遗产的集体记忆的叙述也被认为过度地“圣地化”，即在片面强化工业革命时期的辉煌的同时，对劳工和奴隶的剥削、对女性的歧视乃至对海外殖民地的掠夺、帝国主义霸权等采取了淡化甚至无视的方式。[2] 典型的一个例子就是日本政府在推动明治时期（1868—1912年）产业革命遗产申遗的过程中将其与国家近代以来的崛起历程紧密相连，希望能够在国家陷入长期不景气的当下提振日本民众的精神和士气，从而使其叙事具有了美化近代帝国主义的色彩，这也不可避免地遭致了中国、韩国等邻近国家的抗议。[3]

三、地方感的营造与重构

工业景观的感知具有高度的地方性。“地方感”是西方文化地理学研究的核心概念，以其为中心的人文主义地理学将地方视作建构的产物，通过研究人与自然的关系、人的地理行为以及有关空间和地方的感觉和看法来理解人类世界。[4] 目前国内外文化地理学界对地方认同与地方依恋之间的关系并未完全厘清，存在一定的混乱。[5] 在西方尤其在欧洲的景观研究中，景观长期以来与乡村、田园、怀旧等紧密相连，因此根植于地方性的景观也长期与地方史关系密切。换言之，景观可以作为有形的“过去”与“遗产”相关联，是保存遗产价值重要的历史信息库。[6] 作为遗产的景观不仅包括有形的物质遗存，更包括诸如习俗、精神、价值等非物质的传承，这些均通过记忆使人们

---

〔1〕 参见 Krupar S R. Where Eagles Dare: An Ethno-fable With Personal Landfill (1)[J]. Environment and Planning D: Society and Space, 2007, 25: 194; Desilvey C, Edensor T. Reckoning With Ruins[J]. Progress in Human Geography, 2012, 37(4): 465 - 485; Hill L. Archaeologies and Geographies of the Post-industrial Past: Landscape, Memory and the Spectral [J]. Cultural Geographies, 2013, 20: 379 - 396.

〔2〕 West B. The Making of the English Working Past: A Crtical View of the Ironbridge Gorge Museum[C]//Lumply R. ed. The Museum Time Machine: Putting cultures on display. London: Routledge, 1988: 36 - 62.

〔3〕 山本理佳.「近代化遺産」にみる国家と地域の関係性[M].東京：古今書院,2013.

〔4〕 Tuan Y F. Humanistic Geography[J]. Annals of the Association of American Geographers, 1976, 66(2): 266 - 276.

〔5〕 戴旭俊,刘爱利.地方认同的内涵维度及影响因素研究进展[J].地理科学进展,2019, 38(5): 662 - 674.

〔6〕 Lowenthal D. Past Time, Present Place, Landscape and Memory[J]. Geographical Review, 1975, 65(1): 1 - 36.

与过去建立起联系。也正是基于此，“文化景观”于1992年被联合国教科文组织世界遗产委员会设立为新的文化遗产类别。

工业遗产的保护与开发，本质上也是地方感的营造过程，即通过全面传递出昔日工业时代生产、运输乃至消费等各个方面的场景和信息，再通过阐释让大众了解其历史价值与文化意义，以建立起公众的地方想象。例如在不少西方城市，啤酒长期作为工人阶层消遣饮料，在城市工业景观和工业文化的形成中起着不可或缺的作用。进入后工业化时代，酒吧、酿酒厂等均被视作重要的城市工业遗产，并往往成为建构地方认同的重要工具。[1] 在这个意义上，各个城市通过有意识地寻找能够增强地方感和加强与本地联系的景观，也在很大程度上规定了本地景观未来的发展方向。[2]

对于指定的工业遗产，不少地方政府往往会开展公众宣传活动提高公众对老工业建筑文化价值的认识，同时编制修复指南，并实施公共补贴予以保护。[3] 在此基础上，通过对传统工业地区进行历史化的叙述，将废弃的工业空间转化为工业遗产以创造独特的地方符号，以加深本地化的新的消费欲望，从而创造投资机会。[4] 工业遗产旅游长期被视作对工业遗产最直接的利用与开发模式[5]，其开发在工业遗产保护之初就已经展开，近年来以工业遗产为基础的游憩项目和体验产品被越来越多地开发和新建。这些项目通过对遗址区工业功能进行改变和拓展，将完全工业化的场所和设施转变为具备全新功能的旅游吸引物，从而为旅游者提供怀旧等文化体验。而对于大量旅游开发价值相对较低的工业遗产或老工业区，地方政府往往会利用闲置的

---

〔1〕 Flack W. American Microbreweries and Neolocalism: “Ale-ing” for a Sense of Place [J]. Journal of Cultural Geography, 1997, 16(2): 37 - 53.

〔2〕 Jones C, Munday M. Blaenavon and United Nations World Heritage Site Status: Is Conservation of Industrial Heritage a Road to Local Economic Development? [J]. Regional Studies, 2001, 35(6): 585 - 590.

〔3〕 Fuentes J M, García A I, Ayuga E, Ayuga F. The Development of the Flour-milling Industry in Spain: Analysis of Its Historical Evolution and Architectural Legacy[J]. Journal of Historical Geography, 2011, 37: 232 - 241.

〔4〕 Hall T, Hubbard P. The Entrepreneurial City: Geographies of Politics, Regime, and Representation[M]. London: Wiley, 1998.

〔5〕 虞虎，王开泳，徐琳琳. 工业遗产资源游憩化利用研究及其启示[J]. 世界地理研究，2019,28(5): 210 - 220.

空间以较低的租金吸引起步阶段的文化企业和艺术家[1],其浓郁的历史文化性往往能够激发创意人才的创造力[2],带动文化创意产业的发展。

工业遗产的认定在有助于保护和恢复旧有的建筑形式的同时,也有效地助推了地方的绅士化[3],使周边区域从“肮脏和污名化的过去”向“后工业社会”转型[4]。但在整个过程中,历史的叙述被重新创造,并嵌入到新的展示中。这种遗产商品化在满足了消费者对过去的审美欲望的同时,也抹去了历史的复杂性——工业发展的过程和工业产品被极大地浪漫化了。这直接导致在很多的工业遗产的创意再生的案例中,往往会由于原有的工业色彩被消弭殆尽而遭致批判。[5] 一些批判者指出工业遗产很多时候不是为了普通民众而存在的,本应最与之相关的工人阶级往往对工业遗产缺乏兴趣,其议程设置者和开发主导者以大都市中上层阶级居多,使得工业遗产仅仅被用作面向未来的经济资源,而忽视了新身份和新联结产生过程中与过去的民众之间的情感联系。[6] 换言之,更新后的工业遗产实际上是反映了中产阶级而非工人阶级的文化品位和审美趣味,这就使得在整个城市空间中的遗产被重新阐释,在此过程中原有的工人阶级的记忆和想象被移除,以迎合新的消费者的偏好和收入水平。[7] 因此如何在过程中寻求保持历史遗存原真性,并在地方

---

[1] Lees L. Super-gentrification: The Case of Brooklyn Heights, New York City[J]. Urban Studies, 2003,40(12): 2487 - 2509.

[2] Drake G. “This Place Gives Me Space”: Place and Creativity in the Creative Industries[J]. Geoforum, 2003, 34(4): 511 - 524.

[3] Shaw W. Heritage and Gentrification: Remembering the “Good Old Days” in Postcolonial Sydney[C]. In Atkinson R, Bridge G eds. Gentrification in a Global context: The New Urban Colonialism. London: Routledge, 2005: 57 - 71.

[4] Rofe M W. From “Problem City” to “Promise City”: Gentrification and the Revitalization of Newcastle[J]. Australian Geographical Studies, 2004, 42(2): 193 - 206.

[5] Summerby-Murray R. Interpreting Deindustrialized Landscapes of Atlantic Canada: Memory and Industrial Heritage in Sackville, New Brunswick[J]. The Canadian Geographer, 2002, 46(1): 48 - 62.

[6] 参见 Mathews V, Picton R M. Intoxifying Gentrification: Brew Pubs and the Geography of Post-industrial Heritage[J]. Urban Geography, 2014, 35(3): 337 - 356; Del Pozo P B, González P A. Industrial Heritage and Place Identity in Spain: From Monuments to Landscapes[J]. Geographical Review, 2012, 102(4): 446 - 464.

[7] 参见 Mathews V. Lofts in Translation: Gentrification in the Warehouse District, Regina, Saskatchewan[J]. The Canadian Geographer, 2019, 63(2): 284 - 296; O'Hanlon S, Sharpe S. Becoming Post-industrial: Victoria Street, Fitzroy, *c*. 1970 to now[J]. Urban Policy and Research, 2009, 27(3): 289 - 300.

文化特质与商品化之间取得平衡是今后的工业遗产转型必须关注的课题。[1]

总体而言，近年来西方学者对工业遗产的关注，已经不再像中国早期那样局限于以建筑为中心的物质空间改造，而越来越多地侧重于转型和再开发过程中的治理与政策，涉及政治、经济、社会、文化、环境等诸多领域。

第三节　日本工业遗产的特征与实践

一、工业遗产政策的形成

和欧美发达国家一样，日本早期对于工业遗产的普查和保护主要是由社会民众而非政府行政机构所推动。如1978年由日本土木学会开始进行“近代土木遗产调查”；1980年日本建筑学会完成“日本近代建筑总览”的整理；1982年日本观光资源保护财团(Japan National Trust of Cmlfural and Hatural Herifase Conservctian, TNT)对全国的历史铁道、车辆及设施进行了全国范围内的调查。建筑、土木、考古、机械等不同行业的学会均出版了大量的书籍，同时建立起相应的数据库。[2] 总体来看，早期的工业遗产普查绝大多数是基于自身行业发展的视角对工业遗产进行的阐释，具有较强的专业性，且评价标准并不统一。

日本早期的工业遗产政策被包括在文化遗产政策当中，以注重历史文化价值的文物保护政策为主。二战以前，日本的文物保护法律体系仅涵盖宗教建筑和城郭，直到二战后的1950年，才在原有的《古社寺保存法》和《国宝保存法》的基础上，形成了包括“无形文化财”“民俗文化财”等非物质文化遗产的《文化财保护法》。1996年开始的“登录有形文化财制度”对工业遗产建筑的保护放宽了要求。不同于之前的“重要文化财”，申请手续较为简便，同时在严格限制外观改造的同时，允许在一定程度上对内部功能进行改造。登记一般由产权所有者或地方社团向文化厅申请，经国家文化审议会认定后予以正式登记。而为了全面了解和梳理分布在日本全国的工业遗产，日本文化厅

---

[1] Jones C, Munday M. Blaenavon and United Nations World Heritage Site Status: Is Conservation of Industrial Heritage a Road to Local Economic Development? [J] Regional Studies, 2001, 35(6): 585-590.

[2] 伊東孝. 日本の近代化遺産——新しい文化財と地域の活性化[M]. 東京：岩波書店, 2000: 1-8.

自1990年起联合各地方政府的教育委员会进行了“近代化遗产综合调查”。调查目的在于“对产业、交通、土木等具体建筑设施从近代化的视角进行评价，以作为开展文物保护的基础”，具体负责实施的主体为各都道府县的教育委员会，而文化厅承担实施费用的一半。

21世纪以后，在“地方振兴”的需求之下，日本开始将工业遗产视作重要的产业资源和经济引擎，而非原来单纯地视作文物的一个门类。2007年和2008年，经济产业省在地方申报的基础上，通过故事的形式将类似主题的遗产进行归类，先后两次认定了“近代化产业遗产群33”“近代化产业遗产群续33”，共计1 115项。[1] 在内容上，除了建筑物之外，相关的机器设备和文书等揭示产业创新过程的材料均可被视作可认定的对象；在分布上，除传统4大工业区（京滨、阪神、中部、北九州）数量较多外，空间范围基本上遍布了日本全境。相较于20世纪文化厅的工业遗产普查所注重的历史文化价值，经济产业省的“近代化产业遗产群”更倾向于立足日本近代化过程中产业的意义[2]，注重遗产的经济价值和开发功能，同时方便地方政府和业界展开合作和推广。

由于申报和登录世界遗产也将极大推动地方经济尤其是旅游业的发展，在日本政府的全力推动下，近年来日本已有3处工业遗产成功申遗：2007年江户时期最大的银矿——石见银山成功申遗；2014年富冈制丝场及近代绢丝产业遗迹群；2015年明治产业革命遗址群先后进入世界遗产名录。尤其是明治产业革命遗址群，日本内阁官房特别设置了“产业遗产世界遗产登录推进室”，其认定和推荐工作均由内阁决议所推动。中央政府的参与，使得工业遗产历史价值得到了进一步的宣传和推广，同时也有效避免了遗产保护和企业现有的经营之间可能发生的冲突。但另一方面，政治因素和经济因素的考量很大程度上也左右了申遗的过程，例如一开始地方政府所推荐的“长崎教会群和基督教的遗产”最终被“明治产业革命遗址群”所取代，普遍认为这是日本政府出于重新找回国家自信以及促进地方产业再生的需要。[3] 此外，自2015年起，日本文化厅开始展开“日本遗产(Japan Heritage)”的认定。不

〔1〕 経済産業省. 近代化産業遺産群33, 近代化産業遺産群続33[EB/OL]. [2021-11-01]. https://www.meti.go.jp/policy/local_economy/nipponsaikoh/nipponsaikohsangyouisan.html.

〔2〕 森嶋俊行. 近代化産業遺産の保存と活用に関する政策的対応の比較[J]. E-journal-GEO, 2014,9(2): 102-117.

〔3〕 山本理佳. 近代産業景観をめぐる価値——北九州市の高炉施設のナショナル/ローカルな文脈[J]. 歴史地理学,2006,48(1): 45-60.

同于“文化财”注重文物资源的保护，以及“近代化产业遗产群”注重产业资源的利用，“日本遗产”更侧重于宣传和推介，即借助有形或无形的文化遗产向国内外传播日本的文化与传统。在此背景下，同样有一批工业遗产景观入选。

二、北九州市工业遗产的保护

北九州市位于九州岛最北端，隔关门海峡与本州岛相望，在1963年由门司市、小仓市、户畑市、八幡市、若松市合并而成。一般认为，北九州的近代工业始于1901年日本明治政府创立的国营八幡制铁所，之后作为日本钢铁、机械、化学的重镇，成为日本重要的工业城市之一，二战前北九州钢铁业的鼎盛时期，产量一度占到全日本的一半。在日本经济高速增长时期，北九州市和许多工业城市一样，发生了严重的污染问题，附近的洞海湾由于水质的破坏被称为“死海”。1970年代之后，在民众和政府的努力下，北九州的环境状况有了大幅改善，但随着日本传统重工业的转型，北九州的产业日益萧条，人口逐年流出，成为典型的“收缩城市”。而北九州市另一个重要的工业遗产——门司港始建于1889年，最初作为重要的煤炭运输港口而发展起来，并逐渐成为近代日本重要的商港、铁路、物流以及金融和贸易中心。但在20世纪后半叶，港口也随着重工业的衰落以及关门海底隧道的贯通而日益衰落，货运和客运均大幅减少。同时原有的以金融、贸易为中心的商务服务企业也逐渐迁离，建筑物大量空置。

伴随着产业结构的更替，北九州诞生了大量的工业遗产，涵盖了煤矿、陶瓷、钢铁、铁路、港口和水厂等各个领域，并在市内各处广泛分布。八幡制铁所长期被视作日本近代化的重要象征，其标志建筑之一的东田第一高炉，1972年随着钢铁业的结构调整停止运营，第二年经过环境治理以后作为东田高炉纪念广场向普通民众开放。然而此时，东田高炉尚未实现“遗产化”，仅仅是通过对周边环境的绿化，广种樱花等多个树种，部分实现了从传统的工业景观向休闲游憩空间的转型。直到1989年，东田高炉的产权所有者新日铁住金株式会社将工厂迁出的大片空间用于商业旅游开发，建设了商业住宅、主题公园、豪华酒店等设施。而可能拆除东田高炉的讨论则引发了地方居民的自发组织的保护运动，其中不少的参与者是原八幡制铁所的员工。在社会各界的积极游说之下，经由八幡区政府和北九州市政府最终将东田高炉于1996年认定为国家史迹，该项目也是日本地方居民自下而上推动工业遗产保护的典型。东田高炉得以保存，并于2001年北九州博览节前修缮完成面向一般游客开放。同时在其附近，精炼炉以及用于运送煤矿和铁矿的专用火车也同时被保存用于展出。

而在门司港附近，一批近代以来的建筑和设施，如旧三菱合资若松分店、旧松本家住宅、旧门司海关、河内蓄水池等先后被登录为国家指定的重要文化财和国家登记有形文化财。这些建筑物不少已经废弃多年而年久失修，北九州市政府在2000年前后陆续与原企业达成了产权转让协议，并斥资加以修缮和改建。

2007年，八幡制铁所和门司港海关均入选了“近代化产业遗产群33”，分别位列其中的“钢铁国产化进程中的近代钢铁产业遗产群”，以及“引进近代技术的九州·山口煤炭产业遗产群”。此后，地方政府开始积极推动世界遗产的申报工作，尤其在2009年1月以“九州·山口近代化产业遗产群”的名称正式被列入UNESCO“世界遗产暂定名单”后，作为日本首个“系列提名(serial nomination)”的世界遗产，日本从中央到地方表现出了前所未有的重视。中央政府牵头促进地方政府之间的跨区域合作，各个地方和部门围绕各自优势展开分工合作，比如经济产业省牵头的“利用产业遗产的地方活性化过程中的民间活力调查”；福冈县牵头的“官民合作开展遗产事业项目的经济效果调查”；以及鹿儿岛县牵头的“基于产业遗产的城市设计与景观营造政策调查”等。2015年，八幡制铁所的旧公司总部、维修工厂以及锻造工厂等一批近代建筑均作为“明治日本的产业革命遗产·九州、山口及相关地区”的一部分正式进入《世界文化遗产名录》。

三、北九州市工业旅游项目的开发

依托工业遗产，进入21世纪以后北九州市打造了一批“工厂夜景”，即以过去的化学工厂和炼铁厂的成套设备群以及巨大的烟囱所构成的工业景观，在夜晚利用灯光照明设备进行亮化和装扮，使其成为极具标识性的城市景观。最初仅在城市周边的几座山丘上设置了观景点，近年来随着观光需求的旺盛，市内的灯光亮化区域和观景点也逐渐增多。同时为了因应本地及周边地区越来越多的“工业党”“工业粉”的需求，北九州市和旅行社从2011年起正式推出适合上班族的工厂夜景观赏旅游项目，游客得以借助大巴和邮轮饱览城市各处的夜景。

而在门司港片区，北九州市政府在修缮近代建筑的同时，将该区域规划为怀旧休闲旅游区，同时新建了一批现代化的文博场馆和游客服务设施，以日本铁道公司(Japan Railways，JR)门司车站为中心打造出近代大正时期(1912—1926 年)的风格。作为城市更新的典型案例，该地段也入选了日本国土交通省“都市景观 100 景”，以及“土木学会设计 2001 年最优秀奖”。2017 年，在地方政府的推动下，门司港地区的近代工业建筑和关门海峡对岸的下关市一起，以“关门‘怀旧’海峡：时代的停车场、近代化的记忆”的名称成功入选了“日本遗产”，成为当地面向国内外游客宣传推介的重要旅游目的地。

在工业旅游开发的过程中，北九州市政府与北九州工商会议所密切合作，在工业旅游中发挥引导的作用。2010 年，北九州市工商会议所就提出“利用北九州产业特色的工业旅游来振兴地区”，第二年，在全国 515 个工商会议所中率先设置了“工业旅游推进室”，积极与北九州市内的 50 多家企业经营者进行合作，起初以大企业为主，近年来逐渐也向中小企业拓展。2014 年，北九州工商会议所与北九州市政府、北九州市观光协会共同创建了“北九州产业观光中心”，同时开设了一站式的工业旅游窗口服务。其中与旅行社等共同开发和组织市内外出发到达的旅行线路，招募了 80 人左右的市民志愿者作为导游，大多数志愿者均是对北九州工业时代有着深刻记忆的本地市民，均有较强的意愿讲述工厂和城市的历史。尤其是近年来工业旅游的游客不再仅仅局限于参观工厂和工业遗产，对参观过去工业时代工人的生活区也抱有浓厚的兴趣。同时观光中心还协助土特产开发和推介新的旅游纪念品。2016 年，北九州工商会议所荣获“全国工商会议所辉煌观光振兴大奖”，北九州产业观光中心荣获“产业观光城市大奖”金奖，获奖的理由包括了官民联合、吸引外部投资以及建立相关体制等方面。在多方的共同努力下，北九州市的工业观光游客数从 2014 年的 42.8 万人增加到 2016 年的 57.4 万人。

事实上，在北九州市新开发一系列工业旅游项目的过程中，其涉及的内容已远远超出原有的工业遗产旅游的范畴。首先，作为日本重工业城市成功转型的典范，北九州市政府联合当地环境企业打造了多个环境保护研学旅游项目，组织中小学生和普通民众前往工业废物处理厂以及再循环设施参观，同时编写了多种环境教育的研学指南。其次，则是发展尖端科技的工业旅游项目。北九州市内的重要的科技企业和知名品牌，如工业机器人市场占有率全日本最高的“安川电机”、卫浴行业的国际知名品牌“东洋陶器”(TOTO)等均开设了工业旅游项目，并于 2015 年分别专门新建了“机器人未来馆”和企业资料馆，成为展示企业和北九州城市新形象的窗口。

北九州工业观光中心将北九州市的工业旅游概括为“3 根支柱”：工业遗

产、工厂研学、工厂夜景。根据北九州工业观光中心的统计，目前北九州市有54家企业开展工业旅游的项目，包括近代工业遗产7项、高端制造业12项、物流/通讯业14项、环境/能源15项、食品生产6项。[1] 通过将工业遗产和现代城市景观、高科技体验观光相结合，将北九州市打造成了融合过去、现在和未来的完整的工业旅游目的地。

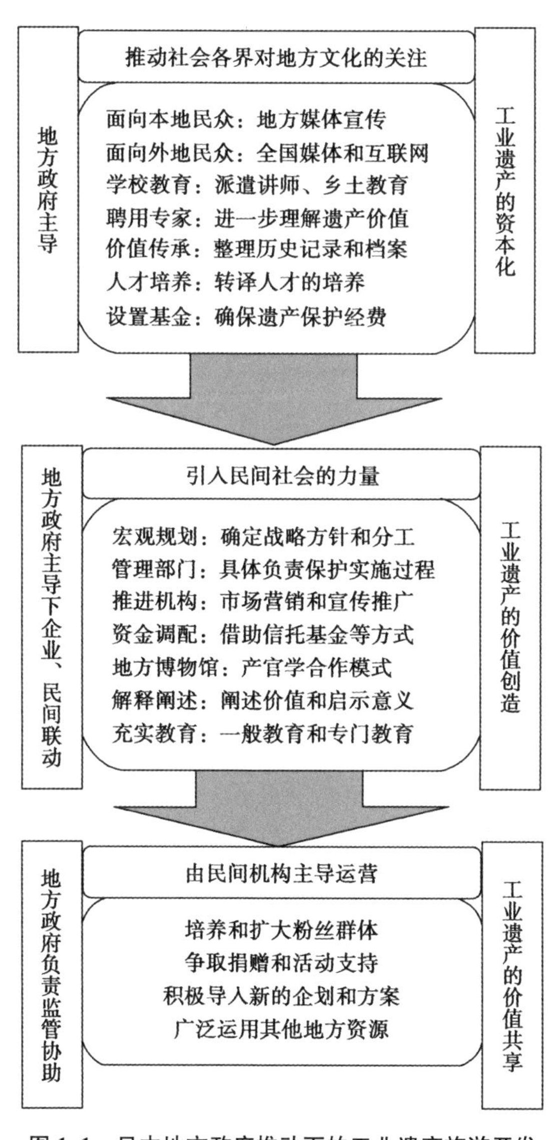

图 1.1　日本地方政府推动下的工业遗产旅游开发

---

〔1〕 北九州産業観光センター[EB/OL]. [2021-11-01]. http://sangyokanko.com.

而从近年来北九州工业遗产旅游开发的实践来看，尽管参与保护与开发的主体日趋多元，但地方行政部门在其中始终起着举足轻重的作用。尤其是不少长期从事制造业的企业并不具有商业开发和运营的能力，且由于人才、资金、信息等不足，往往事倍功半，因此日本的地方政府往往在初期扮演了工业遗产“资本化”的重要推手，包括协助了解市场需求、对遗产的历史文化价值展开系统论证、寻找相关专家制定改造方案、向区域内外居民和游客推介宣传以及面向中小学生的乡土教育等。在工业遗产基本实现资本化，开始创造经济价值的阶段，地方政府积极与各利益相关者进行协调，召集开发企业，整合内外部多种资源，确保具体方案的落地。北九州市的“北九州市观光振兴会议”就纳入了行政、工商、旅游等不同部门共同参与项目策划、市场推广、筹集资金等活动。而随着工业遗产的商业开发基本完成，进入价值共享的阶段，则基本交由企业或民间机构管理，政府更多地负责相应的监管，同时利用行政机构的优势协助争取资金和游客（图 1.1）。

第四节　中国城市工业遗产的转型路径

在中国城市现行的行政制度和社会文化背景下，工业遗产的转型过程呈现出鲜明的中国特色。首先在历史文化方面，中国文化与西方文化存在着一定的差异性。反映在文化遗产方面就表现在西方国家倾向于保护历史遗留下来的材料与物质的真实性，而中国则更致力于保护事物的文字描述，强调建立在物质基础上的非物质的“文化”的内容。[1] 这部分遗产尽管鲜有建筑和物质遗存，但企业档案、地方文献甚至口述历史等工业史、科技史、艺术史研究的基本史料，同样具有重要的学术价值。这些资料对于我们了解各个时代的产业文化和劳动精神，挖掘和理解具有鲜明地方特色的工商文化，都是极其珍贵的科学依据。

同时，在工业遗产转型的市政制度方面，西方的工业遗产往往涉及土地产权、历史阐释、环境污染等问题，常不可避免地引发各种争议。这就需要在得到地方民众普遍认同下，并经过官方机构的登记或指定，最终以法律法规的形式确立下来[2]，同时开发和利用的具体模式更是多个利益集团相互博

---

〔1〕 吴隽宇. 从东西方哲学思想探讨建筑文化遗产概念之差异[J]. 华中建筑，2011(5)：34－37.

〔2〕 董一平，侯斌超. 工业遗存的“遗产化过程”思考[J]. 新建筑，2014(4)：40－44.

弈的产物。而中国的工业遗产尽管也存在长期分别由文化、国土资源和住建部门管理，条块分割使得部门之间、中央与地方之间出现争议，但遗产化和商业化的过程大多由政府主导，尤其是从实践来看地方政府的作用往往大于国家和国际组织[1]，在一定程度上能够兼顾文物保护、地方经济、社会需求等各方面的需要。但另一方面，由于自上而下的行政话语的单一性和局限性，工业遗产的转型模式有着明显的同质化现象，各地争相效仿也使得低水平重复和浅层次竞争屡见不鲜。

在西方，企业是保存和开发工业遗产的最重要主体。欧美日等国的工业遗产大多产生于经济结构变迁背景下的工业遗存，绝大多数情况下，民营企业作为工业遗产产权所有者，具备了再现自身历史和场所的资本、知识和技术。对很多企业而言，保护旧有的产业资源，一方面是出于市场角度的考量，通过吸引游客的参观和体验，有助于扩大企业品牌和知名度；另一方面也是出于更好地保存企业文化的需要，通过对数百年发展历程记忆的回顾，有助于构建团队的凝聚力。[2] 而与西方不同的是，国内工业遗产的产权结构经历了多次变动，并在改革开放以后同时面临着产业升级和国企改制的双重压力，工业遗产在很长一段时间并未与企业的核心价值和核心利益挂钩。同时，在推动产业转型和开展商业运作方面均存在着诸多限制，使得一批工业遗存难以得到有效的开发和利用而长期闲置，或在完全交由商业开发后与原有企业文化发生断裂。

一、结合工业遗产特色和地方特色展开普查

工业遗产是一类特殊的文化资源，而普查则是发现价值并展开记录和研究的基础。但由于其种类的多样性，单一的普查机制很难完全满足所有遗产和地域的需要。欧美和日本的工业遗产普查均经历了一个发展的过程，从早期的专家学者和市民团体的推动逐步发展到行政部门组织的单一的文物普查，再到近年来的专门针对工业遗产进行大型的全面普查，并开展国际宣传与合作工作。而随着越来越多的政府部门参与其中，覆盖的知识体系也更加完善，形成了多层次和立体化的资源普查结构。

---

〔1〕 张朝枝，屈册，金钰涵. 遗产认同：概念、内涵与研究路径[J]. 人文地理，2018，33(4)：20－25.

〔2〕 森嶋俊行. 企業創業地における近代化産業遺産の保存と活用：倉敷地域と日立地域の比較分析から[J]. 経済地理学年報，2014，60(2)：67－89.

工业遗产源自于工业革命以来在生产、交通、基建等领域的“创造性破坏”，具有明显的行业差异和地区差异。例如我国的工业遗产和工业文化虽然主要源自于近代以来的西学东渐，但具有鲜明的民族风格和地方特色的传统工艺，同样是今天中国工业文明重要的组成部分，代表了中华民族文化传承和脉络，在很多时候也会被纳入到广义的工业遗产的范畴内。因此，在对工业遗产的普查和研究过程中，也需要兼顾其产生、发展、转型的不同侧面，同时注重跨部门、跨行业、跨地区的合作，真正做到“讲好中国故事”和“讲好城市故事”。此外，也需要关注中华民族的优秀传统文化与近代文明的结合，尤其是与当代城市文明的结合，进而推动中国传统工艺，尤其是非物质文化遗产在新时代的创新与发展。

二、加强企业和民众对工业遗产转型的有效参与

在中国的产权制度下，如何提升企业和员工在参与保护和开发工业遗产中的积极性，也是中国工业遗产转型中必须面对的课题。在遗产化和创意化的场景营造过程中，可以在园区或景区中融入符合企业特色的工业文化和地方文化，并可以适当邀请熟悉工厂历史和行业历史的退休职工参与其中。改造后的工业遗产即使不再作为工业生产车间来使用，但仍然能够将其作为开展各类团建和宣传活动的重要场所。例如鞍钢集团展览馆是由旧炼铁厂二烧车间闲置厂房改建而成，集中体现了企业博物馆展示、纪念、宣传企业发展历程和精神文化的功能属性，获得了良好的社会效益。此外，地方政府也应当借助多种政策措施调动遗产产权所有企业保护和开发的积极性，包括对于部分不善于市场推介的传统企业予以支持和协助，借助产学研平台推动工业遗产转型（比如将企业设立的工业遗产博物馆纳入社会公益事业，享受土地使用、税收免税、社会捐助等相关政策）。

同时，1970 年代以来在西方工业考古运动中诞生的近现代工业遗址性博物馆也能够给中国的工业遗产转型提供一定的借鉴。由于其能够最大限度地保存工业建筑、生产设备以及制作工艺，并借助展览、影像、现场表演等方式清晰地展示近代工业成长的历史，一直被视作工业遗产保护与利用的基本手段。同时，博物馆还是重要的“体验场所”，能够充分利用现场相关实物，

讲述具体的故事，增强观众的原真性体验[1]，其通过设计好的空间路径，能够使参观者在参观和体验的过程中不知不觉地将国家的价值观与信仰内化[2]。但与西方国家相比，中国的工业遗址性博物馆仍然数量偏少，在功能定位、展陈设计及管理运营模式等方面均有一定的局限性，存在进一步提升的空间。[3] 此外，生态博物馆作为近年来西方的"新博物馆"理念，强调通过人们的参与，保证研究、保护与陈列的功能，以自然与文化遗产整体展现其代表的某个区域及继承下来的生活方式，也可以为我国工业遗产的保护和转型提供借鉴。生态博物馆能够在社区场景中提高居民的文化自觉意识和文化认同，进而身体力行地来保护和传承地方文化，形成社会文化与生态环境、社会发展之间和谐发展的关系，如欧洲的鲁尔区"关税同盟"煤炭一焦化厂、加南巴生态博物馆都是典型的生态博物馆。但国内目前对生态博物馆的认识还主要集中在少数民族文化保护方面，对工业生态博物馆则较少关注。

事实上，由于受到土地和产权制度等因素的制约，中国工业遗产的转型过程呈现鲜明的政府部门和开发商主导的特征，尤其是地方政府常常具有较强的话语权，而地方居民的参与则相对有限。这固然能够在一定程度上兼顾文物保护、地方经济、社会需求等各方面的需要。但另一方面，由于自上而下的行政话语的单一性和局限性，也使得不少地区的工业遗产创意化和商业化改造出现同质化、低水平重复和浅层次竞争。这就要求工业遗产的转型能够更好地关注过去劳动者和当下城市普通居民的日常生活，并使其与不同时期的社会经济环境有机结合，从而挖掘和梳理城市记忆，还原和重塑工业场景。

三、借助工业遗产旅游开发促进地方振兴与记忆再生

近年来西方工业旅游发展早已超出了传统的工业遗产的范畴，往往以工业遗产为基础，形成融现代城市景观、未来科技体验、环境教育研学为一体的工业旅游体系。地方政府也往往会对有利于促进社会公平、提升地方文化形象的工业旅游项目予以财政支持，以弥补传统工业企业在资金和市场等方面的不足。事实上，在商业开发所带来的经济收益之外，工业旅游对于地方振兴所带来的意义更为深远：借助工业遗产的转型和旅游开发，构建良好的生

[1] Skramstad H. The Mission of the Industrial Museum in the Postindustrial Age[J]. The Public Historian, 2000, 22(3): 25 - 32.

[2] 王建民. 中国人类学评论第24辑[M]. 北京：文津出版社，2014：99.

[3] 郝帅，程楠，孙星. 新型工业博物馆初探[J]. 文物春秋，2019(2)：45 - 50.

态环境和具有地方特色的文化空间，能够建立起地方的文化品牌，有助于科技创新产业和文化创意产业的集聚，帮助地方实现产业的转型升级；同时借助以环境保护、现代科技为主题的研学旅行，也能够助推多层次的城乡交流活动，从而重新评估和发掘地方的价值，进而吸引外部人才的参与。自我国提出"全域旅游"的政策导向以来，"旅游＋产业"融合发展也被视作重要的一环。如何在扩大旅游收益、解决劳动就业、提高居民收入的同时，兼顾公益性和民生性，进而带动地方公共服务水平和城乡基础设施的改善，以及产业的转型升级，仍然是我国很多地方政府所不得不面对的问题。

工业遗产的旅游开发，本质上也是通过对过去工业场景的再现实现城市记忆再生的过程，即通过全面传递出昔日工业时代生产、运输乃至消费等各个方面的场景和信息，再通过阐释让大众了解其历史价值与文化意义，以建立和唤醒公众的地方想象。考虑到中国不少企业和地方长期致力于保存工业的文字档案等非物质的内容，这些为数众多的企业档案、地方文献等均可以成为工业遗产场景还原和记忆再生的重要依据。例如位于重庆市涪陵区的816核工程工业遗产改造成功的一个重要的原因在于重视场所结构和场所氛围的营造。陈列馆以时间轴为线索，讲述了816核工程建设经历的急建、缓建、停建三个阶段，并通过大量历史资料和老物件以多种形式呈现了当年工程建设者们的艰辛历程。此外，口述历史因其丰富的个人经验和情感体验能够在工业遗存的"遗产化"过程中起着举足轻重的作用。例如在工业遗产的展示和商业开发中，基于个人记忆的普通传记和"乡土声音"也将可以通过多种形式塑造场景，以吸引居民和游客的地方认同。[1]

四、促进工业遗产与当下生产生活空间的结合

现有工业遗产的最主要的转型模式如文化产业园区和商业街区，距离城市民众的日常生活较远，通过将工业遗产转型为城市普通民众生产生活所需要的空间，如经过修缮和改建后用于当地的文化中心、文化馆、体育馆、图书馆、资料室等，能够在有效地服务于城市的公共文化服务体系建设的同时，更好地激活普通民众对本地工业文化的集体记忆和情感共鸣，成为消费经济时代城市新的文化品牌。同时，利用工业遗产相对宽敞的空间，也能够有效地

---

〔1〕 贝拉·迪克斯.被展示的文化——当代"可参观性"的生产[M].冯悦，译.北京：北京大学出版社，2012：127.

组织起面向普通市民的教育研学、节事演艺、艺术体验等文化艺术活动，丰富本地市民的业余文化生活。

再比如，近年来很多城市的非物质遗产在保护、传承与活化的过程中对实体空间有着迫切的需求，同时，工业遗产空间的历史文化氛围也能够为传统产业的“传统的再创造”提供空间，使其成为符合当代人消费需求的创意产业。无论是通过改建为商品销售空间以增加非物质文化遗产的销售渠道，还是增加生产流通过程的展示环节使其与旅游业相融合，工业遗产所遗留下来的旧有空间在经过改造后均能够满足非遗商品化和旅游化的需求。近年来，不少地方政府也开始积极在园区内打造“非遗传承人孵化空间”“非遗传承人之家”等产业平台，为非遗企业和传承人提供了一个实体的交流平台。尤其对于不少入驻由工业遗产改造的文化创意园区的非遗企业来说，园区里所呈现出的工业文化特色和自身的传统工艺有着较高的耦合性，两者共同构成了中国从手工业到工业文明的发展脉络。江西省景德镇市的陶溪川文创产业平台，就是由景德镇宇宙瓷厂的工业旧厂房改造而成，新的文创产业平台通过将本地传统的陶瓷文化及制瓷技艺资源与当代艺术设计结合互补，形成了较强的自我发展与自我更新能力，也成为了当地文化和旅游的新地标。

图 1.2　非物质文化遗产与工业遗产空间的共生

五、塑造地方特色的工业文化和遗产景观

从全球化背景下城市间竞争的角度而言，工业遗产一方面是传统产业与创新创意产业之间重要的媒介，另一方面也是地方文化与全球文化激烈碰撞的场域。基于“全球—国家—地方”的多元尺度，结合后工业社会城市社会对于场景的需求，也有必要重新思考工业遗产的文化价值。工业遗产作为人类工业文明的活化石，对其物质和非物质遗存的学术探索，将有助于提炼近几个世纪以来人类现代化历程中的经验与教训，尤其是技术创新、制度适应、企业家精神乃至环境保护与城市治理等均将为今天的后工业化时代提供借鉴

与反思。工业文化作为“隐性知识”的重要组成，与“显性知识”相对，是具有高度个人化和特定语境的知识，植根于经验、想法、价值观和情感之中。

地方的工业文化包含了“故事、思想、意义、方向、实践等其他文化资源，以及围绕地方工业发展和物质遗产所构建或重构的过程。[1] 相较于工业景观是工业遗产的外在表达，工业文化则是工业遗产的内在核心。工业遗产作为地方工业文化的重要载体，成功的工业遗产转型能够为其提供良好的生产空间和消费空间，对地方文化的传承和发展起着关键性的作用，并滋养新的文化类型与文化形式。同时工业遗产景观也与周边地理环境、人工环境、生物环境等共同构成城乡景观和空间格局，是地方文化生态系统发展的外部支撑体系。在工业遗产的转型过程中，地方所具有的文化基因决定了工业遗产改造的方向和模式，而遗产的产业特征和文化风格往往能够对城乡文化空间的营造起着至关重要的作用。例如黄石工业遗产片区五大工业遗址不是各自孤立存在的，地方政府通过打造“黄金宝石地，工业文博园”项目，将汉冶萍煤铁厂矿旧址、铜绿山古铜矿遗址博物馆、黄石国家矿山公园、华新水泥厂旧址和源华煤矿旧址、利华煤矿旧址等国内外知名的工业遗产点进行了全面整合。同样，近代以来拥有灿烂的工业文明的广州，目前全市有200余处工业遗产建筑被列入保护名录，而为了将广州主要的工业遗产有机地串联起来，广州市规划和自然资源局在了解产权所有者和市民的诉求和建议的基础上，专门策划了11公里的“工业拾遗”文化步径，以最大限度地保留城市工业文化记忆。

第五节　小　结

城市遗产的保护与开发，本质上也是地方感的营造过程，即通过全面传递出昔日生产、运输乃至消费等各个方面的场景和信息，再通过阐释让大众了解其历史价值与文化意义，以建立起公众的地方想象。从近年来国际遗产保护的理论来看，也开始从早期单纯的“古迹保护”转变为“以人为中心的保护”，强调遗产在当下社会各方面所扮演的角色，尤其认识到遗产所具有的持

[1] Eaton W M. What's the Problem? How "Industrial Culture" Shapes Community Responses to Proposed Bioenergy Development in Northern Michigan, USA[J]. Journal of Rural Studies, 2016, 45: 76-87.

续性和变化性。[1] “景观记忆”在保护文化遗产中发挥着重要作用，不仅让城市记忆得以流传，而且让国家历史不断延续。[2] 在工业遗产的转型过程中，通过对民众集体记忆的真实记录和再现，能够让各种声音、意见整合并发挥作用，并最终与城市的历史、遗产的保护相联系。

纵观国内外工业遗产开发的成功案例，几无例外均是将遗产的工业文化内涵与本土优势资源相结合的产物。工业遗产不能仅仅被用作面向未来的经济资源，而忽视了新身份和新联结产生过程中与过去的民众和情感的关系。因此，在场景还原与记忆再生的过程中，需要进一步加强民众与企业参与，即由生活实践而对景观进行重新建构。同时，还应当重视工业遗产在促进城市文化传承中的作用，从综合性工业文化区域的角度整合包括非物质文化遗产、工业景观、工业文化记忆等不同要素，从而为构建当前的城市产业和文化发展提供新的动力。

---

〔1〕 Chitty G. Heritage, Conservation and Communities: Engagement, Participation and Capacity Building[M]. London: Routledge, 2017: 34 - 50.

〔2〕 刘珂秀，刘滨谊. “景观记忆”在城市文化景观设计中的应用[J]. 中国园林，2020，36(10): 35 - 39.

第二章

从经典到现代：世界文学之都文学景观的记忆重构

第一节 “创意城市网络”下的“世界文学之都”

一、“世界文学之都”的特征与分布

在西方，创意城市的理念最早出现于1980年代末，其鼓励创意文化根植于城市管理中，鼓励公有、私有和社区领域在城市发展中的创意和想象力。2002年，联合国教科文组织（UNESCO）提出全球“创意城市网络（Creative Cities Network）”，从实践层面极大地推进了世界城市面向创意的转型，同时文化多样性也被视作创意城市倡议的重要目标。近年来，越来越多的城市因获得联合国教科文组织“创意城市网络”颁发的“创意城市”殊荣来强化自身文化形象。目前，创意城市网络共分为文学之都、电影之都、音乐之都、手工艺与民间艺术之都、设计之都、媒体艺术之都、美食之都7大主题。“创意城市网络”的成员城市主要的特点包括：“创意中心”通过发展创意产业促进发达国家和发展中国家的社会经济发展及文化发展；“社会文化集群”则通过连接不同的社会文化社区以打造健康的城市环境。为此，“创意城市网络”将致力于为作为积极合作伙伴的会员城市最大程度地实现预期目标作出贡献，为

所有成员城市提供相关资源与经验，从而推动当地创意产业的发展。中国也先后有多个城市成功入选不同主题的“创意城市网络”，有力地提升了城市的国际形象和文化软实力。

其中，“世界文学之都”为 UNESCO 官方认定的七个创意城市类型之一，具体是指以自身文学创造力来推动城市文化、经济与社会发展的城市。文学既是一项传统的艺术形式，更是现代生活中重要的灵感来源，对城市的文脉传承、创意能力与形象树立具有关键作用。以文学视角重新审视城市文脉传承、公共文化服务、创意空间营造等城市的文化发展路径，能够给城市的持续创新发展注入新的活力。〔1〕在作为“世界文学之都”加入“创意城市网络”后，成员城市可以利用这个国际平台与其他城市分享经验、创造机遇，尤其是开展与文学创意发展相关的活动，从而在城市发展的各个领域提升自身的国际影响力。

截止到 2019 年底，全世界已经有 39 个城市加入到“世界文学之都”的网络中。但不同于其他类型的“创意城市”，由于欧美发达国家在全球语言文化中的优势地位，绝大多数文学之都城市集中在欧洲和北美，其中英国更是达到了 5 个之多(表 2.1)。2019 年，中国的南京成功入选“世界文学之都”，成为中国首个入选该系列的城市。

表 2.1　世界文学之都及其分布

区域	城市
欧洲与北美	爱丁堡、爱荷华、都柏林、雷克雅未克、诺维奇、克拉科夫、格拉纳达、海德堡、布拉格、诺丁汉、巴塞罗那、奥比杜什、利沃夫、塔尔图、乌里扬诺夫斯克、卢布尔雅那、曼彻斯特、利勒哈默尔、米兰、乌德勒支、西雅图、魁北克、敖德萨、昂古莱姆、埃克塞特、吕伐登、库赫莫、弗罗茨瓦夫
亚洲太平洋地区	墨尔本、达尼丁、富川、南京、拉合尔、原州
阿拉伯世界	巴格达、苏莱曼尼亚、贝鲁特
拉丁美洲	蒙得维的亚
非洲	德班

〔1〕李育菁，竺頔.场域与资本理论视角下世界“文学之都”的建构脉络研究[J].出版发行研究，2021(5)：98－104.

二、城市文学资源与文学景观

根据联合国教科文组织的官方标准释义，文学之都一般应具有以下七大要素：(1) 城市里有大量高质量、多元化的编辑出版项目以及出版机构；(2) 从初等教育到中等、高等院校，需要有多数高质量的国内或国外文学教育项目；(3) 有文学、诗歌、戏剧等艺术发挥其整合作用的城市环境；(4) 具有主办各种文学活动和文学节的丰富经验，能促进国内外文学的发展与交流；(5) 有图书馆、书店以及公共的或个人的文化机构推动国内外文学的保护、发展与传播；(6) 在翻译和出版多种语言或外国文学方面有一定的成果；(7) 有效运用媒体、新媒体来推动文学发展，并扩大文学作品的市场。一般认为，具备国际知名度的文学家和作品、独树一帜的地域性文学流派、富有全球影响力的文学节庆活动以及彰显文脉和全民阅读的城市氛围，常常被视作入选“世界文学之都”的必要条件[1]。

纵观全世界有代表性的“世界文学之都”，可以看出知名文学家和文学作品往往是文学之都的基础：不仅仅是文学家的出生地，还包括其文学活动的游历地以及作品中塑造的文学场景。因此，各个国家均通过多种手段展开了城市文学景观的保护与开发。英国爱丁堡对市域范围内的知名作家故居进行重点保护，并展开整体开发，包括开设作家博物馆、建设作家纪念碑、围绕著名作家打造福尔摩斯商店等文学景观、兴建文学咖啡馆和文学酒吧、举办文学节庆活动等。爱尔兰都柏林则围绕该市先后诞生的四位诺贝尔文学奖作家打造了专门的“文学遗产旅游专线”，包括作家故居、作家博物馆、作家展览馆、作家雕像以及以作家命名的大桥。

而除了历史上的文学资源外，城市现有的文学氛围同样被视作“文学之都”的重要指标，最为典型的即为城市阅读空间的营造。城市阅读空间作为一种典型的“公共空间”，在西方往往被视为介于国家与社会之间的“中间地带”，是市民阶层有意识地进行公共活动的“场域”，注重文化广泛的“公共性”[2]。公共阅读空间广义上包含图书馆、文化馆、书店、报亭等能够提供阅读的公共场所。例如，近年来，以图书为核心，将思想、文化、审美、趣味、休闲、饮食等多种元素融合在一起的新经营模式，带来了不少实体书店的复苏。

---

〔1〕 戴俊骋，那鲲鹏，单雪婷. 世界文学之都对中国城市申都启示[J]. 文化学刊，2019(2)：24－29.

〔2〕 汪晖，陈燕谷. 文化与公共性[M]. 北京：生活·读书·新知三联书店，2005：188.

在现代城市，城市公共阅读空间的治理主体可归纳为地方政府、市场组织、社会组织三种治理主体[1]。自2012年以来，国家在推行公共文化服务体系建设政策中，鼓励社会力量积极参与，各地公共图书馆也尝试与社会组织、机构合作创办城市公共阅读空间。而以书店、咖啡厅为代表的商业化的现代阅读空间具有更明显的社会资本参与特征，如何通过政府的有效引导，平衡公共利益和商业利益是文学之都建设过程中不得不考虑的因素。

由于文学景观和公共阅读空间的特殊性，难以完全照搬既有成果。各城市的文学资源不尽相同，作家及其所塑造的人物和场景也具有鲜明的地方性，必须结合地方文脉和产业特征因地制宜开展景观营造和开发。例如同为东亚国家城市的韩国富川，依托文学与文化创意相结合的主题，推出了“保存本地书店”的活动并打造出了一批具有地方特色的文字出版、消费和发行的场所，同样成为了文学之都建设的典范。

第二节　南京的城市文学资源与文学景观开发

一、南京城市文学资源

南京是中国古典与风雅文化的代表，是中华文明的重要发源地、中国四大古都之一，在中国历史上具有特殊的地位与价值。作为“六朝古都”和“十朝都会”的南京，长期是中国的政治、文化中心，形成了南北交汇、开放包容的多元文化氛围，被誉为“天下文枢”和“东南第一学”，因此也吸引了大量的文人墨客留下了数以万计的文学经典。南京历史上流传下来的文学作品包罗万象。有的描叙江南风景、城市景象，如壮阔的长江天堑、江南烟雨、亭台楼阁；有的记写社会生活，除了云锦和白局，更有秦淮风月、六朝金粉；有的叙述人物和情感，如江南佳丽、金陵帝王，感叹岁月流逝、江山变换等等；更由于南京发生了大量的重大历史事件，文人墨客更是不吝笔墨，写出了大量感伤时事、忧患家国的优秀篇章[2]。这些包罗万象的文学作品源自于历史上南京既受益又罹祸于其得天独厚的地理位置和气度不凡的风水佳境，过去曾多次

[1] 张秋东，李桂华. 城市公共阅读空间治理主体关系转型分析[J]. 图书馆建设，2020(5)：115－122.

[2] 赵建中. 南京古代诗歌资源的历史文化价值研究[J]. 中共南京市委党校学报，2016(4)：99－104.

遭受兵燹之灾，但亦屡屡从瓦砾荒烟中重整繁华。

六朝建都南京，繁华过后的金陵怀古也成为了唐宋文人文学创作的主题。这些大量的诗词作品中，带有浓郁的兴亡之感。李白《金陵歌送别范宣》中的“天子龙沉景阳井，谁歌玉树后庭花”；刘禹锡《台城》中的“台城六代竞豪华，结绮临春事最奢。万户千门成野草，只缘一曲后庭花”；杜牧《泊秦淮》中的“烟笼寒水月笼沙，夜泊秦淮近酒家。商女不知亡国恨，隔江犹唱后庭花”；刘禹锡《西塞山怀古》中的“王濬楼船下益州，金陵王气黯然收”；辛弃疾《念奴娇·登建康赏心亭呈史致道留守》中的“虎踞龙盘何处是，只有兴亡满目”。而这些唐宋文人在抒发兴亡之感的同时，也从未吝于描绘南京城中的自然与文化景观。“一生好入名山游”的李白，在南京写出了诸如“三山半落青天外，二水中分白鹭洲”，“解道澄江净如练，令人长忆谢玄晖”的千古名句，杜牧《江南春绝句》“千里莺啼绿映红，水村山郭酒旗风。南朝四百八十寺，多少楼台烟雨中”，则作出了一幅绝美的风景画。刘禹锡《乌衣巷》中“朱雀桥边野草花，乌衣巷口夕阳斜。旧时王谢堂前燕，飞入寻常百姓家。”更是成为了这座城市独特的美学符号。王安石《桂枝香·金陵怀古》中“千里澄江似练，翠峰如簇。归帆去棹残阳里，背西风、酒旗斜矗。”描写了金陵晚秋的景色。

明清代小说、戏曲创作进入繁盛时期，南京也无疑成为了不少明清小说家的“最佳取景地”，从《初刻拍案惊奇》《二刻拍案惊奇》到《玉娇梨》《桃花扇》，再到《儒林外史》，南京多次成为文学艺术创作的重要舞台。今天所熟知的文学大家，如施耐庵、冯梦龙、罗贯中、兰陵笑笑生等人的作品，均在这座城市的书坊中被大量刻印，使南京成为了当时不可或缺的“小说之城”。[1] 而曹雪芹更是基于自己早年在南京的生活经历，铸就了被誉为中国古典章回小说巅峰之作的《红楼梦》。民国时期，鲁迅、巴金、朱自清、俞平伯、张恨水、张爱玲等文坛巨匠也都与南京有着千丝万缕的联系，美国作家赛珍珠获得诺贝尔文学奖的代表作《大地》也是在南京创作完成的。新中国成立以来，南京仍然是文学创作、生产和传播的重镇，涌现了一批又一批在海内外具有影响力的名家，如陆文夫、高晓声、方之、苏童、叶兆言、毕飞宇等，都是其中的杰出代表。

---

[1] 朱逸宁，苏晓静.“文学之都”的历史源流与建设路径研究——以南京为例[J].中国名城，2020(6)：63-69.

二、文学景观及其开发

在2019年10月入选联合国教科文组织“世界文学之都”后，南京市随即启动了“文学赋能计划”和南京“文学之都”场所网络建设，包括重点打造的枢纽性文学地标“世界文学客厅”，以及众多具有城市特色文学空间“世界文学之都地标网络”，有机地串联起南京全市15个公共图书馆、14个文化馆、100个文化站、300多家实体书店。南京还在全城规划了古刹鸡鸣寺附近的六朝文学小路、民国建筑群颐和路的现当代文学小路、秦淮河畔门东门西的明清文学小路等10条文学之都小路。同时，伴随着商业开发的进行，一批网红打卡店、文博场馆、休闲体验地等也让各类文学景观愈发充满活力。此外，大量相关的线上数字平台和线下节事活动也在积极展开，例如由南京市文学之都促进会主办、南京市文化投资控股集团承办、南京金陵文化保护发展基金会支持的“2020南京文学季”，推出了全新城市文学地图，以及“NICE文都平台”APP，并策划了包括“行走文都”“戏剧文都”“书香文都”“创作文都”等一系列的活动。随着大量的“世界文学之都”建设的推进和文学基础设施的完善，如何深入挖掘南京本地的文学景观并加以阐释和传播，正成为地方政府和文化工作者所面临的首要课题。

丰富的城市文学资源给南京留下了大量的文学景观，“山围故国周遭在，潮打空城寂寞回”“朱雀桥边野草花，乌衣巷口夕阳斜”“宫殿六朝遗古迹，衣冠千古漫荒丘”等脍炙人口的名句，塑造了属于这座城市的集体记忆，并通过以凤凰台、雨花台、石头城—清凉山、秦淮河—夫子庙—乌衣巷、鸡鸣寺—台城—玄武湖、栖霞山—紫金山、扬子江为代表的从古至今的文学景观凝固下来。同时，作为中国近代史上最早开展洋务运动和对外开放的城市之一，以及民国时期的政治和文化中心，南京保留有大量的近代工厂、学校、公共建筑、纪念设施等，如中山陵、金陵制造局、浦口火车站、下关码头、大学校园以及各条市政道路等大量出现在近代以来的各类文学和影视作品中，成为当代南京重要的城市记忆。可以说，这些代表性的文学景观，连同南京市内众多的碑刻文物、亭台楼阁乃至山川湖泊、花卉草木，均通过文学作品被赋予了其意义，也因此形成了独具特色的文化内涵和审美价值，使今天的人们得以从不同角度加以观照、审视和解读。

文化景观的集体记忆能够被书写和体验，并得以随着时代的变迁被不断重构。浦口火车站作为民国时期南京最有影响力的“文学景观”，在朱自清的名作《背影》中，父亲穿越铁轨、攀爬月台，为儿子买橘子的笨拙身影，感动了后来的无数人。散文中，朱自清时隔八年后忆起浦口火车站送别时父亲的样子，暂时的矛盾被浓浓的乡愁和亲情所淹没。几十年来，《背影》作为全国通用的中学语文课文被广泛阅读，对南京乃至全国的普通民众而言，浦口火车站早已成为南京重要的文化符号。因此，本章将以浦口火车站为研究对象，基于档案史料和报刊文献等作为经验材料，通过分析不同时期的社会记忆如何阐释文学景观的形成以及遗产化过程，加深对文学景观遗产历史文化价值的认识。

第三节　浦口火车站的历史记忆

一、现代性的产物

浦口火车站位于南京长江北岸，于清光绪三十四年（1908）在长江江岸边的一片江滩洼地上作为津浦铁路的南端终点开工建设，宣统三年（1911）十月竣工，时名浦口站。津浦铁路北起天津，南至浦口，作为中国近代以来重要的南北大动脉，也是清政府借款建成的铁路中最长的一条，南段和北段分别由英德两国公司负责建设。浦口火车站的主体建筑是一幢三层楼房建筑，三层砖混结构。1912 年建成后，三层楼房面积共计“1 338 平方公尺，全楼合计 58 间，造价银圆 234 840 圆”[1]。二、三层为津浦铁路南段总局办公处的办公用房，底层作售票、问询、候车之用。大楼外墙面以黄色水泥砂浆粉刷，建筑风格表现出明显的英伦风格：屋顶陡峭为四坡顶，以瓦楞铁皮覆盖，门窗高窄，大楼内部为木质结构，底层候车大厅高大宽敞、装饰考究。尽管浦口火车站的主体大楼只有三层，但在当时的津浦铁路沿线各车站中规模最大，这也与其特等站的地位相一致。直至二十世纪五六十年代，这幢楼一直都是浦口地区最高的建筑，成为当地的重要地标。在车站大楼建成后的几年里，周边的附属建筑也陆续竣工并交付使用，包括票房、电报房以及底层外接浦口轮渡码头的拱形长廊，均是一百多年前最顶尖技术的体现。站前广场四周的走廊，是南京最早一批采用进口热轧 H 型钢建造的，是当时最顶尖的进口技术；站区月台、雨廊等附属建筑采用了钢筋混凝土的结构，也是南京最早采用

〔1〕 南京国民政府交通部，铁道部交通史编纂委员会. 交通史 · 路政编（十）[M]. 1935：2610.

钢混结构的建筑之一。车站站台上建有单柱伞形混凝土雨棚，雕饰精美，和拱形雨廊巧妙连接，具有浓郁的人文气息。

从当时西方客运建筑的发展来看，为应对日益增长的客运量，已经逐渐发展为候车空间、营业管理用房（售票处、行包房等）和交通联系空间的综合体，从而最大效率地满足近代生产生活节奏加快情况下人们对速度与效率的需要。浦口火车站也属于比较完整的铁路车站综合体，具体表现在站房与站场、站台与路轨之间分工明确，候车室成为最主要的部分，并设有专供贵宾使用的接待厅以及专用的出入口和通道，站前广场在旅客集散中发挥重要作用。车站由运转、客运、货运三部分组成，分二场三区（到达场、到发场、卸货区、港区、驼峰区），占地 1 697.8 亩。〔1〕在 19 世纪末火车和铁路作为全新的事物进入封建社会末期的中国的时候，曾不可避免地一度引发了附近居民强烈的抗议和反感。〔2〕但到了 20 世纪初，中国的社会精英阶层已经普遍接受了这一西方工业文明的象征对几百年来车马旅行体验的打破，甚至对其寄托了中国未来现代化和国富民强的期待。铁路这一现代西方科学技术与工业文明的象征背后，更是与近代资本主义生产方式、科学技术乃至知识体系之间的密切联系。此外，当时西方车站艺术处理追求纪念性，以豪华气派的建筑外形和装饰华丽的候车大厅为主要特征。而建于清末民初的浦口火车站，相较而言设计以简约和实用作为最优先考量。尤其是随着清末新政的展开，津浦铁路的建造也不同于晚清的铁路。清政府与英德两国签订的《天津浦口铁路借款合同》中规定“建造工程以及管理一切之权全归中国国家办理”，使得中国具备了一定的自主支配运营利润的权力。尽管英德两国各自派出南北两段的总工程师，但均在一定程度上听命于中国的督办大臣。浦口火车站虽由英国的公司设计，但具体建设却是由中方承担，承建者王佐卿从英国设计公司的学徒起步，一直跟随英国公司参与各项工程建设。在这个意义上，浦口火车站连同津浦铁路，是半殖民地半封建社会的中国向西方学习近代技术的符号和象征。津浦铁路建成后，英国人长期主持津浦铁路局工作，带来了当时最先进的管理制度。津浦铁路开建初期，山东省兖州至浦口的南段设浦口总局，先改为浦口分局，随即改为津浦铁路浦兖段管理处，以及南段分局

---

〔1〕 南京市浦口区土地管理局. 南京市浦口区土地管理志[M]. 北京：方志出版社，1999：86 - 87.

〔2〕 参阅宓汝成. 中国近代铁路史资料(1863—1911)(第 1 册)[M]. 北京：中华书局，1963：40 - 41.

办公处，1914 年改成浦口办事处，管至山东省兖州，直至 1927 年由南京国民政府在此设立津浦铁路管理局，采取英国模式管理铁路。

二、重要的交通枢纽

1912 年 12 月，津浦线全线开通运营，由此浦口从江北一块荒滩，变成了南京一个重要的水陆码头，带动了周边浦镇、大厂的经济发展。[1] 清末津浦铁路尚在勘测阶段时，就有大量外国资本进入浦口圈地兴建码头、仓库、货场，此后浦口当地商绅自发开设“民埠”，组成购地公司抢滩布点，商店、货栈、旅馆、饭店以及其他服务行业和住宅在浦口车站附近兴起，形成了有名的大马路商业街。北洋政府遂于 1912 年 10 月将浦口正式对外开放，美商美孚石油公司、英商亚细亚火油公司、太古洋行、怡和洋行等均开始在浦口开办货运业务。在浦口火车站周边，迅速兴建了一批现代化的建筑群，包括用于维修津浦铁路南段运行的机车车辆厂、高级职工住宅区、电报房、贵宾楼、港务处、电厂以及商业中心大马路等。铁路因其特有的企业性质，从建设时期开始，附属机构就不断增加。包括 1912 年建立的浦镇医院、1912 年建立的扶轮小学等，这些均解决了铁路职工在家属医疗、子女教育方面的后顾之忧。其中浦镇医院引进现代化的西方医学设备，新建了诊察室、养病室，并聘用英国医官进行内部整顿，成为津浦铁路沿线规模最大的铁路医院。[2] 孙中山在其 1919 年撰写的《建国方略》中，首先提出蒂联南京、浦口为“双联之市”，将浦口建设为“长江与北省间铁路载货之大中心”。这一设想改变了传统将南京城区局限于江南的思维，预见了南京跨江发展的前景。为此，孙中山专门提出修建浦口新市江堤，并将江堤内的土地改造为新式街道，修建公共建筑。[3]

1927 年国民政府迁都南京，此后浦口商埠区由江浦县划属南京特别市。[4] 国民政府将交通部津浦铁路管理局设置于浦口站，进一步带动了浦口站及其周边区域的建设。几乎所有从北方来南京的旅客都必须经过这里过江，同时津浦路物资的转运也是通过浦口，浦口火车站的客货流量都很大，

---

[1] 徐延平，徐龙梅. 南京工业遗产[M]. 南京：南京出版社，2012：149 - 152.

[2] 南京国民政府交通部，铁道部交通史编纂委员会. 交通史 · 路政编(十)[M]. 1935：2429 - 2430.

[3] 孙中山. 建国方略[M]. 北京：中华书局，2011：134 - 135.

[4] 南京特别市市政府. 接收浦口商埠案[J]. 首都市政公报，1929(27).

1930年浦口火车站年发送旅客达到了140余万人。[1] 在此背景下，周边旅馆、餐饮、浴室等服务业得到了进一步发展。例如始建于1924年的庆和园旅社，长期与浦口火车站协作为旅客代买火车票、代存大件行李。1927年的浦口，尽管未完成孙中山在《建国方略》中所希望的建设长江隧道联通津浦铁路和沪宁铁路的战略设想，但这一因中国的南北大动脉而兴起的商埠，也被纳入1928年的《首都计划》中。民国政府对浦口火车站及其周边做出了较为详细的规划，包括在浦口站上游地区（今南京港口机械厂一带）预留建设南京长江大桥的用地，以及建设浦口、下关之间的铁路轮渡，同时将浦口"辟为重大而含有滋扰性质之工业区、以辅助南京之发展"。"国内之大企业家，诚欲投资创办实业，当公认此为一绝好之地点也。"[2]1933年浦口下关间的火车轮渡正式通航，同时浦口商埠区正式被列为南京市第八区，浦口的城镇建设进程得以加速。可以说，作为首都南京的重要门户，浦口这个仅2万多人的商埠，已经成为了重要的人流和物流的集散中心。这一时期，浦口站的周边又新增加了多座建筑，包括市政管理处大楼和邮政大楼。[3] 此外，为满足普通民众逐渐增加的观光旅游的需要，浦口站也于1935年开始发售前往周边名胜的来回游览车票。[4] 1935年12月，津浦、京沪两路合办驶往山东的"谒圣旅行专车"，不少来自南京、上海等地的游客得以自浦口北上至山东济南，游览万德灵岩寺后，折返登泰山、游曲阜，参加圣庙大祭。[5]

"现代性"体验所强调的那种"稍纵即逝"的实质就是流动性，火车站就是这种流动性变化最为明显的社会和视觉体现。以火车这一交通工具体现了人类的技术进步，并产生了时空压缩及感知体系的变化，时空关系变成"流程性的、不定的和动态的"[6]。事实上，浦口一直是传统社会的漕运集散地，在明清时期就聚集了许多南来北往的商贾、船、骡马、粮食、布匹和物资。然而随着津浦铁路的畅通，周围的社会景观发生了根本性的改变。一方面是近代生活和商业设施的普及，"固然离开现代建筑很远，但是举凡都市文明的骨干，公共设备，在这里是全有了"；另一方面则是人口结构发生了改变，"直鲁

[1] 南京市地方志编纂委员会. 南京交通志[M]. 深圳：海天出版社，1994：409.

[2] 民国设计技术专员办事处. 首都计划[M]. 南京：南京出版社，2006：221－223.

[3] 浦口将有新建筑[N]. 中央日报，1929年7月2日，第8版.

[4] 浦口站发售来回游览票[N]. 时报，1935年1月19日，第3版.

[5] 南京市地方志编纂委员会. 南京交通志[M]. 深圳：海天出版社，1994：418.

[6] 齐格蒙特·鲍曼. 流动的现代性[M]. 欧阳景根，译. 北京：中国人民大学出版社，2018：194.

籍的比较多些"[1]。铁路时代使得人、物和信息能够在一定时间内于不同的空间以远超之前的速度流动，这个新的运输工具极大地缩小了旅行地时空间距离，使得每个人所能移动的空间距离比原来多了好几倍。[2] 在近代，这一系列速度的变化引发了社会的政治经济及文化乃至人的内在的心理状态的变化，这种"时间与空间的湮灭"使得社会变化和生活节奏均明显地加快了，即德国社会学家罗萨所称的"社会加速"(social acceleration)[3]。同时，铁路还极大地开阔了清末中国百姓的眼界，并将西方工业和商业文明带到了铁路沿线。当时的报纸这样描写这里的生活气息："这里的居民，工人占最多数，大半都是客籍，他们都过着日出而作日入而息的生活，以他们的血汗换取自己的需要。早晨东方呈着鱼肚色的时候，他们便很有次序的一排排地，掮着扁担和箩筐，很兴奋地去干他们抬煤的工作。"[4]另一方面，铁路工业的发展也更加凸现了同一个场域内的贫富差距："高大的楼房，平滑的马路，确乎是很堂皇！津浦铁路管理局大楼，更是津浦沿线各站所少见的伟大建筑了！……这些为着饥肠而劳动的人们，几乎成了黑种人的弟兄了！他们无论下着雨，刮着风，'依和''依和'的声音不会停歇的，他们大多数都是山东富于[余]劳动力的同胞，他们所住地方，就是所谓工人区，是那样污秽不合卫生……"[5]

另一方面，时空观很大程度上又影响着权力关系，现代性的架构已经缩减并集中在"瞬时"这个唯一的目标上。[6] 由于当时几乎所有前往南京、上海的人员和物资都要经过津浦铁路，"浦口为大江以北一切铁路之大终点，南联京沪、北达平辽，沿江轮泊往来、尤为便利"[7]。在动荡的民国时期，浦口火车站一直是南北交通最重要的中转站，革命家、侵略者、逃亡者均在这里留下匆匆的足迹，浦口火车站也一次次见证了民国历史上权力的更迭，成为民

---

[1] 剑声.浦口印象记(下)[N].津浦铁路日刊，第1508—1533期，1936年4月24日.

[2] 沃尔夫冈·希弗尔布施.铁道之旅：19世纪空间与时间的工业化[M].金毅，译.上海：上海人民出版社，2018：56-57.

[3] 哈尔特穆特·罗萨.加速：现代社会中时间结构的改变[M].董璐，译.北京：北京大学出版社，2015：86-96.

[4] 漠野.首都之门户的浦口[N].华北日报，1937年4月17日，第12版。

[5] 卢淑玉.浦口种种[N].民众周报(北平)，第1卷第4期，1936年10月23日.

[6] 齐格蒙特·鲍曼.流动的现代性[M].上海：上海三联书店，2002：205.

[7] 津浦铁路管理局总务处编查课.津浦铁路旅行指南，第7期，1933，60.

国各大政要迎来送往的重要场所。[1] 同时，由于铁路具有重要的军事战略价值，常常成为战争各方争夺的焦点。浦口火车站在中原大战和北伐战争期间就多次遭到军阀的破坏和洗劫。1929 年 5 月 28 日，孙中山先生灵柩由北京运抵浦口火车站，国民政府在此举行了盛大的接灵仪式，国民政府各要员均来到浦口火车站恭迎“总理”灵柩。[2] “浦口站之布置，颇极悲壮肃穆、站之周围遍悬党国旗及标语、月台前之标语正中为‘安葬我们的总理’……”[3] 之后南京国民政府在停放孙中山灵柩的地方建造“中山停灵台”以作纪念。1937 年，日本全面侵华期间，浦口站多次遭到轰炸。[4] 同年 12 月，日军飞机将站内外设施炸成一片废墟，一栋三层楼仅剩钢筋水泥框架。1945 年抗战胜利国府还都后，浦口站将其新开设的特别快车命名为“胜利号”，并于第二年增开了第二列。同时交通部和南京市政府也多次对浦口站进行修缮和设施的增设。[5] 随着解放战争后期国统区民生日益凋敝，津浦线受国民党军运影响，运行逐渐无序，客运量仅为抗战前的十分之一，浦口站也呈现出萧条的景象。解放战争后期的报刊这样记载当时的浦口火车站和津浦线：“车过各站也看不到多少人，秩序虽好，景象很寂寞，比京沪铁路所见相差很远，每隔数公里，可以看见大大小小的碉堡。碉堡的四周，掘有深沟，有士兵守卫，这是驻军保卫铁路线的”[6]；“真假虚实一江之隔两个世界，市街道上家家户户木门紧闭”[7]。1949 年 4 月 23 日，中国人民解放军第 35 军 312 团 3 营先遣突击队就是从浦口火车站渡过长江，南京从此解放。

三、社会主义生产基地

1949 年 4 月南京解放后，南京市军事管制委员会交通接管委员会在浦口

---

〔1〕 欢迎冯李戴李到京的盛况[N]. 中央日报，1928 年 8 月 2 日，第 3 版.

〔2〕 奉安大典：(三)迎榇沿途至浦口：国府要人在浦口车站恭迎总理灵榇[J]. 良友，1929 年第 37 期.

〔3〕 浦口车站内外布置[N]. 民国日报，1929 年 5 月 29 日，第 4 版.

〔4〕 敌机三次袭京八卦洲上空被截，浦口投弹车站及小学被炸[N]. 时报，1937 年 9 月 28 日，第 2 版.

〔5〕《交通部抢修浦口码头、制备火车篷布、增设各路车站军运设备等事项的文书》，1946 年 2 月—1948 年 2 月，南京国民政府交通部档案 202—1813，中国第二历史档案馆藏。《工务组向管理处报告大厦营造厂承办浦口站 7 座厕所经过情形》，1948 年 1 月 12 日，南京国民政府交通部津浦铁路管理局档案 10500010013，南京市档案馆藏。

〔6〕 张友济. 从浦口到蚌埠[N]. 大刚报，1946 年 1 月 4 日，第 3 版.

〔7〕 浦口战时景色[N]. 革命日报，1949 年 3 月 7 日.

设两浦（浦口、浦镇）分会，不久改为浦口铁路办事处，6 月改为华东铁路总局浦口铁路分局，9 月撤销浦口铁路分局，业务并入济南铁路局蚌埠分局。而津浦铁路作为全国解放战争和经济建设的重要干线，由新组建的中国人民解放军铁道兵团迅速抢修铁路并于 1949 年 7 月全线恢复通车，有力地支持了解放战争和经济恢复的需要。[1] 1953 年 1 月成立南京铁路运输分局（1956 年改为南京铁路分局），浦口地区铁路火车站归属其领导。新中国成立后，铁道部门对浦口境内铁路道床、道基和桥梁进行全面改造，以 60 公斤的重轨更换杂旧轻轨，以长轨更换短轨，木枕更换为钢筋水泥轨枕，站线股道由 650 米延长至 1 050 米。[2] 而浦口火车站在原设施体系的基础上也逐步进行了一定的改扩建，例如在站房主楼西侧利用站房主楼雨棚及月台雨棚下的空间进行外向延拓和部分增建，用于扩展候车室空间；在新候车大厅南侧及西侧增建了外廊，与站房主楼南侧的雨棚相连，作为出站通道。但以站房主楼、月台、站前广场、站场为核心的浦口火车站空间区块得到了完整的保留。而周边的附属建筑，如电报房、车务段大楼、高级职工住宅楼等附属建筑，则在进行了内部改造后用作派出所、售票处等。可以说，新中国成立初期对浦口火车站及其附属建筑的改扩建，是以恢复秩序和扩大运量为目的，因此功能性成为最主要的特征。

伴随着新政权和新制度的建立，浦口商埠区的行政区划也频繁调整。南京由于失去了政治中心的地位，不再是全国性的重点建设城市，逐渐从消费型城市改造为以工业建设为中心的生产型城市。[3] 1953 年第一个五年计划开始实施，当年编制完成的《城市分区计划初步规划》以及次年完成的《城市用地分配图》，浦口已经不在南京市区的规划范围内。[4] 换言之，在中央对南京“城市不宜发展过大”的基调下，浦口不被视作重点建设区域。可以说直到改革开放的近 30 年间，浦口始终是作为南京的工业卫星城而存在的。随着社会主义改造的完成，浦口车站附近的商埠也转型成为了重要的铁路工业生产基地。1953 年，在铁道部安排下，距离浦口火车站约 4 公里，建于 1908 年的铁路工厂更名铁道部浦镇机车车辆工厂，主要负责维修津浦铁路南段行

---

〔1〕 两浦工人树立新的劳动制度，抢修铁路支援前线[N]. 新华日报，1949 年 5 月 5 日，第 1 版.

〔2〕 南京市浦口区地方志编纂委员会. 浦口区志[M]. 北京：方志出版社，2005：200.

〔3〕 雍玉国. 南京市行政区划史（1927—2013）[M]. 南京：南京出版社，2016：80.

〔4〕 薛冰. 南京城市史[M]. 南京：南京出版社，2008：106.

驶的机车车辆，制造供应机、客、货车与线路、桥梁、轮渡等所需配件。1958年制造出我国第一辆铁路客车——YZ21型硬座车，填补了国内铁路客车车厢制造的空白。在巨大的交通建设需求下，工厂规模迅速扩大，逐渐形成了一个现代化的工业区。这一时期浦口火车站的周边区域也陆续新建了一些工厂，1950年代有4家，而在“大跃进”后的1960年代增加到十几家，主要是草席厂、石粉厂、三汊河机械厂（主要从事翻砂）等劳动密集型工业企业。而周边的各大型工矿企业及铁路系统先后兴建了与津浦铁路相连的铁路专用线，主要包括：南京浦镇车辆厂专用线、南京港第二港务公司专用线、南京港第三港务公司专用线、南京工业公司专用线、南京铁路分局采石场专用线、铁道部大桥局第四桥梁工程处专用线、南京市棉麻仓库专用线等。1958年，浦镇至浦口间的复线驼峰调车场，对称“十三股道”建成。到1960年代，浦口火车站日均接发列车5 000辆（节），装设了电动道岔，建成驼峰编组站，实行无线电遥控调车。〔1〕浦口火车站在1958年站场改建后，既是一等客运站，又是二级三场规模的编组站，在客运货运交通中占据了越来越重要的角色。〔2〕

1950年代津浦铁路双线建设动工进一步增加了津浦铁路的运量，浦口和下关之间的轮渡一派繁忙景象，南京铁路轮渡先后设置“浦口号”“南京号”“上海号”“江苏号”“金陵号”等，日航次达到155渡。这一时期在巨大的工业运输需求的带动下，浦口火车站货运收入超过客运收入，且货列的到达量高于发送量。整车货物、远程货物、集装箱货物、超限货物、特种货物等运输成为主要运输方式，业务量逐年递增。另一方面，这一时期南京始发开往华北、东北、西北去的列车大多在浦口火车站始发。在那个热火朝天开展建设的年代里，浦口火车站带给不少南京普通市民的，是送别赴西部支援三线建设、赴苏北插队的亲人的历史记忆，以及第一次乘坐火车，还有第一次进北京的回忆。

伴随着铁路工业的繁荣，浦口火车站连同周边的工厂与铁路工人生活区构成了“工业—社区”复合体，尤其是位于浦口火车站北侧的大马路、新马路一带一直是铁路职工的家属区。相较于1949年前的建筑，新建的职工居住区建筑风格统一而单调。单位作为这一时期一个高度属地化的政治、经济和社会合一的管理组织，周围的空间是为铁路职工及其家属服务的。“浦铁一

〔1〕 中共南京市浦口区委党史工作办公室. 中共南京市浦口地方史第二卷(1949—1978)[M]. 北京：中共党史出版社，2007：132，133.

〔2〕 南京市地方志编纂委员会. 南京交通志[M]. 深圳：海天出版社，1994：385.

村”“浦铁诊所”“铁路大食堂”“铁道招待所”“铁路幼儿园”“铁路小学”“两浦铁路中学”“铁道职院”等可以说几乎包揽了从生老病死到吃喝拉撒的全部内容。和1949年前一样，这里的居民仍然以外地人为主。同时，铁路系统相对封闭的特性使得夫妻双职工甚至子承父业的“铁路家庭”非常普遍。从小居住在浦铁一村的南京作家李敬宇，在其记述自己家乡地域风情的散文集《老浦口》中，就详细描绘了异省的民众为了铁路需要汇集于此，“表面看上去，浦铁一村的居民很复杂，来自各地，散乱而无章法；若是细究，家家的来头都能说得清”，“在外人眼里，铁路是一个大的整体，难分彼此；然而对于铁路职工及其家属来说，内部分工却是精细明确的”。〔1〕

四、衰落与转型

1960年南京长江大桥正式动工兴建，历时8年多，1968年9月铁路桥率先通车，此后京沪铁路全线贯通，原有的火车渡轮至1973年陆续全部停航，浦口和下关两岸的活动引桥作为战备设施由轮渡所负责保养。原来位于长江两岸、连接津浦铁路和沪宁铁路的浦口火车站、原南京站（南京西站）无法直接连接大桥，南京将位于玄武湖北侧的原和平门车站扩建为新的南京火车站，于1968年10月与南京长江大桥同时开通启用，并迅速成为南京这座工业重镇的铁路枢纽。此后在很长的一段时间里，长江大桥被视作南京这座跨江城市的符号和象征，并指向那个时代中国的三大主题：民族主义、工人阶级的主人翁地位以及社会主义。〔2〕而与之相对应的，象征着旧时代的浦口火车站则显得身形暗淡，不再作为浦口地区的地标出现。加之客运车辆已经停运，尽管工业生产活动仍然在持续，每天依旧有大量的货物从这里始发，但由于少了持续半个多世纪的迎来送往，车站周围地区的商贸活动迅速萧条，基础设施建设也基本停滞。

改革开放初期，伴随着生产力的极大释放，社会各界对铁路运输的需求迅速增长，位于市区的南京火车站越来越难以满足普通民众，尤其是浦口居民的需求。同时，南京唯一的过江通道南京长江大桥的运量也逐渐饱和。在此背景下，1985年5月浦口火车站恢复了部分客运，陆续开通了到齐齐哈尔、成都、兰州、徐州、新沂和连云港的列车〔3〕，同时担当华东六省一市煤炭中

〔1〕 李敬宇. 老浦口[M]. 南京：江苏凤凰文艺出版社，2016：13－19.
〔2〕 胡大平. 南京长江大桥[J]. 学术研究，2012(10)：1－19.
〔3〕 薛恒. 南京百年城市史(1912—2012)·市政建设卷[M]. 南京：南京出版社，2014：154.

转，发往全国各站的整车、零担货物的装卸作业[1]。此后的十多年间，这里再次呈现出繁忙的景象，同时随着站场货运业务不断扩大，站场规模不断扩建；鼎盛时期客列增加到 8 对，其中 4 对为直达快车，年发送旅客达到 120 万～130 万人次。这一时期浦口火车站由客运站站房和若干个铁路站场组成，其中有南京车辆段浦口站整备场、浦口码头铁道专用线场、原浦口客运站站场、南京浦镇车辆厂专用线场站等站场。同时，围绕浦口火车站的客运与货运所带来的市场需求，周边地区也形成了一批工业企业集群，主要产品包括铁路专用餐车冰箱、3 700 大卡邮政车空调、无汞电池、7 号碱性电池、光亮镀锡铜包钢线、EED 导针用铜包钢线等。[2]

1998 年以后，浦口站正式改名为“南京北站”，但由于直达快车逐渐转移到南京站或南京西站始发，客运量明显减少，年发送旅客下降到 58 万人次。但由于周边地区工业发展迅速，仍保有较大的货运规模，整个南京北站共有到发、调车、装卸、走行、牵出、存车、特用、检修、安全、禁滑、待机等 119 条线路。[3] 1999—2001 年南京北站仅剩浦口至蚌埠间的一对客运列车。2003 年底，仅有的一班列车停开后，浦口火车站完全停办客运，各项客运设施均进行封存，仅保留少部分货运、军运和车辆维护的功能。也正是由于客运功能的结束，失去了交通便利的浦口火车站周边的发展基本停滞。1990 年代以后，随着国有企业的改制，周边的数家大中型企业或搬走或倒闭，许多企业用地转做他用或闲置。产业的萎靡制约了经济收入和生活水平的提高，以及基础环境的改善。同时由于南京市政府先后在浦口偏北的位置规划建设了大学城和高新技术产业园区，吸引了更多的资金与人才，在此背景下，老浦口地区的年轻人纷纷迁往区外寻找工作机会，浦口火车站周围住户的老龄化日趋明显。21 世纪初，早期规划的南京过江地铁从原来的浦口镇改道至桥北的房地产新兴地区，随后老浦口区和江浦县合并后，新政府搬进了江浦县城，老浦口进一步远离商业中心和行政中心。一位生活在浦口附近的中学教师这样描绘世纪之交的浦口火车站：那一眼望去空荡荡的月台，既冷清又凄凉，还有人迹罕至、一片荒凉的冷寂。这“冷”字，与时令相关，与岁月同行，流连

---

〔1〕 南京交通志[M]. 深圳：海天出版社，1994：385.

〔2〕 浦口区志[M]. 北京：方志出版社，2005：58-59.

〔3〕 浦口区志[M]. 北京：方志出版社，2005：201.

于浦口车站的一草一木，也浸透在逝去喧嚣的站台的每一个角落。[1]

第四节　文学景观的遗产化与“游客凝视”

一、浦口火车站的遗产化

浦口火车站的文物保护始于改革开放以后，1982 年浦口区文化科开始对全区文物进行普查，并于 1984 年正式成立浦口区文物事业管理委员会。在此次普查中，车站大楼被公布为区级文物保护单位。而在“文革”中遭到破坏的站前广场的“中山停灵台”，也用水泥重新作面，于 1984 年被公布为区文物控制单位，1988 年被公布为区级文物保护单位。[2] 此后为方便旅游休闲游憩，浦口区园林绿化部门在站前广场补种各种树木及黄杨、香樟 286 株，地被植物 206 平方米。[3] 遗产的本质是一种认同，而“遗产化”就是建立在这一认同基础上的遗产的“制造”过程，包含资源认定、评估和管理的过程，是人为性的、审美性的、选择性的、策略性的和操作化的结果。[4] 在这个意义上，遗产化的过程最终都是通过公共政策呈现出来。2004 年浦口区政府投资 5 000 万元对浦口火车站进行修复，同时征集了一批旧日建筑图片资料，对建筑“修旧如旧”。2006 年，浦口火车站正式被列为江苏省文物保护单位，随后南京市规划局开始编制更新方案，并在南京普通市民之中引起了广泛的讨论。此后随着包括《浦口火车站历史风貌区保护规划》、“文化浦口”的空间开发构想等一系列规划方案的出台，社会各界都对浦口火车站的保护与开发献计献策，包括建设具有民国特色的铁路博物馆、打造文化影视基地、打造文化创意产业园等具体措施[5]。

然而这个过程中，保护和开发工作也出现了一定的困难，其中最突出的

---

[1] 袁爱国. 穿越百年：一段百感交集的旅程——我在浦口车站教《背影》[J]. 语文学习，2017(2)：30 - 32.

[2] 浦口区志[M]. 北京：方志出版社，2005：127，128.

[3] 浦口区志[M]. 北京：方志出版社，2005：194.

[4] 参阅彭兆荣. 以民族—国家的名义：国家遗产的属性与限度[J]. 贵州社会科学，2008(2)：5 - 12；赵红梅. 论遗产的生产与再生产[J]. 徐州工程学院学报(社会科学版)，2012(3)：29 - 34；李春霞，彭兆荣. 从滇越铁路看遗产的“遗产化”[J]. 云南大学学报(社会科学版)，2009(1)：29 - 34.

[5] 老火车站将变身历史文化街区[N]. 南京日报，2010 年 8 月 19 日，第 A3 版.

是产权所有者与地方政府及普通民众间的对立。从产权上看，浦口火车站的产权单位属于上海铁路局南京东站，由于每天站台上仍然会有货车进行货物装载，尤其是每周发出的中欧班列3列、中亚班列2列是“一带一路”倡议下的国际货运，铁路部门出于安全考虑仍然长期对车站进行封闭管理。地方政府尽管规划了一系列保护和开发方案，但由于浦口火车站一直处于封闭状态，文物保护部门也无权干涉铁路对车站的管理。对于铁路部门而言，浦口火车站仅仅是生产场域，而非游园的场域，因此很多开发和文物保护方案长期未能正式启动。[1] 对不少附近民众而言，浦口火车站及其周边则日益萧条，原有的生活和商业设施逐渐迁离，这里也成为了一个逐渐荒废而难以随时亲近的场域。

与自上而下的遗产保护政策与规划相对的，则是1990年代以后来自社会各界对浦口火车站的重新关注。1990年代后期客运逐渐减少的浦口火车站，开始成为大量有车站场景的影视剧的拍摄地。尤其是世纪之交一批以民国为时代背景的影视剧，包括《孙中山》《情深深雨濛濛》《金粉世家》等在这里拍摄，使得浦口火车站的民国意象更加深入人心。正如文化地理学家克朗所言，电视能够在互不相识的人中间创造共同体，一些集体特征正是建立在作为某一信息的受众或共同接受者的基础上的。[2] 在现代社会，影视作品愈发成为一种最能够为大众所接受的传播范式，能够通过具象化的符号生动形象地传递出城市形象，塑造并展开有效的文化推广。比如在《情深深雨濛濛》中，浦口火车站在送别和等候归来的场景中多次出现，配合的插曲《离别的车站》与剧情高度耦合，在21世纪初随着电视剧的走红也成为了当时年轻人当中传唱度极高的曲目。影视剧的传播也使得浦口火车站进一步和民国紧密联系，成为南京“民国风情”的重要文化地标。在大众传媒和互联网的推动下，浦口火车站的游客也逐年增加，从最初的带有鲜明文艺色彩的小众景点逐渐成为年轻人热衷的网红打卡景点。在这里，“文化象征”成为遗产被认识的另一种途径，在“文艺范儿”的推动下，文化景观的意义被重新建构。铁路和车站的特殊功能，赋予了浦口火车站在文化上特定的意象和表征，也成为了近代以来中外文艺作品创作的源泉。在很多小说作品中，往往赋予车站转

---

〔1〕 龚菲. 百年南京浦口火车站遭废弃，系朱自清《背影》发生地. [2014-07-15](2021-07-21). https://www.thepaper.cn/newsDetail_forward_1256036.

〔2〕 迈克·克朗. 文化地理学(修订版)[M]. 杨淑华，宋慧敏，译. 南京：南京大学出版社，2005：89.

折点的象征意义；在记录和历史题材的文艺影视作品中，站台则是告别、分离、重逢等的场景发生地；而在报告文学和散文集中，浦口火车站往往又成为“乡愁”的重要表征。

2013年浦口火车站被列为全国重点文物保护单位，目前浦口火车站站区旧址面积约为30亩，含有国家级文保建筑3处、市级文保建筑3处、区级不可移动文保建筑5处、历史建筑1处和一般性建筑，主要建筑包括车站主体大楼（候车室）、月台和雨廊、售票大楼（原电报房）、铁路派出所大楼（原车站办公大楼）、浦口电厂旧址、车站招待所以及多个铁路仓库。在此背景下，南京市政府明显加大了规划和保护的力度，全力推动与铁路部门的协调与合作。2014年南京市致函中国铁路总公司《关于商请对“浦口火车站旧址”实行属地化管理的函》，同年中国铁路总公司复函表示为加强“浦口火车站旧址”文物专业保护和管理，由铁路部门成立对应的文物保护开发机构，土地房产权属保持不变，根据中国铁路总公司出台的《关于铁路土地合资合作开发的指导意见》委托南京市实施保护性开发与利用。根据2019年正式启动的浦口火车站片区更新规划设计，这里作为南京江北国家级新区的重点改造建设项目，被功能定位为凸显民国文化、蕴含工业遗产的城市宜居组团。浦口火车站及其附近的一批近代建筑作为江苏省和国家重点文物保护单位，其旧址的碑文将其历史简要概括为：“旧址蕴含着深厚的历史与文化底蕴：朱自清《背影》故事的发生地；1929年5月28日，孙中山灵榇抵此，举行隆重的迎灵仪式；1937年12月两度遭日军轰炸；1949年4月南京解放。”这又进一步加深了浦口火车站的“民国”符号，并将其视作中国近代史的一个缩影。

二、“游客凝视”下的文学景观

由于近三十年来的建设基本停滞，浦口火车站建筑群保存相对完整，建筑外立面没有经过翻修；整个风貌区内除少数4～7层的现代住宅楼外，空间形态变化较少，整个建筑群均保留了较好的历史风貌。[1] 部分国家级和省级文物保护单位近年来已经进行一定的修缮保护。而原浦口邮局、兵营旧址、原津浦铁路局高级职工住宅楼、民居（慰安所）旧址虽然不属于文保单位，但4处历史建筑保存完好，也得到了保护修缮和统一开发。尤其是浦口火车

〔1〕 宣婷.历史风貌区保护规划：以南京浦口火车站为例[M].南京：东南大学出版社，2013：46-51.

站周边拥有良好的沿江自然景观，遗产建筑群与长江、码头等构成了错落有致的城市空间，并与稍远处的老山森林公园一同成为了长江滨江风光带的重要组成部分。因此，以浦口火车站为中心的整个老浦口区域，都将作为城市近代遗产，与码头、商铺、民居、长江、老山共同构成被休闲与观光的旅游场域。

英国社会学家约翰·厄里(John Urry)在借鉴了法国思想家米歇尔·福柯有关"凝视"的著述的基础上，提出了"游客凝视"的概念。"凝视"作为福柯理论体系中的特定术语，强调人们所看到的东西，往往也在很大程度上被观看者主观视角所限定。人们透过经验、记忆、身份、观念、技术、期待等所构成的滤镜，来凝视周围的世界。对于游客而言，其在欣赏和参观各类文化景点的时候，个人既有的文化修养、人生阅历，乃至周遭的广告宣传、影视作品等，均共同构成了游客凝视的基本框架。但是不同于福柯更多的强调微观权力在日常生活中的渗透，旅游是个人的"令人愉悦的体验"，因此厄里在其著作中更多的对凝视所创造的个体化视觉文化意义展开了论述，使其具有了更为明显的后现代文化的色彩。浦口火车站作为人们想象中最具民国文化符号象征的旅游景点，游客通过消费这一独特的文化符号，得以短暂地从紧张的日常生活和工作中解脱出来，体验"民国南京"的文化氛围，实现主体自由及身份认同的满足。

如今的浦口火车站连同其周边正在被改造为全新的商业休闲空间，在实现"文旅＋科技"融合，打造数字化文旅新业态。这也和当代城市的发展进程相一致。在后工业化时代，即鲍德里亚所言的"消费社会"——商业和休闲将日常生活和消费结合在一起，城市又重新从以生产为核心转型到以消费为核心。

第五节　小　结

"世界文学之都"作为"创意城市网络"中的重要门类，为入选城市挖掘城市文学资源，保护城市文学景观，唤起城市文学记忆，发展文化和旅游产业提供了良好的平台和机遇。南京作为中国首个入选"世界文学之都"的城市，对推动历史古都的文脉传承，实现中华优秀传统文化创造性转化，向世界讲好中国故事，具有极为重要的意义。近年来，南京的"文学景观"正向点线面结合全面发展，并不断与百姓日常生活，以及文化和旅游产业相融合。随着一系列"文学景观"相关的基础设施的完善，如何深入挖掘南京本地的文学景观，并加以阐释和传播正成为地方政府和文化工作者所面临的首要课题。

因此，本文通过对位于南京的浦口火车站一百多年的演进历程的回顾，讨论了不同时代的社会经济是如何影响城市意象的形成与变迁，在不同时代建构出独特的文化符号，并最终成为重要的城市文化遗产，形塑城市记忆。自浦口火车站建成以来，在一个多世纪的历史进程中，它一直作为浦口乃至南京重要的建筑场所，并伴随着外部环境的变迁，承载了多重城市集体记忆。这个多重维度的集体记忆，其中既包括了中华民族从殖民主义和帝国主义的阴影走向独立自强的民族精神；同时也有国人对包括火车在内的西方文明的认识的流变；更有近代以来文学作品对于"铁路"这一文化符号的意象和表征。往日景观的形成与意义，反映了建构人们工作与生活于其中并加以创造、经历与表现的社会。但就其留存至今而言，往日景观作为文化记忆与特性的组成部分之一，具有延续的意义。[1]

具体而言，浦口火车站蕴含的城市记忆主要体现在以下几个方面：第一，铁路是近代工业文明的产物，而启用于民国初年的浦口火车站，本身就凝聚了人们对现代文明的美好想象，当时的南京国民政府又通过极具仪式感的大型活动和具象化的标志，将这一意象凝固下来。第二，在社会主义建设时期，浦口火车站是凝聚了铁路普通劳动者和南京市民青春岁月的集体记忆。集体记忆往往具有结构性特征，其再现更多受制于社会中的各种关系。[2]这种记忆在今天的怀旧的氛围中被唤醒，并投射到浦口火车站这一具象化的文化景观中。第三，在改革开放以来数十年的"春运"大潮下，铁路更多地与人们的日常生活相连接，在普通中国人的心里已经成为"乡愁"的一种意象和象征。从朱自清的《背影》，到大量以"送别"为主题的影视剧场景，文艺作品通过精神性空间的构建，也使之成为城市记忆的重要组成部分。第四，随着城市从工业社会向后工业社会的转型，"文化热""旅游热"形成了"游客的凝视"，浦口火车站今天已经不再承担交通运输职能的中转，而是作为工业遗产和文化地标，成为游客凝视的对象。游客来到这里，通过对浦口火车站周边多重景观的凝视，构建起他们脑海中的南京图景，形塑南京的城市意象。这些不同时代不同种类的记忆彼此交叠，共同助推着浦口火车站从原有的功能性交通的场所转型为承载着南京城市记忆的文学景观。

---

〔1〕 阿兰·R. H. 贝克. 地理学与历史学——跨越楚河汉界[M]. 阙维民，译. 上海：商务印书馆，2008：150-151.

〔2〕 参阅莫里斯·哈布瓦赫. 论集体记忆[M]. 毕然，郭金华，译. 上海：上海人民出版社，2002：67-72.

第三章

从工厂到园区：演化视角下的文化产业园

第一节　演化视角下的城市空间

经济学工具在城市产业空间的研究中已经得到了广泛应用。主流经济学家对城市产业的研究主要源自于从古典区位学派与新古典经济学派，将集群的形成视作规模经济的产物。在空间分析的方法被引入之后，引力模型和熵理论进一步拓展了传统城市经济学家较少关注的距离要素，尤其是新经济地理学家将空间的规模报酬递增与不完全竞争的特征纳入一般均衡的框架[1]，但仍然在主流经济学的框架内运用演绎推理的方法对城市空间进行刻画。而制度经济学则在此基础上进一步加入了制度这一要素，放松了新古典经济学的严格假定，比如将政府视作“理性而自利”的组织并参与到市场活动中，各行为主体之间存在交易费用和信息不完全。[2] 通过不断增加新的约束条件，也使得新古典经济理论的解释力得以不断增强。

---

〔1〕 Brakman S, Garretsen H, Marrewijk C. New Economic Geography: Endogenizing Location in an International Trade Model[M]//Fischer M M, Nijkamp P. eds. Handbook of Regional Science. London: Springer-Verlag, 2013: 569 - 589.

〔2〕 赵燕菁. 制度经济学视角下的城市规划(下)[J]. 城市规划,2005(7): 17 - 27.

然而，这一建立在力学均衡基础上的经济理论体系，能否解释城市这一具有高度复杂动力的系统，近年来却受到了越来越多的质疑。尤其是创新是存量时代城市发展的根本动力已经成为普遍的共识，均衡是动态系统中的极端现象而非普遍现象。同时对“代表性行为者”的理解来推测总体行为，更无法认识到在总体行为中所发生的“深层次的”交互作用。城市的形成与演化是经济、社会、文化、自然等因素在一系列内在规律下共同作用的结果，同时伴随有大量不确定性和新奇事件的出现，不能简单认为会趋于有效率的和最优的结果。因此，对于城市空间而言，强调一般性的新古典经济学难以说明城市在哪里形成、如何发展的问题，更难以解释城市为什么会呈现出千差万别的个性化特征，以及城市规划实践为何在不同的社区取得不同的成效。

一、演化经济学的发展历程与基本假设

演化经济学作为现代西方经济学的一门新兴学科，主要在借鉴进化论的思想，并结合一些自然科学领域的最新成果的基础上，以动态的过程视角分析经济现象及社会规律。尽管演化的概念可以追溯到古希腊时期的亚里士多德，但直到18世纪末，伴随着进化论的产生，演化的思想才真正流行起来。进入20世纪，一些制度主义经济学家开始在阐释经济和社会问题的时候使用到了演化的思想。此后，基因、变异、选择、复制、共生等具有鲜明生物学隐喻的关键词开始广泛出现在了人文社会科学的文献中。近代以来，无论是马克思关于生产力和生产关系的论述、还是凡勃伦构建的社会经济系统演化框架、以及熊彼特对创新过程的研究、乃至哈耶克的社会秩序自发演化的思想，均为演化经济学体系的完善构建了重要的基础。直到1982年，纳尔逊(R. R. Nelson)和温特(S. G. Winter)出版的《经济变迁的演化理论》才通过“惯例”“搜寻”“创新”“选择环境”等概念完整阐明了演化经济学的理论体系。[1]在演化经济学家看来，为解释经济变化的过程，生产要素的投入只是必要条件，充分条件则来自于新古典经济学假定前提的变化，即新偏好的形成、技术和制度的创新以及新资源的创造。

在空间层面，演化经济学通过与经济地理学结合，形成了演化经济地理学(EEG)，主要探讨时空约束条件下经济行为主体的空间变化，对21世纪以

---

〔1〕 参见 Nelson R R, Winter S G An Evolutionary Theory of Economic Change[M]. Cambridge, MA and London: The Belknap Press, 1982.

来西方经济地理学的发展产生了巨大影响。演化经济地理学在其诞生伊始，就广泛使用演化思想解释地理空间中的社会和经济现象。[1] 在不同的空间尺度上，形成了基于厂商区位移动（微观），产业部门集聚和生产网络变迁（中观），以及产业空间结构调整（宏观）的多元化分析内容。[2] 一般而言，我们能够将演化范式下的研究框架，归纳为“遗传—变异—选择”的过程分析方法。“遗传”是将组织惯例、社会制度以及人类习惯视作“基因类比物”，具有相对稳定的特性且具有学习效应[3]；“变异”机制也称为“新奇的创生”，作为演化范式最核心的要素[4]，既包括对现有要素的重新组合，也包括突破既有技术和惯例（路径依赖）搜寻并创生出新技术和新惯例（路径创造）；“选择”则是基于“广义达尔文主义”强调企业等行为主体面对复杂的内外部环境，选择与其变化相适应的习俗、惯例和行为方式。

二、演化经济视角下的中国城市

如何保持与传承城市的地方特色，一直是城市规划领域重要的课题之一。早在1915年，西方人文主义规划师帕特里克·盖迪斯（Patrick Geddes）在其著作《演化中的城市》（*Cities in Evolution*）中，就提出基于个人福利、社会更新和生产效率的角度需要一种人与自然有机互动的城市规划。[5] 在此之后，城市理论家简·雅各布斯（Jane Jacobs）同样拒绝整体和机械地处理城市社会和经济空间，强调了微观个体在城市系统演化中的作用。[6] 但近年来，越来越多的学者在认同演化范式的同时，更强调社会演化与生物演化的区别，即凯文·林奇（Kevin Lynch）所强调的，城市是“一个独立的个体”，不同于“生物和机器”。[7] 这就带来了演化隐喻的多元化，运用于城市社区发

---

〔1〕 Boschma R A, Lambooy J G. Evolutionary Economics and Economic Geography[J]. Journal of Evolutionary Economics, 1999, 9(4): 411-429.

〔2〕 颜银根，安虎森. 演化经济地理：经济学与地理学之间的第二座桥梁[J]. 地理科学进展，2013，32(5)：788-796.

〔3〕 Hodgson G M, Knudsen T. In Search of General Evolutionary Principles: Why Darwinism is too Important to Be Left to the Biologists[J]. Journal of Bio-economics, 2008, 10(1): 51-69.

〔4〕 贾根良. 理解演化经济学[J]. 中国社会科学，2004(2)：33-41.

〔5〕 Geddes P S. Cities in Evolution[M]. London: Williams & Norgate, 1915.

〔6〕 参见 Jacobs J. The Death and Life of Great American Cities[M]. New York: Vintage Books, 1961; Jacobs J. The Economy of Cities[M]. New York: Random House, 1969.

〔7〕 Lynch K. Good City Form[M]. Cambridge, MA: MIT Press, 1984.

展、政策审议与参与过程以及规划中的规范性和实践性等领域，并形成了活力主义（vitalism）、有机主义（organicism）、城市新陈代谢（urban metabolism）等规划哲学思潮和方法。[1]

演化作为一个历时历空间的过程，在一个充满不确定性的动态过程中，历史累积和脉络背景尤为重要。近代以来，在西方工业文明的影响下，中国的城市也缓慢地开启了工业化的进程，逐渐从传统社会的消费型城市向工业社会的生产型城市过渡。尽管存在着明显的“传统—现代”的二元化结构，但在东部沿海地区的不少城市，尤其是开放口岸，外国资本、洋务运动中的官办企业以及民族资本均对近代城市生产空间的形成和演化带来的深远影响。社会主义中国成立后，采取了变消费性城市为生产性城市的政策来恢复工业生产，城市被明确指定承担更多的工业生产职能，而生活功能则被置于为生产提供必要和基本的配套服务的从属地位。传统的行政中心城市被发展成为综合工业城市的同时，也涌现出一批工业型城市。[2] 改革开放以后，面向国际市场形成了一批新制造业空间，各地新建了大量以促进体制改革、改善投资环境、引导产业集聚为目的的经济开发区。而近年来信息技术的发展，极大地改变了企业的生产、管理和营销方式，包括原有的制造业中心的衰落以及商务服务业的集聚成为新的城市产业中心和发展重心。随着产业的不断演进，越来越紧密的产业联系使得产业在塑造区域城镇体系及其空间结构方面发挥着重要的作用，不同产业对区域空间发展的影响和结果也有着显著的差异。

在演化经济学的语境中，差异性和多样性既是对客观现实的描述，更是重要的理论依据。[3] 这种差异性和多样性既体现在具有主动适应性的多元微观主体身上，也表现在由“主体集聚”所形成的城市巨系统具有千差万别的形态。伴随着中国城市开始进入后工业化社会，差异性和多样性的城市空间也与消费社会的多元社会经济需求相互适应和促进。另一方面，不同的产业空间和产业景观影响着人们的城市意象和城市记忆，而这反过来又会影响产业集群向更高阶段的演化。

---

〔1〕 Mehmood A. On the History and Potentials of Evolutionary Metaphors in Urban Planning[J]. Planning Theory, 2010, 9(1): 63 - 87.

〔2〕 孙斌栋，汪明峰，张文新，等. 中国城市经济空间[M]. 北京：科学出版社，2018：3 - 5.

〔3〕 杨虎涛. 演化经济学的方法和主题特征及其演变——一种以“另类教规理论”为例的解释[J]. 财经研究，2010，36(1)：44 - 53.

将城市系统视作生物学意义上的有机体来看，宏观层面的政治经济体制的变动直接改变了城市系统的"遗传"条件和"自然选择"环境；而在中观层面，行业部门的技术创新与变革能够打破原有的产业结构，企业空间组织结构变迁与产业结构也随之调整，使得城市体系中的"细胞""器官"随所处环境发生改变，进而引发"变异"，重塑城市经济空间。而对于城市产业空间中的微观主体而言，在市场竞争条件下不断追求选址的最优化，进而带动城市更新的进程。

近年来，复杂适应系统(CAS)理论越来越多地被演化经济学所借鉴，尤其是计算机技术的飞速发展使得遗传算法、元胞自动机、蚂蚁算法、神经元网络等多种算法技术得到广泛运用。在 CAS 的视角下，城市更新就是对不适应城市发展的存量空间进行重建、整治和功能提升，增强空间适应性，理顺空间关系，构建空间秩序，实现城市系统功能提升，对于认识、理解、控制和管理城市复杂系统提供了新思路。中国城市更新同样存在着多元主体的参与，政府、开发商和城市居民均被视作主要的参与主体，其立场也存在差异。[1] 在整个城市更新过程中，多元参与主体不断地学习或积累经验，并根据经验不断改变规则、自身结构乃至行为方式。同时伴随着城市系统的演进，又会有新层次的产生、分化和多样性的出现以及新的、聚合而成的、更大的主体的出现。新旧主体之间、主体与环境和复杂系统之间均是处在不断适应的过程中。本章的第二节将分别从路径依赖与路径创造、广义达尔文主义、复杂性理论三个演化经济学的基本范式出发，对城市更新过程中工业遗产转型的过程和作用进行阐述。而第三节和第四节则将基于对 N 市三处有代表性的由工业遗产转型而来的文化创意产业园区的调研，具体分析其产业集群的演替特征和演化逻辑。

第二节　工业遗产转型的演化经济学解释

一、工业遗产的路径依赖与路径创造

路径依赖和路径创造作为演化经济学最重要的理论基础和发展推动力

〔1〕 高见，邬晓霞，张琰. 系统性城市更新与实施路径研究——基于复杂适应系统理论[J]. 城市发展研究，2020，27(2)：62－68.

之一，被广泛运用于多个领域的研究中。路径依赖强调制度安排、技术特征等，均受到过去的经验和学习的影响。将企业演进过程中所习得的知识视作企业的特殊资本"惯例约束"，这既是企业的核心竞争力，也是影响企业未来发展路径的重要限制。而在宏观层面，历史所形成的社会制度和产业规则同样有着制约的效果。路径依赖的经济学讨论最早可以追溯到大卫·保罗(David A. Paul)于1975年出版的《技术选择、创新和经济增长》，后来经过道格拉斯·诺斯(Douglas North)等学者的发展和深化，最终成为理解社会经济系统演化的重要概念之一。近半个多世纪以来，不同学科领域和学术流派的学者分别从技术创新、制度演化、社会文化、区域发展等视角对路径依赖的问题进行了阐述，并结合具体案例展开了大量的实证研究。而为了弥补原有理论排除内生路径生成的不足，加鲁迪(Garud R.)和卡恩(Karne P.)提出了"路径创造"的概念，并指出路径创造取决于企业家精神，既包括创造性地整合资源，也包括合适的外部环境和恰当的时机，实现分叉(mindful deviation)。[1] 可以说，不同于包括新古典经济学在内的一般均衡理论，路径依赖和路径创造理论强调了个体偏好、技术、制度等的内生演变过程。

首先，工业遗产本身的形成过程就能够直接揭示出科学技术、产业发展乃至工业景观在一定程度上的一贯性和延续性。西方近几十年来的"工业考古"研究，均是通过对产业部门的资源和资本积累，或水陆交通条件对空间分布的制约，以及地方政府的治理模式、工厂的组织管理形式的研究，探讨在特定条件约束下工业革命以来产业结构和工业景观的变迁的轨迹。

其次，工业遗产的"遗产化"过程同样受到路径依赖的影响。工业遗存的遗产化就是指其发生了功能置换，从原有的生产空间转变为欣赏和体验的空间，这一功能的置换就是新的路径创造的过程。而对于绝大多数工业遗产而言，必须通过阐释才能让大众了解遗产的价值与意义。而这一通过解释和想象的遗产化的过程，同样一方面立足于本地的工业历史挖掘文化内涵，即路径依赖，另一方面也通过对特定遗产的指定建立起新的面向未来的产业发展的集体想象，即路径创造。

最后，工业遗产在其再开发过程中的路径依赖与路径创造同样值得关注。在城市更新的需求下，今年大量的工业遗产开始与文化、商业、办公、旅

---

[1] Garud R, Karne P. Path Dependence and Creation[J]. Administrative Science Quarterly, 2003, 48(1): 154.

游等设施混合布置，带动城市空间的“文化化”“绅士化”。但在转型过程中，城市所具有的文化基因和资源特性决定了工业遗产改造的方向和模式，尤其企业的产业特征和企业文化往往能够对新设施营造起着重要的作用。例如工业遗产的旅游开发就是对遗址区工业功能进行改变和拓展，是将完全工业化的场所和设施转变为具备全新功能的旅游吸引物。

二、基于广义达尔文主义的工业遗产转型

达尔文原理的变异、遗传和选择被视为演化经济学理论的另一个重要支柱。而所谓“广义达尔文主义”即是指认识到生物与社会经济两大领域之间关于变异、复制和选择的机制所存在着的巨大差异而不可类比，同时从生物进化达尔文理论这一特殊内容中提取并得出一个对演化过程的普遍性理论，使其能够同样适用于自然科学与社会科学领域。[1] 对此，广义达尔文主义演化经济学分别建构了基于创新的变异机制、基于学习的遗传机制以及基于分异的选择机制。

首先，在生物学意义上，变异使得生物个体具有新的内容，也使得生物系统得以进化和发展，并呈现多样性的特征。将其类比到产业演化当中，变异则被理解为“新奇”的创生机制，是产业演化的核心机制。在工业遗产的转型过程中，创新往往是其背后的根本力量。对于技术系统而言，新奇产品不是被随机生产出来的，大都是人类有意识设计的结果。无论是产业内部通过技术创新而更新结构，还是对原有空间实现功能置换，或是所有权的转移带来管理制度的调整，均涉及对旧空间、旧技术、旧制度的淘汰。通过对旧有产业空间的“创造性破坏”，将能够极大地促进城市更新的进程。

其次，与变异相对应，遗传则是指生物学中的基因传承，遗传机制使得生物的亲代与子代之间具有明显相似的性状。演化经济学将遗传视作产业演化过程中不可或缺的环节，认为其能够保存和扩散创新变异的成果。创新者在进行创新及其应用之前，都包含了借助试验和经验的学习过程，并且这些都可以被遗传给“下一代”。[2] 同样，工业遗产在转型过程中也必然对原有的产业文化和企业文化予以传承，也只有这种继承，才使得工业遗产具有其独特的历史价值。

---

〔1〕 Hodgson G M. Darwinism in Economics: From Anlogy to Ontology[J]. Journal of Evolutionary Economics, 2002, 12(3): 259 - 281.

〔2〕 陈劲，王焕祥. 演化经济学[M]. 北京：清华大学出版社，2008：130.

最后，正如选择生物进化理论所强调的物竞天择，工业遗产的形成和产生就是市场选择的产物。工业遗产源自于现代工业生产方式的自我更新和技术代际更替速度远超农业时代，包括厂房、设备、生产工艺乃至整个工业区在内的工业经济的基本物质要素以及与之相关的知识和技术丢失了其原有功能。从保护和开发的角度来看，工业遗产的转型模式和路径同样不得不适应国家或地方社会经济的需求，同时最大限度地保持原有地差异性，避免同质化，既是获得商业、旅游等利润的必要条件，更是其作为城市重要文化符号的无形资产所不可或缺的要素。

三、复杂性理论下工业遗产保护和开发的路径选择

复杂性理论之前在演化经济学中受到关注较少，但近年来随着不少新技术和新方法的引进，越来越多的成果开始出现。该范式通过对包含了宏观层面的经济构造和经济组织、微观层面的个体行为和个体间关系等多个空间尺度的研究，着重关注整个体系对内生发展与外部冲击的系统的调适过程。而为了更好地对社会经济现象进行解释，比照生物学、生态学等自然科学，提出了耗散（dissipation）、非均衡（far-from equilibrium）、创发（emergence）、自组织化（self-organization）、临界（criticality）、共同演化（co-evolution）等概念。如果将工业遗产及其周边区域视作一个复杂系统，则必然存在着作为内生因素的产权所有企业、本地居民等与作为外部冲击的城市管理者、土地开发商之间的互动和调适。

尽管国家中央政府出于自身的政治目的对工业遗产也有着一定程度的关注，但从国内外工业遗产转型的具体实践来看，绝大多数是由地方政府所推动的。而另一方面，企业作为工业遗产产权所有者，具有再现自身历史和场所的资本、知识和技术，是保护和开发的最直接主体。同时，城市居民对于自身的历史所形成的集体记忆同样使其具有参与工业遗产转型的强烈动机。[1] 然而，不同的利益相关者之间对工业遗产的认知以及对其价值定位存在一定差异，围绕工业遗产的保护、开发、展示等具体方式，往往都会形成巨大的分歧和争议，这就决定了工业遗产的转型呈现出多元主体间的博弈。此外，即使在政府内部，工业遗产常常从属于文物、矿山公园和历史建筑三套

---

〔1〕 Urry J. How Societies Remember the Past[M]//Macdonald S, Fyfe G eds. Theorizing Museums. Oxford: Cambridge, Mass: Blackwell, 1996: 45 - 68.

不同的管理体系当中，形成了文化、资源和住建三个不同的管理制度，条块分割也使得政府部门之间出现复杂的博弈关系。

而文化创意产业园区作为我国城市工业遗产转型的主要模式之一，其发展转型常常也经历了多元利益主体复杂的博弈过程。首先是产权所有者将闲置空间以低廉的租金、宽敞的创作空间加以改造以吸引艺术家和文化创意企业，在此过程中围绕用地功能转型往往会引发一定的争议。而地方政府的介入有助于争议的解决，并建立起相对健全的管理体系和运作模式。其后，在地方政府和企业合力推动之下，文化创意产业园区的功能得到完善，直接带来的地价和租金的上升，早期的艺术家和文创企业开始迁出，开发商、知名画廊、建筑商甚至跨国公司的影响则逐渐增大。在此过程中，由原工厂主、地方政府、园区管委会、艺术家、媒体和游客通过不同的方式展开博弈，最终塑造了园区的文化景观和文化空间。

四、基于演化思想的工业遗产政策启示

演化范式作为经济学理论体系中具有鲜明人文主义色彩的研究范式，由于其对经济现象的精确描述和模拟而受到行政部门的关注。近年来演化经济学和演化经济地理学均越来越多地参与到产业政策和区域政策的实践当中。在演化范式下，制度和政策并不是完全外生的，会与技术和市场环境共同演化、相互改变，制度环境会深刻影响产业形成演化以及路径突破方向。产业政策将有助于企业通过学习积累知识和能力，区域政策则在此过程中起到促进新产业不断出现而旧产业不断消亡的作用。[1]

从近年国际遗产保护的理论来看，其也开始从早期单纯的“古迹保护”转变为“以人为中心的保护”，强调遗产在当下社会各方面所扮演的角色，尤其认识到遗产所具有的持续性和变化性。[2] 对于工业遗产保护而言，就是重视其从过去到现在再到未来的演进过程。合理的工业遗产政策不仅仅是单个遗产点的活化与再生，更将有助于推动城市更新向更为宜居宜业宜游的方向转型，带动公共文化服务体系的完善以及创新创意产业的集聚。演化经济

---

〔1〕 贺灿飞，李伟. 演化经济地理学与区域发展[J]. 区域经济评论，2020(1)：39－54.

〔2〕 Wijesuriya G J. Thompson and S Court. People-centred Approaches: Engaging Communities and Developing Capacities for Managing Heritage[M]//Chitty G. eds. Heritage, Conservation and Communities: Engagement, Participation and Capacity Building. London: Routledge, 2017: 34－50.

学对工业遗产转型政策的启示主要有以下几点。

首先，中国的工业遗产有着丰富和多样的类型与源流，既有帝国主义殖民的遗留，也有民族工业的蹒跚学步，还有社会主义建设时期的历史记忆。尤其在经历了多次的战争与革命的破坏之后，不少已经面目全非。因此，工业遗产的转型和再生也不可能一蹴而就，而必须在对历史价值和科技价值作出充分的普查和评估之后，并充分考虑城市的资源条件、产业基础和市场情况，提出合理的政策和措施，避免单一化和粗暴化。从这个角度而言，演化思想的本质也是构建多元发展轨迹的类型理论。

其次，工业遗产的转型需要考虑到中国城市起源与发展历程的独特性。鉴于中国尚未进入后工业时代的基本国情，除了已经得到认定并保护的工业遗产，还有一大批正在运作中的工业设施也将面临转型。因此，在对待工业遗产保护与城市更新的问题上，不仅要注重解决眼前的问题，更要考虑未来发展方向。[1] 同时，近代以前的中国城镇也孕育了大量的传统手工业，这些非物质文化遗产同样是今天中国城市重要的文化资源和经济资源，在城市人文空间的构建中起着重要的作用，它们既是中国工业遗产不可或缺的组成，其传承与活化更对城市公共文化服务体系建设影响深远。

再次，对于很多传统的工矿企业而言，从事文化创意和旅游开发的经验较为欠缺。对此，地方政府的政策介入和制度创新将有助于引进外部资本和管理企业推动闲置生产空间的保护和再开发。通过不同企业间的跨行业合作以及产官学合作，将能够帮助产权企业学习和积累文化、商业、旅游等领域的相关经验，进而创造出新的发展路径。通过“个体与环境的互动主义”，帮助工业遗产企业家协调内外部认知以促进企业创新。[2]

最后，中西方不同的决策体制和行政治理模式，决定了难以将西方的工业遗产改造视作绝对的范本。中国的工业遗产主要为国有性质和集体性质，其绅士化过程呈现鲜明的政府主导特征。这一被西方学者归纳为“以土地财政为特色的东方绅士化”，这一方面表现在地方政府的政绩考量、关注弱势群体的倾向、国有企业的资本积累的特征。[3] 但另一方面，也

---

〔1〕 徐苏宁，王国庆，李世芬，等. 工业遗产保护与城市更新[J]. 城市规划，2017，41(2)：81－84.

〔2〕 黄凯南. 现代演化经济学基础理论研究[M]. 杭州：浙江大学出版社，2010：111.

〔3〕 Waley P. Speaking Gentrification in the Languages of the Global East[J]. Urban Studies, 2015, 53(3): 615－625.

有部分地方政府缺乏对工业遗产的保护动力，甚至认为推倒重建比保护性开发要经济和高效，因此需要社会各界和上级政府的有效监督，以避免急功近利的开发和重建导致工业遗产的消失或失真。

第三节　城市文化产业园区的结构演替：N市的案例

我们从2017年8月到2020年8月对N市（东部某副省级城市）在详细搜集了网络公开资料的基础上，对三处较具代表性的由工业遗产转型而来的文化创意产业园区进行了多次调研，主要包括访问园区的管理公司，详细了解园区的建设和运营过程。同时分别从三家园区入驻的企业中各选取10家左右的企业对其负责人或员工进行了半结构式深度访谈，每个访谈基本用时在20～30分钟，主要内容包括企业的发展历程、选址原因，主要业务和活动内容，以及未来的发展规划等。结合网络信息和访谈资料，我们借助演化经济地理学的框架分析文化产业集群的结构演替特征，并在此基础上探讨本地工业文化如何促进文化产业的创造性生成。

一、城市文化产业集群的形成与演进

2006年起，N市政府鼓励工业企业往外围开发区和工业集中区转移，将老城区内的老工业空间改造更新为现代都市产业园和休闲游憩空间。当时N市恰逢开始举办“世界历史文化名城博览会”，召开了多次国际文化产业与创意城市论坛，于是提出要建设创意城市，我们所调研的三处城市文化产业均是在这一背景下规划建设的。尽管N市也有一些文化产业集群是艺术家和文化创意企业自发形成的，但本研究调研的三处园区，均是政府推动下招商引资的产物。地方政府希望通过适当的政策扶持，逐渐形成外部经济，发展到弹性专业化效应，进而形成竞合效应与差异竞争，并最终具有区域品牌的发展演进路径。

在文化产业园区规划建设初期，N市政府就先后框列了多批重点推进项目，为文化创意产业的形成和发展提供了物质空间。从园区的投资建设模式来看，政企合作的模式较为常见，参与的主体往往包括地方政府、国有企业、政府背景的开发商、共有管理公司等，多方共同参与园区的基础建设、整体规划及对外招商引资。同时在园区成立之初，政府还会与园区展开联合招商，并给予先期入驻企业留区税收返还政策，并对重大项目采取“一事一议”的方

式，给予入驻企业相应免租期。而在园区建成以后，为增强竞争力，园区所在区政府则会积极游说国家和省政府来获得各类国家级省级的称号。

但另一方面，由于初始条件和产权状况等的不同，三家园区也表现出不同的特点。A园区是N市著名的工业遗产之一，始建于19世纪中叶的洋务运动，新中国成立后长期作为中央直属国有大型军工企业的厂房。但由于工厂在21世纪初搬迁，经过地方政府和产权所有者的市场化运作，将原厂房的部分产权进行转让，在政府的倡导下打造了文化创意产业园。A园区采用的是政企合作的招商模式，参与的主体主要由作为产权所有者的国有企业、作为行政主管的地方政府、具有政府背景的开发商以及由产权企业和开发商共同成立的管理公司多方组成，共同参与园区的基础建设、整体规划及对外招商引资。而在整个过程中，产权企业长期主导了A园区的开发和运营，深度参与了园区的招商引资和管理运营，因此其一些关联企业和子公司也长期在园区入驻。而B园区原为本地国有企业的厂房，在原工厂搬迁后主要由本地的商业地产公司负责开发和运营，在21世纪初打造完成后凭借区政府的政策优惠，很快成功聚集了一批文化创意企业和商业服务企业。隔年又在一街之隔的区域规划和开发了二期项目，入驻企业种类多元，绝大多数企业入驻主要是出于相对环境、区位和租金等方面的条件。C园区同样为大型骨干国有企业的厂房，在改制和搬迁后由商业地产公司负责开发运营。但由于成立时间相对较晚，N市发展文化创意产业的第一波浪潮已经过去，因此园区依托当时的包括“千人计划”在内的领军人才政策，与N市政府合作搭建引进人才创新创业的平台。但由于区位优势并不明显，加之园区内丰富的工业遗存，经过近十年的发展，园区并未真正成为科技人才创新基地，而是形成了偏设计创意产业为主的产业集群。

同时，作为中国城市文化产业集群的普遍特征，通过商业化改造，三家园区均是在一定程度上融合了商业、文化、旅游的休闲街区。A园区管理公司通过与专业机构合作，在国家和地方近年来促进民营博物馆发展的政策支持下，开设了一些与园区工业历史文化结合的主题性博物馆，既提升了园区空间的文化氛围，也极大地促进了企业的社会效益（图3.1）。A园区由于毗邻国家5A级景区，园区也一直按照旅游景区的标准进行打造和管理，在园区景观的营造方面多次进行设计和提升。而B园区在成立之初管理公司也试图将其打造成具有特色的商业街区，因此引进了不少具有特色的餐饮、健身、教育培训等生活休闲类企业。C园区尽管由于自身初期定位为科技创新园区，因此并未过多追求商业化，但也将园区沿街空间出租用于餐饮、酒吧等商业服务设施。

图 3.1　园区内的工业文化符号嵌入

二、文化产业集群内的企业路径选择

企业是构成产业的基本要素，是演化经济学研究的基础。企业的发展策略，如技术、组织和管理方式，开拓新产品及市场的能力等关系着企业进入和退出相应的产业。本研究调查的文化创意企业，进入产业园区很大程度上是为了便于共享基础设施和高质量的服务，但专业化的劳动力市场，以及有利于知识的溢出尤其是隐性知识的传播也是影响企业选址决策的关键因素。而一旦进入园区，不少企业也会选择主动将自身的发展路径与园区的产业特色和历史文脉进行关联。案例中的三家园区在设立之初通过招商吸引来的不少文化企业普遍无明显的上下游关系，也没有形成集聚效应。同时为了提高入驻率，管理公司对入驻企业也没有设置相应的门槛，园区主要依靠收取房租或政府财政支持来维持运转。但随着园区品牌和知名度的提升，管理公司开始要求引进的企业或工作室能够对园区的文化产业集群要有所带动。

整体品牌建设状况较好的A园区和C园区每年都会制定明确的招商方向，一些规模较大、具有品牌影响力、科技含量较高，或具有鲜明文化特色的企业受到青睐。同时园区管理公司还会每年清理与文化、科技关联不大，以及低质低效的企业。在这一方向的驱使下，一些企业主动将自身嵌入到集群的产业和文化体系中，寻求与集群内的优势企业展开合作。例如A园区的产权所有公司是一家大型的国有科技企业，近年来在园区内成立了科技企业孵化器作为科技服务载体，并对特定的行业的创业团队、初创企业提供专业化的产业孵化和升级服务，甚至协助企业获得市、区的奖励和经费支持，因此在一些相关联的方向上，A园区形成了独具特色的产业集群。

演化经济学将生物学中的"变异"类比到产业演化当中，即将"新奇"的创生机制视作产业演化的核心机制。对于制造业集群而言，其发展普遍根植于强劲的创新实力、先进的高新技术和成熟的市场经济体制，决定了内生技术要素在其高新技术产业空间形成和演化过程中的核心地位。而对于文化创意产业集群来说，不同知识和行业间的交叉融合往往也能够形成意想不到的创意。在我们调研的三家园区中，绝大多数企业均是认为自己属于"文化+科技"的融合，其中半数以上与园区内其他企业有业务等方面的合作。同时，文化产业集群促进了企业间的竞争，实力较强的企业通过合并和兼并的形式进入新的产业部门和技术领域，这更加促进了文化创意活动的跨界融合。

而与变异相对应，遗传同样是产业演化过程中不可或缺的环节，认为其能够保存和扩散创新变异的成果。作为高度依托"内容"的文化创意产业，不少企业在发展和演化过程中也极为强调对当地既有地方文化、工业文化乃至民俗文化的传承和学习。一些园区内会定期组织相关的培训和学习活动，引导企业及创意人员朝特定的方向演化。而另一方面，不少文化企业也开始积极寻求与科技产业的融合发展，以打造新的文化科技产品和企业经营模式，主要方向包括借助科技改造现有文化业态，从而助力现有文化产品的升级，以及运用新技术让公共文化资源进入消费领域。

同时，对于高度依托创意活动的文化产业而言，有效的产业集群也有助于创意活动应对不可预测市场的能力，确保最终有成功的文化产品进入市场。A园区内打造的文化街区开业数年迅速集中了一批艺术画廊、私人收藏馆、茶馆、香道馆、琴馆、艺术空间、文化课堂等，形成了一个中高端艺术为主体的文化创意产业集群。和绝大多数文化产业园区一样，该街区内文创企业的流动性也极高，街区企业的平均入驻时间不到五年。这一方面是由于中小规模的文化创意企业本身就存在着较高的淘汰率，另一方面也是有不少企业在规模扩大和发展路径变更后重新选址他处。但由于整体环境和文化形象打造较为成功，外部性效应显著，该高端艺术街区逐渐成长为一个具有一定品牌影响力的文化艺术集群。

可以说，在整个文化产业集群内企业更替的过程中，参与主体不断地学习或积累经验，并根据经验不断改变规则、自身结构乃至行为方式。同时伴随着系统的演进，又会有新层次的产生、分化和多样性的出现以及新的、聚合而成的、更大的主体的出现。新旧主体之间、主体与环境和复杂系统之间均是处在不断适应的过程中。而由于企业不断地进行路径选择，文化产业集群内部也普遍具有极高的流动性。

三、文化产业园区的产官学合作机制

文化创意产业园区作为一种促进文化产业集群、塑造地方文化品牌的重要空间载体，其形成和演化是产官学合力推动的产物，即政府规划、企业主导、专业设计。而在此基础上，N 市各级政府采取了一系列的行动措施，包括积极培育地方创新系统、制定并实施多种优惠政策等来吸引文化创意企业入驻，以及孵化和培育更多的本地文化创意企业。A 园区和 C 园区每年都新引进一批各个领域的艺术家、策展人、文化名人，鼓励其在园区开设工作室和投资文化企业，而在此过程中地方政府则通过政策手段予以支持。本地艺术家、策展人、非物质文化遗产传承人等均得以参与到地方文化产业的生产活动中，并通过与企业家的合作或创办新兴企业，将传统的知识和技术融入到当代复杂的文化创意生产系统中。

而由于文化和科技的融合创新符合时代的大趋势和国家的政策导向，因此也得到了 N 市各级政府的大力支持。一方面通过构建平台为科技企业牵线搭桥，推动其与本地科技类院校和机构在创新研发方面展开合作。另一方面也多次利用园区空间举办了多场科技创新的交流和展示活动，在积极扶持文化科技企业的同时，由于被各类媒体广泛报道从而有利于园区影响力的提升，塑造了良好的品牌形象。事实上，近年来不少集群内的文化创意企业通过与作为主要知识来源的高校和公共研究机构开展了合作，部分通过产业园区所提供的平台与本地科技类院校和机构在创新研发方面展开合作，甚至搭建起由多家企业和单位组成的产官学研网络，并通过项目合作和科研人员交流等途径获取用于集群创新的前沿知识，衍生企业、企业合作和技术交流等

形式参与到本地经济的发展中。

同时在调查中还发现，在N市政府的引导下，各家园区均形成了一定数量的非物质文化遗产相关企业。在其入驻的过程中，地方政府扮演了非常重要的角色。例如园区里“非遗传承人孵化空间”“非遗传承人之家”等产业平台先后揭幕，为非遗企业和传承人提供了一个实体的交流平台。很多非遗相关企业也成为N市各非遗联盟、文化产业协会的理事，在这里能够和官方和半官方组织保持密切的交流。由于各平台和协会成功整合了国内外设计、商务、法务等方面的资源，也有助于文化企业能够更好地专注于文化的传承与创新。一些非物质遗产企业高度认同园区里的工业文化特色，认为园区的文化氛围为包括非遗在内的传统产业和地方产业的“传统的再创造”提供了空间。

而文化产业园区与传统科技园区最大的不同，在于其浓郁的文化氛围，以及在此基础上形成的品牌价值。如何在有效地推动城市更新的同时，成功与城市文化的个性化结合而避免同质化则是园区发展中必须考虑的课题。尤其是对于一些定位为商业休闲的园区而言，最大限度地突出差异性，从而避免同质化，既是获得商业、旅游等利润的必要条件，更是其构建无形资产的文化符号所不可或缺的要素。因此，整个园区建筑群作为工业遗产往往也得到了政府、社会以及学界的高度关注，其所具有的艺术价值和历史价值，也成为了国内外许多专家学者的研究对象，一系列的研究专著和宣传物得以问世，这些均使得园区逐渐向具有较高知名度的城市地标和旅游目的地演变。

总之，将产业集群视作生物学意义上的有机体来看，宏观层面的政治经济体制的变动直接改变了集群的“遗传”条件和“自然选择”环境；而在中观层面，行业部门的技术创新与变革能够打破原有的产业结构，企业空间组织结构变迁与产业结构也随之调整，使得集群中的“细胞”“器官”所处环境发生改变，进而引发“变异”重塑集群内的产业空间。而对于集群中的微观主体而言，在市场竞争条件下不断追求选址的最优化，进而带动城市产业转型的进程。

第四节　文化创意产业集群的演化特征

一、本地知识生产推动产业结构演替

文化产业集群高度重视场所的文化特性，即使是由地产商重新开发改造，也均能够在一定程度上保留或沿袭原有场所的文化要素，甚至通过景观

的营造重新塑造地方记忆。首先，在演化视角下，路径依赖既是一种“锁定(lock-in)”的状态，又是一种非遍历性随机动态的过程；其次，路径依赖是一种由单个事件序列构成的自增强过程，早期偶然的历史事件很容易导致后期发展路径和绩效的巨大差异；最后，路径依赖强调系统变迁中的时间因素和历史的“滞后”作用。在旧的产业空间向文化产业园区转型过程中，尽管其产业内容和经营方式发生了质的改变，但由于初始条件和开发管理企业的不同，也使不同的文化产业园区呈现出不同的风格，例如注重产业规模效应的产业型园区、注重艺术创作活动的艺术型园区、注重旅游休闲开发的商业园区等。这些风格均能够在一定时间内得到延续。

对于很多制造业企业而言，跨国公司与本地经济的互动为其构建了远距离知识交流的通道，改革开放以来的很长一段时间里为本地企业输入了新的技术和管理经验，在一些地区对于产业集群的演化和新产业的形成发挥了关键性的作用。同时，对于科技创新而言，全球的技术和产业发展趋势也深刻地影响着国内的产业政策，尤其是跨国公司的进入也改变了原有的地方生产网络和组织形式。然而对于文化创意企业而言，尽管也有相当数量的跨国公司和大型国有企业，但总体来看，立足本地知识生产的中小企业则是创意活动的关键性力量。事实上，对于很多文化创意类的中小企业而言，其选址、合作乃至企业发展方向受到本地外部冲击的影响较大，在不同政策引导和地方合作网络影响下的路径的选择直接推动了产业结构的演替。

从中国不少城市文化产业的演进来看，地方政府普遍能够为其发展创造新的路径。事实上，近年来演化经济地理学也越来越多地意识到地方政府决策及其治理在路径创造中的作用。[1] 换言之，文化产业集群的演化需要放置于“强”政府的治理手段之下进行考察，政府与企业、研究机构、行业协会及中介机构等行为主体共同塑造了地方经济制度环境，继而作用于本地文化产业的发展。即使部分园区最初是产权所有者将闲置空间以低廉的租金、宽敞的创作空间加以改造以吸引艺术家和文化创意企业，具有一定的自发性，但在之后的发展中，往往也是在地方政府和企业合力推动之下建立起相对健全的管理体系和运作模式，使得文化创意产业园区的功能得到完善。同时，地方政府的政策介入和制度创新还表现在借助多种政策措施积极鼓励传统企

〔1〕 Bailey D, Bellandi M, Caloffi A, et al. Place-renewing Leadership: Trajectories of Change for Mature Manufacturing Regions in Europe[J]. Policy Studies, 2010, 31(4): 457-474.

业投建文化平台、促进文化与科技融合发展、支持文化文物单位开发创意产品，有效促使更多科技企业、地产企业参与到本地文化产业的活动中，并为不同企业间的跨行业合作牵线搭桥，帮助新进入企业学习和积累文化、旅游等领域的相关经验，进而创造出新的发展路径。而一些发展较好的园区管理企业也开始积极打造专业的企业社群、企业家社群以及员工社群，并在此基础上构建园区品牌化体系并形成园区品牌社群，对园区品牌社群进行体系化运营。这些措施均极大地促进了本地知识的生产。

二、文化创意产业园区的演化逻辑

在演化经济学的语境中，差异性和多样性既体现在具有主动适应性的多元微观主体身上，也表现在由“主体集聚”所形成的城市文化产业集群具有不同的形态。不可否认的是，现代服务业和文化创意产业与传统制造业生产和消费过程存在着本质的差异，难以直接将文化创意产业的产业结构演替和产业分叉视作与制造业的创新活动完全相同。正如一些学者所提出的“软创新(soft innovation)”的概念[1]，文化创意产业是为满足顾客总体价值，为顾客创造新的“经验”，其创新绝不仅仅是简单的功能实现和需求满足，也包括了精神价值在内的多元价值的实现。也正是由于是为顾客创造新的“经验”，文化内容产品的消费市场相较传统制造业往往更加不可预测。因此在创意活动开展的过程中，则需要对文化创意产品可能出现的失败具有充分的预计。而这种对失败进行充分预估所带来的低效率，对于文化产业的成功同样是不可或缺的。

随着园区软硬件设施的逐渐成熟，倾向于根据自身的定位选择和吸引特定的企业入驻，以保证一批从事符合集群文化特征的从事科技研发、创意设计、文化传媒等行业的品牌企业能够得到较高水准的培育。与入驻企业一样，园区运营和管理企业也在技术、资本和服务方面寻求着创新。例如在体验经济背景下，服务对象从单纯的企业逐步发展到企业家、员工甚至其家人。同时越来越多的园区利用电子商务技术、大数据技术和云计算技术等先进技术手段搭建公共服务平台和信息共享平台，为入驻企业的商务服务提供更为便捷的服务。这些依托园区自身文化、体验以及技术特色所形成的产业集群

---

〔1〕 Cunningham S. Soft Innovation: Economics, Product Aesthetics and Creative Industries[J]. Journal of Cultural Economics, 2011, 35(3): 241 - 245.

或许最初并不存在较强的技术关联，但随着与园区的互动与耦合，也将逐渐地形成一种在文化、制度、技术上的关联性。但另一方面，由于文化创意企业在其发展的不同阶段，对园区的需求往往不尽相同，很少有文化创意产业园区能够满足在不同发展阶段的文化企业的商务和科技服务需求，这也使得园区内企业往往有着极高的流动性。

同时，伴随着现代城市进入后工业化社会，差异性和多样性的城市空间也与消费社会的多元社会经济需求相互适应和促进。在此背景下的城市更新和产业发展也产生了如何与城市文化个性化结合而避免同质化的需求。因此不少园区内增加了开放广场等公共空间，并提供遗迹和展馆对自身的历史文化进行展示，同时零售商业和餐饮业等服务设施进一步增加，以方便前往参观游憩的市民及游客。这种文化关联性较强的体验设施和配套服务来自于消费者的文化认同和历史经验，将有助于保证文化创意园区的成功率和抵御市场带来的风险。

第五节 小 结

文化创意产业在国家的社会经济系统和区域发展中正占据着越来越重要的地位。新一轮的技术革命、消费模式和环境转型、文旅融合等一系列的社会和政策背景，使得城市文化产业集群正成为社会各界所广泛关注的研究对象。本章借鉴演化经济地理学的分析框架，结合对N市三处文化创意产业园区的调研，具体分析了工业遗产的转型路径和城市文化产业园区的结构演替特征。

中国城市工业遗产的转型和文化产业集群的形成与发展是地方行政与产业政策、企业自主路径选择以及产学研共同作用下的技术创新等共同作用的结果。首先，企业作为文化产业集群演进的最重要力量，积极根据集群内文化和产业特色、地方政府偏好以及市场需求调整发展路径，并通过不断地学习或积累经验，进而根据经验改变规则、自身结构乃至行为方式。其次，地方政府在文化产业集群形成的过程中，通过政策介入和制度创新扮演了重要的角色，在促进地方文化保护的同时，极大地推动了新路径的生成。最后，科研院所和包括艺术家在内的文化创意人员等主体是构成地方知识生产的重要力量，在与地方政府和企业的互动中有效地推动了文化产业集群的产业结构演替，并在文化创意产业发展的各个阶段，不同程度地推动了园区内创意活动的展开。而文化产业不仅强调生产者知识与学习的重要性，更注重以消费者为导向的本地市场、环境以及生产系统的关联性。同时，文化内容产品由于是为顾客的创造新的“体验”，其消费市场往往不可预测，文化创意企业往往在其发展的不同阶段对于园区服务和体验也有着不同的需求，因此产业园区成功能否应对创业活动的失败所带来的低效率同样是促进创意活动和产业成功的重要因素。

第四章

城市新经济：国际大都市广告产业的扩张与重构

第一节　全球广告产业的集群与扩散

一、现代都市商务服务业的集聚

现代都市型产业，普遍具有高附加值、信息投入多、企业关联性强、土地生产率高、无公害等特点。随着西方国家先后进入后工业社会，其主要城市大多集中了对国家和地区产业经济发展具有带动作用的各类商务服务业、金融业等第三产业，并主要集中在CBD地区，吸引着整个地区乃至全国最有创造性的人才。但近年来，随着信息通信手段的发达，在不少西方国家也开始出现信息服务业离开市中心的趋势。简·雅各布斯(Jacobs J.)和艾伦·斯科特(Scott A. J.)等人先后针对城市内部产业和文化的异质多样性展开了大量研究，分析了导致集聚的主要原因。雅各布斯早在1969年就指出，在具有多样化的城市中，更有机会产生新的思想创意和创新从而带来知识外溢，并由此带来经济增长。[1] 斯科特则通过对大城市文化产业集聚的问题的研究，认为：(1) 专业并完善的生产者网络；(2) 城市空间中的本地劳动市场和社会网络；(3) 包括记忆、休闲、社会再生产等在内的城市环境；(4) 城市管理制度和共同的行为，是促使大都市文化创意产业集聚形成的关键因素。[2]

另一方面，随着全球经济一体化的进程，跨国公司的经营、管理业务以及与此相关的金融资本活动等中枢管理功能更加集中于少数世界城市。[3] 因此，全球化进程中的具有本地特征的世界城市，也是多个不同空间尺度交叠所形成的重要节点，在全球化时代的经济地理结构中占据着一席之地。[4] 这些世界城市同时也是文化生产和消费的中心，是全球文化和本地文化碰撞、整合并产生新文化的场所。

而以理查德·佛罗里达(R. Florida)为代表的"创意城市"理论家则通过围绕"创意场(creative milieu)"对后现代都市空间展开讨论而受到关注。[5] 佛罗里达的"3T"理论是由满足创造性环境的三个要素的英文首字母，即技术(technology)、人才(talent)、宽容(tolerance)所组成的。其中，作为"创意阶层"的人才被视作该理论的核心要素，他们倾向于聚集在具有多样性、宽容性、开放性社会环境的城市。佛罗里达的理论参与了许多城市的政策设定，对包括中国在内的许多国家的城市政策也产生了很大影响。除了佛罗里达以外，"创意城市"的理论家还包括英国创意城市研究机构"传通媒体(Comedia)"创始人查尔斯·兰德里(C. Landry)、荷兰学者赫特·霍斯珀斯(G. J. Hospers)等。兰德里认为城市复兴的关键因素在于其创意基础、创意环境和文化氛围，打造创意城市最重要的就是在于吸引文化创意人才、支持文化创意产业的发展。而霍斯珀斯将集中性(concentration)、多样性(diversity)、非稳定性(instability)视作形成创意城市的核心要素。[6] 此外，斯科特还特别

[1] Jacobs J. The Death and Life of Great American Cities (50th Anniversary Edition)[M]. New York, Modern Library, 2011: 94-109.

[2] Scott A J. Cultural Economy and the Creative Field of the City[J]. Geografiska Annaler: Series B, Human Geography, 2010, 92(2): 115-130.

[3] Friedmann J, Wolff G. World City Formation: An Agenda for Research and Action[J]. International Journal of Urban and Regional Research, 2009, 6(3): 309-344.

[4] Sassen S. Cities in a World Economy[M]. California: Pine Forge Press, 1994.

[5] Florida R. The Rise of the Creative Class and How It's Transforming Work, Leisure, Community and Everyday Life[M]. New York: Basic Books, 2002.

[6] Hospers, G J. Creative Cities: Breeding Places in the Knowledge Economy[J]. Knowledge Technology & Policy, 2003, 16: 143-162.

强调文化创意绝非如高科技、专利等可以很轻易地从外部引进，而是需要建立在特定的城市文脉基础上，并与当地的生产与生活场域有机结合。

二、全球化背景下的商务服务业和文化产业

在经济全球化背景下，跨国企业集团的价值链布局和调整在全球范围内进行。企业的生产部门、研发部门、营销部门根据其选址和资源分配的调整，分别采取了集中或分散的布局，形成了得以应对成本、汇率、技术进步等变化的全球生产网络(Global Production Network)。其中，跨国商务服务业企业正扮演着越来越重要的角色。以约翰·弗里德曼(John Friedmann)的"世界城市"和萨斯基娅·萨森(Saskia Sassen)的"全球城市"为代表的早期世界城市研究，将金融、法律、广告、会计等商务服务业视作支撑全球产业经济发展的制度规范和润滑剂，并通过这些商务服务业企业选址和分布的定量数据分析了全球城市之间的层级关系。[1] 从1990年代后期开始，研究方法从以往的属性数据的分析发展为对网络关系数据的分析，即从数据库中创建企业和城市矩阵，并通过主成分分析来考察城市之间的关系。特别是彼得·泰勒(P. J. Taylor)于1998年创立的GaWC(Globalization and World Cities)研究小组展开了大量的工作。近年来，除了商务服务业之外，媒体、国际公益活动、演唱会等文化因素也成为了全球城市的评估指标。[2]

事实上，在重视产业集群的经济地理学中，长期以来从马歇尔产业区理论出发，基于空间接近性视角关注本地生产合作网络的研究并不罕见。而近年来随着经济地理学的"关系转向""文化转向"，基于全球生产网络探讨行为主体间联系的研究正日益受到关注。[3]

在文化产业的全球化方面，好莱坞电影产业的全球生产网络无疑受到了

---

〔1〕 参见Sassen S. The Global City(Second Edition)[M]. Princeton, Oxford: Princeton University Press, 2001; Taylor P J, Walker D R F, Beaverstock J V. Firms and Their Global Service Networks[M]//Sessen S. eds. Global Networks, Linked Cities. New York and London: Routledge, 2002; Faulconbridge J, et al. The Globalization of Advertising: Agencies, Cities and Spaces of Creativity[M]. London and New York: Routledge, 2011.

〔2〕 参见Krätke S. Global Media Cities in a World-wide Urban Network[J]. European Planning Studies, 2003, 11(6): 605-628; Taylor P J. The New Geography of Global Civil Society: NGOs in the World City Network[J]. Globalizations, 2004, 1: 265-277.

〔3〕 Amin A, Thrift N J. Neo-Marshallian Nodes in Global Networks[J]. International Journal of Urban and Regional Research, 1992, 16 (4): 571-587.

最多的关注。其中，斯科特对其作了大量研究，认为好莱坞电影产业通过在全球范围内的工程分包，形成了多个战略性的生产和流通节点，从而得以最大限度地降低成本、扩大收益。斯科特将好莱坞电影产业的生产网络得以在全球范围内展开归结为三个关键因素：(1) 大洛杉矶地区较高的生产成本；(2) 外包的部分与生产系统的其他部分的关联度较弱，相对独立；(3) 外包国家和地区提供的优惠政策。此外，好莱坞电影产业的全球化扩张也普遍倾向于选址在与美国具有较高文化接近性的国家或地区，如加拿大、爱尔兰等。[1]

而在区域尺度上，则以围绕创意企业间紧密的跨境网络联系的讨论最受关注。其中，德国经济地理学者赫尔诺特·格拉柏赫(G. Grabher)的"临时性项目网络(Temporary Project Network)"最具有代表性。其一系列实证研究的成果表明，西欧中小型创意企业通过参与到跨境的临时的项目合作网络中，在构建社会关系、获取新的资讯和技能以及参与合作等方面获益良多。[2] 这也与管理学中"潜在组织(Latent Organization)"的概念[3]相类似。

在东亚地区，这类研究虽然成果较少，但也有一些代表性的成果受到西方学界的瞩目。早期的安纳李·萨克森尼安(AnnaLee Saxenian)通过对中国台湾新竹工业园区和美国硅谷之间移民企业家所构筑的知识转移和信息收集的社会网络的研究，分析了华侨经济的跨地区人才网络。而近年来对文化创意产业华人社会网络的研究也表明，中国香港之所以能够成为电影生产的枢纽，很大程度上是由于其与中国内地、中国台湾、东南亚等国家和地区有着密切的联系，可以有效整合多个地区的电影制作者和金融业者的活动。[4]

---

〔1〕 Scott A J, Pope N E. Hollywood, Vancouver, and the World: Employment Relocation and the Emergence of Satellite Production Centers in the Motion-picture Industry[J]. Environment and Planning A, 2007, 39(6): 1364－1381.

〔2〕 Grabher G. The Project Ecology of Advertising: Tasks, Talents and Teams[J]. Regional Studies, 2002, 36 (3): 245－262.

〔3〕 Starkey K, Barnatt C, Tempest S. Beyond Networks and Hierarchies: Latent Organizations in the U. K. Television Industry[J]. Organization Science, 2000, 11(3): 299－305.

〔4〕 参见安纳李·萨克森尼安.区域优势：硅谷与128号公路的文化和竞争[M].温建平，李波，译.上海：上海科学技术出版社，2020；Lim K F. Transnational Collaborations, Local Competitiveness: Mapping the Geographies of Filmmaking in/through Hong Kong[J]. Swedish Society for Anthropology and Geography, 2006, 88B(3): 337－357.

三、作为现代都市产业的广告业

西方国家对广告业的分布予以了较高的关注。早期的经济地理学者主要将其视作都市型商务服务业的一个部门，总结了广告产业从中心城市向各地区中心城市扩散的趋势，认为各地广告业的客户和分包商的增减对其的空间分布产生了决定性的影响，同时广告企业的布局与地区产业基础和基础设施有着高度的相关性。[1] 近年来，越来越多的学者认识到广告活动不仅仅是一种经济现象，更是一种具有影响力的流行文化。当代美国著名的广告人詹姆斯·韦伯·扬(James W. Young)就强调"通过广告，给商品的有形价值赋予无形价值"。

这里的"无形价值"首先是指一种消费文化，即西方发达国家从1970年代开始迈入后现代社会的过程中，通过广告所创造出的"比时代领先半步"的生活品位和消费习惯。随着消费文化在全球渗透，大量新的思维方式和文化元素被创造和引入，广告产业的生产和服务方式也迎来了变革，对创意人员有了比以往更强烈的需求，这在广告界被称为"第二次浪潮(The Second Wave)"。相较于源自二战前美国广告业界的，强调更加实用、功能性的"第一次浪潮(The First Wave)"，"第二次浪潮"则更注重美学的表现，反对过于夸大和口号式的表现形式。也正是由于广告企业相比过去更加重视新的表现和创意，因此与早期注重广告代理服务、仅仅突出产品功能和价格的"广告代理公司"不同的"创意广告公司"在欧洲大量涌现。[2] 广告行业也将其定位逐渐从最初的"作为商务服务业的广告业"向"作为创造产业的广告业"或"作为文化产业的广告业"转变。

在此背景下，城市空间如何更好地激发广告业及其创意人员的创造力，开始成为不少学者所关注的焦点。事实上，近年来越来越多有潜力和能力的中小型文化创意企业，正通过相互依赖的跨国网际合作打破大型广告集团的

---

[1] 参见 Kim Ⅲ, et al. Knowledge Spillovers and Growth in the Disagglomeration of the US Advertising-agency Industry[J]. Journal of Economics & Management Strategy, 2003, 12(3): 327 - 362; Sabourin P D. The Intra-metropolitan Location of Producer Services: A Case Study of the Advertising Industry in the Twin Cities(Minneapolis-St. Paul, Minnesota)[D]. Ph. D., University of Minnesota, 1998: 219; 富田和暁. 大阪市における情報サービス業と広告産業のサービスエリアと立地地区[J]. 経済地理学年報, 1982, 28(4): 314 - 324.

[2] Röling R W. Small Town, Big Campaigns: The Rise and Growth of an International Advertising Industry in Amsterdam[J]. Regional Studies, 2010, 44(7): 829 - 843.

垄断。[1] 格拉伯赫将这类跨国广告公司在CBD高度集聚的原因总结为多样性(diversity)、竞争性(rivalry)、标签价值(tags)、项目制(projects)、反身性(reflexivity)等5个结构性因素。[2] 与之类似的，詹姆斯·福尔康布里奇(J. Faulconbridge)揭示了纽约和伦敦两地的广告业协会在本地知识和信息交换中所发挥的作用。[3] 日本经济地理学者古川也先后通过对大阪和东京的广告制作企业的调查，验证了企业间关系和创造人员之间的联系对企业聚集的影响。[4] 此外，还有学者通过社会网络分析方法，具体分析了广告企业间董事的相互兼任所带来的高关联性和信息交换。[5]

第二节　上海广告企业的空间特征

一、广告企业的空间分布

与西方国家创意产业集群的形成具有较强的自发性不同的是，中国的地方政府在21世纪初所主导的创意产业集聚区建设，极大地影响了不少中国城市创意产业集群的形成。上海市为发展文化创意产业，于2005年至2009年间在市区新设或许可了81处"上海创意产业集聚区"，吸引了大量的企业家和艺术家入驻，到2010年已集中了超过6 000家企业，创造了12万个以上的就业岗位。同时，不同的文化创意产业集群往往因其初始条件和政策导向显现出不同的特征。在这其中，很大一部分集聚区是利用位于市中心或周边区域的废弃仓库和工厂，在由开发商进行二次开发的基础上新建的文化创意

---

〔1〕 大卫·赫斯蒙德夫. 文化产业[M]. 张菲娜，译. 3版. 北京：中国人民大学出版社，2016：159－164.

〔2〕 Grabher G. Ecologies of Creativity: the Village, the Group, and the Heterarchic Organisation of the British Advertising Industry[J]. Environment and Planning A, 2001, 33 (2): 351－374.

〔3〕 Faulconbridge J. London and New York's Advertising and Law Clusters and Their Networks of Learning: Relational Analyses with a Politics of Scale? [J]. Urban Studies, 2007, 44 (9): 1635－1656.

〔4〕 古川智史. クリエイターの集積におけるネットワーク構造：大阪市北区扇町周辺を事例に[J]. 経済地理学年報，2010, 56(2)：88－105；古川智史. 東京における広告産業の組織再編と地理的集積の変容[J]. 地理学評論，2013, 86(2)：135－157.

〔5〕 Mould O, Joel S. Knowledge Networks of 'Buzz' in London's Advertising Industry: a Social Network Analysis Approach[J]. Area, 2010, 42(3): 281－292.

产业园，陆续吸引了艺术家和文化类企业的入驻。此外，还有一部分位于各高等院校的周边，以期获得知识和创意的外溢效果，以 2007 年在同济大学的周边成立的“环同济设计创意产业集聚区”为代表。21 世纪初上海新成立的文化创意产业集群，在沪北地区数量相对较多，可以认为是伴随着老城区的城市更新而规划和建设的。2010 年以后，随着上海市区范围的扩大，嘉定、金山等郊区也陆续规划建设了新的“文化创意产业集聚区”，但由于距离市中心较远，该类园区往往呈现出规划先行而企业入驻相对滞后的特点，如位于嘉定区的国家级“中广国际广告创意产业基地”等。

表 4.1　2012 年上海广告公司概况(本土企业与外资企业的比较)

		本土企业	外资企业	总计
企业概况	企业数(个)	2 970	211	3 181
	员工数(人)	40 041	13 885	53 926
	企业平均员工数(人)	13.5	65.8	17.0
收益状况	营业额(亿元)	476.4	570.2	885.5
	企业平均营业额(万元)	1 604.0	27 023.7	2 783.7
	人均营业额(万元)	119.0	410.7	164.2
	人均年收入(万元)	7.2	24.4	13.3
员工构成	经营管理(人/%)	7 940 (19.8%)	1 992 (14.3%)	9 932 (18.4%)
	创意人员(人/%)	9 163 (22.9%)	3 033 (21.8%)	12 196 (22.6%)
	市场营销(人/%)	13 602 (34.0%)	7 237 (52.1%)	20 839 (38.6%)
	其他(人/%)	9 336 (23.3%)	1 623 (11.7%)	10 959 (20.3%)

数据来源：上海市广告协会内部资料，%为占总员工数的比重。

根据上海市广告协会提供的数据，截至 2012 年，上海市广告产业拥有广告经营单位 69 976 家，从业人员 21.4 万人。上海市工商局在 2012 年对3 930 家规模以上的广告经营单位进行了调查，所获 3 181 家广告公司的数据如表 4.1 所示。可以看出，本土广告公司和外资广告公司之间在规模方面存在较大差距。除规模外，人均销售额和年收入等也有 3～4 倍的差距。

表 4.2　不同规模企业数、营业额、利润及利润率

类型	企业数(个/%)	营业额(万元/%)	利润(万元/%)	利润率(%)
大型	79　2.5%	6 077 735.5　58.1%	488 687.5　54.9%	8.0%
中型	111　3.5%	1 189 128.6　11.4%	143 574.1　16.1%	12.1%
小型	978　30.7%	1 657 498.1　15.8%	181 293.8　20.4%	10.9%
微型	2 013　63.3%	1 541 579.5　14.7%	76 899.1　8.6%	5.0%

数据来源：上海市广告协会内部资料。

根据员工人数可以将广告企业分为大型(100 人以上)、中型(50～99 人)、小型(10～49 人)、微型(1～9 人)，如表 4.2 所示。大型广告企业 79 家占总销售额的 58.1%，占全部利润的 54.9%；而超过 2 000 家的微型企业仅占全部销售额的 14.7%和全部收益的 8.6%，且微型企业的营业额利润率仅为 5.0%，可见竞争之激烈。而从不同媒体和行业占全部广告费的比例来看，电视广告、电影广告等需要较高制作费用和技术条件的广告往往由大型广告企业承担；而广播广告、网络广告、移动广告等的代理商更多为中型广告企业；印刷品和户外广告往往是中小微广告企业的主要广告媒介。另外，不同媒体的广告费占全部广告费的比例依次为电视(30.8%)、室外(11.7%)、其他(10.7%)、网络(10.4%)、电影(8.1%)、杂志(7.9%)、报纸(7.4%)、手机(4.5%)、展示活动(3.5%)、收音机(3.5%)、印刷品(1.7%)，由于互联网的普及，网络和移动广告的广告费迅速增长。而从客户的行业类型来看，化妆品、服装等区域性较低的产业部门，由于通常需要在全国范围内打造品牌、展开宣传，广告业务大多集中于大型广告公司。相反，房地产等广告则是本地媒体公司以及小微广告公司较多涉足的领域。

作为重要的商务服务业部门之一，广告企业遍布上海的城郊各个区域。但在市中心及其周边地区，大中规模的广告企业比重明显偏高，而郊外则以小微企业为主(图 4.1)。以大中规模为主的外资广告企业则几乎全部集中于市中心的黄浦、静安、徐汇、长宁以及浦东新区。被视为中国广告业标杆的“4A 广告公司”，这一特征更为突出。此外，大型外资广告集团，往往倾向于将同一集团内企业集中在同一办公楼内，这些办公楼大多位于南京路—淮海路一带。而本土 4A 广告公司，除了市中心之外，也少量分布于陆家嘴和多个“创意产业园区”。

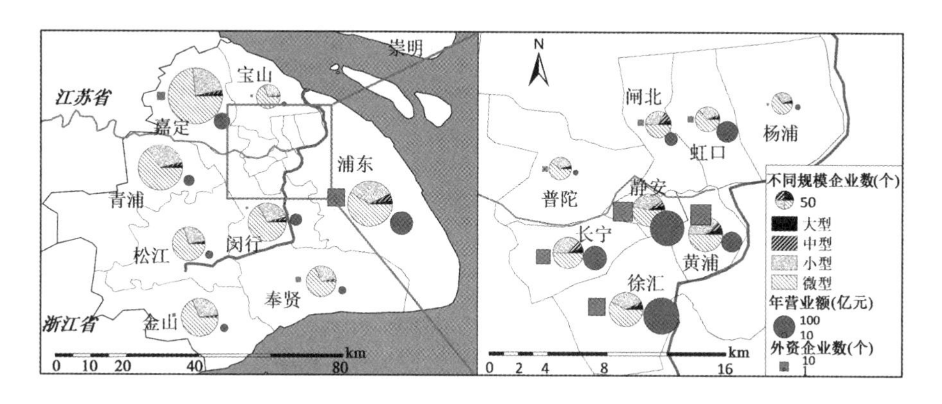

图 4.1　上海广告企业的空间分布

表 4.3　案例企业一览

企业	广告企业类型	资本（万元）	员工数(人)及创意人员比例(%)		广告收入（万元）	所有权	位置
A	综合广告代理	100	15	13.3%	3 239	本土(民营)	黄浦
B	综合广告代理	280	13	38.5%	13 968	境外(香港)	黄浦
C	综合广告代理	—	258	25.2%	61 635	境外(日本)	黄浦
D	创意广告	1 708	66	28.8%	5 088	境外(欧美)	黄浦
E	综合广告代理	800	50	38.0%	1 363	本土(民营)	黄浦
F	综合广告代理	500	4	0	—	本土(民营)	静安
G	广告制作	300	25	8.0%	4 322	本土(民营)	静安
H	创意广告	—	221	48.9%	11 532	境外(欧美)	静安
I	印刷广告	200	30	6.7%	374	本土(民营)	静安
J	企业子公司	500	26	0	553	国内(国有)	静安
K	综合广告代理	1 650	49	0	—	境外(香港)	静安
L	综合广告代理	200	180	33.3%	6 949	境外(欧美)	浦东
M	会展服务	300	119	17.6%	6 053	国内(国有)	浦东
N	综合广告代理	100	9	0	2 775	本土(民营)	浦东
O	综合广告代理	1 000	60	6.7%	16 700	本土(民营)	浦东
P	综合广告代理	309	279	39.4%	30 526	境外(欧美)	徐汇
Q	媒体代理	665	1346	5.0%	1 287 227	境外(欧美)	徐汇

续表

企业	广告企业类型	资本（万元）	员工数（人）及创意人员比例（%）		广告收入（万元）	所有权	位置
R	综合广告代理	—	488	18.9%	744 840	境外（欧美）	徐汇
S	综合广告代理	—	110	27.3%	—	境外（香港）	徐汇
T	综合广告代理	—	197	41.6%	15 266	境外（欧美）	徐汇
U	网络市场调查	932	165	15.2%	68 118	境外（欧美）	长宁
V	创意广告	300	79	43.0%	14 271	境外（日本）	长宁
W	综合广告代理	30	24	0	29 577	本土（民营）	长宁
X	综合广告代理	840	205	27.8%	82 598	境外（日本）	长宁
Y	综合广告代理	4 000	199	50.3%	181 692	境外（欧美）	长宁
Z	综合广告代理	—	67	—	82 024	本土（民营）	长宁
AA	综合广告代理	100	31	25.8%	1 341	本土（民营）	长宁
AB	综合广告代理	1 000	85	14.1%	27 297	本土（民营）	闸北
AC	广告制作	300	68	17.6%	—	本土（民营）	闸北
AD	综合广告代理	50	7	28.6%	22 961	本土（民营）	闸北
AE	综合广告代理	50	30	26.7%	546	本土（民营）	嘉定
AF	网络市场服务	1 700	19	0	352	本土（民营）	嘉定

数据来源：综合上海广告协会内部资料和笔者访谈结果制成。
注：V公司与X公司属于同一企业集团，AB公司与AC公司属于同一企业集团。

二、广告企业选址与迁移

为了具体把握上海广告公司的分布状况及其外部网络环境，笔者在2011年预调研的基础上，选取了较有代表性的广告企业32家，于2011年11月至2013年11月间对企业负责人进行了问卷调查。32家公司中，大型企业12家、中型企业7家、小型企业10家、微型企业3家（表4.3）。从企业所有者性质来看，15家外资公司（欧美9家，日本3家，中国香港3家）、17家本土公司（民营15家，国有2家）。从业务内容来看，综合广告代理21家、其他专业广告代理（媒体代理、广告制作、活动营销及印刷广告等）为11家。从主要代理媒体来看，大型广告公司虽然经营多种媒体，但仍有8成企业选择电视作为最主要媒介（图4.2）；而小微广告公司则更多依赖单一媒体。从主要的代理商品来看，所有类型的广告企业都拥有较多的汽车、食品、服饰以及服务业的广告业务；而很多中小微广告企业大多拥有1～2个最主要的广告客户，其中房地产广告的比例较高。此外，日资广告公司仍然以日资品牌代理居多，因此化妆品、汽车、家电等产品广告相对较高，而欧美广告公司更多代理化妆品、食品、服饰等全球化程度较高的日用消费品，而金融保险行业、服务行业等则更多依靠本土广告公司。最后，从员工的构成来看，虽然不同规模大小的广告公司间没有明显差异，但与创意相关的广告公司（综合广告代理、广告制作、创意广告）中，创意人员的比例较大。

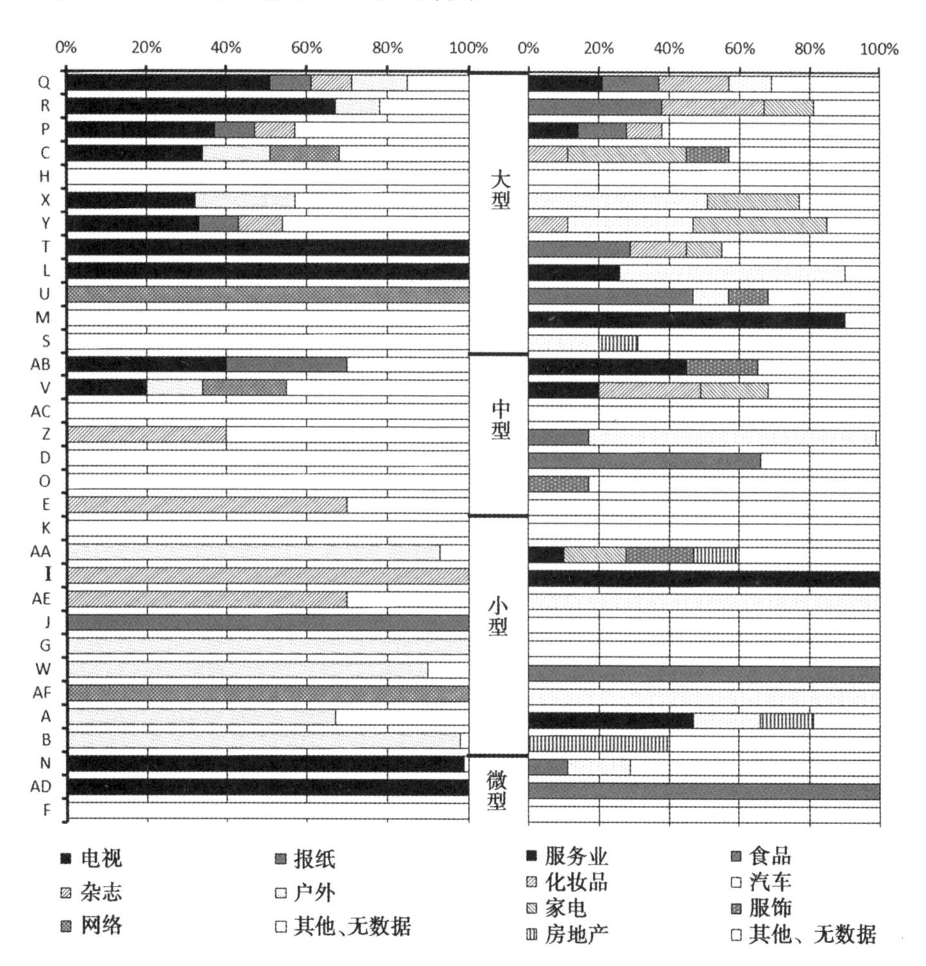

图4.2 基于广告媒体和商品类型的广告公司概况（按规模大小排列）

数据来源：根据笔者访谈结果制成。

注：统计了各公司主要往来的媒体与商品（占比10%以上），缺少部分公司数据。

从受访企业的所在地来看，32家企业中的30家均位于上海市中心城区（黄浦、静安、徐汇、长宁、闸北、浦东新区），其余2家位于嘉定的新城区。受访企业中的26家（81.3%）具有迁址的经历。除去部分国有或国有改制的广告公司（J公司、W公司），绝大多数公司历史普遍较短，对特定场所或区位的依存度相对较低，尤其根据企业的经营状况及客户的变更而进行迁址非常普遍。此外，对于决定目前选址的因素（复选）"适当的租金和面积"（27家）最多，"交通的便利性"（26家）、"环境的舒适度"（20家）、"与客户相距较近"（17家）等紧随其后。另一方面，"与媒体公司相距较近"（6家）、"与同类企业相距较近"（7家），却并没有成为重要的因素。

但4A广告公司，尤其是大型外资广告代理商，普遍集中于CBD及其周边区域。其原因除了上述的内容，即接近主要客户的世界500强企业以及相关的咨询公司、金融机构以外，还有与竞争对手竞争的因素。换言之，为了凸显其作为国际顶尖广告公司的身份，就必须将公司选址在市中心的高端商务楼内（C公司、H公司、T公司）。此外，T公司在2007年起与其所属的跨国广告集团内的3～4家企业共同搬迁至同一栋商务楼内，"集团内企业间的协作和交流的便利性固然重要，整个集团数家公司与办公楼租赁方签订合同，租金方面也相对便宜"，也是考虑选址时的一个重要因素。

然而，2010年以来随着市中心办公楼的租金较10年前4A广告公司在中国大举扩张初期大幅度上涨，同时由于以互联网广告和移动广告为代表的新媒体广告市场占有率的上升，4A广告公司主要收入来源的传统媒体广告收入陷入停滞，为削减成本，不少4A广告公司开始从租金较高的CBD逐渐向周边区域迁移，包括城市副中心徐家汇在内的几个区域成为了新的4A广告公司集聚地（P公司、Q公司、R公司）。

一些4A广告公司从CBD迁出的同时，同样存在向"创意产业聚集区"集中的倾向。X公司和V公司位于距徐家汇两站地铁的"红坊创意产业区"。该园区是利用旧钢铁厂空间，由房地产公司进行设计和改建，以工业遗址的红砖建筑而闻名，园内不仅有商务区，还有画廊、酒吧、咖啡馆和西餐厅等，并建有"上海雕塑空间（上海城市雕塑艺术中心）"。而S公司目前位于距CBD西南方向5公里的"创意学院"，拥有三层楼的公司大楼。"创意大院"的所在地是建于清末的兵工厂和研究所，2005年引进民间资本，再开发为文化产业园区，2013年调查时有近60家与创意产业相关的企业入驻。由于位于离市中心较远的住宅区，据物业公司介绍，租赁费仅为市中心的三成。调查中，大部分位于“创意产业聚集区”的广告公司(S公司、X公司、V公司)普遍认为,目前的环境要优于之前的办公大楼。比如S公司就指出:“比起以前的高层办公楼,现在的环境更加舒适了。毕竟我们是创意相关的工作,自由舒适一些的氛围可能更加适合。”“这里的风景比办公楼好得多,外面广场上有很多艺术雕刻,对面还有一些画廊。”AE公司则位于嘉定工业园区的“中广国际广告创意产业基地”。该产业基地建于2007年,作为全国30个国家级广告产业集聚区之一,获得了中央政府的资金补助。尤其是2011年以后,由于地铁的开通,该产业基地虽然远离市区,但交通的便利性得到了显著提升。同时,园区不仅为广告及相关产业企业提供创业空间,还拥有产业孵化器,向初创企业提供多种软性及硬性支持。

不过,尽管以S公司和AE公司为代表的位于“创意产业聚集区”内的企业,与很多广告业的同行企业距离较近,但对于企业层面是否有合作与交流却普遍回答“几乎没有”。S公司的员工表示,“对面楼里虽然有1家广告公司和1家设计公司,但只是相互了解,并不能说有特别密切的联系”。在实际调查企业中,也有不少因担心过于靠近竞争对手,为减少员工与其他公司的交流所导致的人员流动和商业机密泄露,而刻意避开“创意产业集聚区”的中小企业。例如E公司指出,“如果不同企业员工之间的交往过于频繁,我们也不得不时刻关注薪资待遇等方面的问题”。人才的频繁流出还会导致广告商的流失,甚至直接关系到中小广告公司的生存。

第三节　上海广告企业的内外部网络构造

一、广告企业的空间联系

广告公司的交易对象较多,从产业链的上下游来看,可以分为广告主(客户)、媒体公司以及其他广告公司三类。图4.3表示了调查广告企业的广告主的地理范围。虽然不同广告公司的业务内容和使用媒体差异巨大,但从整体趋势来看,企业规模越大,其交易关系的地理范围越广,可以认为其在空间尺度上拓展市场的程度越深。而小微广告公司的主要广告主数量上较少,且大多仅限于上海市内,尤其是十多年的房地产热潮也带动了一批主要开展平面或户外广告业务的广告公司的发展(A公司、B公司、S公司)。八成以上的广告公司认为,在项目的设计、企划到实施的整个过程中,与广告主的负责人频繁接触以加深相互理解是不可或缺的环节。正如“近年来越来越多的客户有在上海设立中国总部的趋势，因此我们公司在上海的广告业务也在增加”（T公司）的回答，以上海为据点进入中国市场的跨国公司，成了上海广告产业集群形成的最重要内生动力。

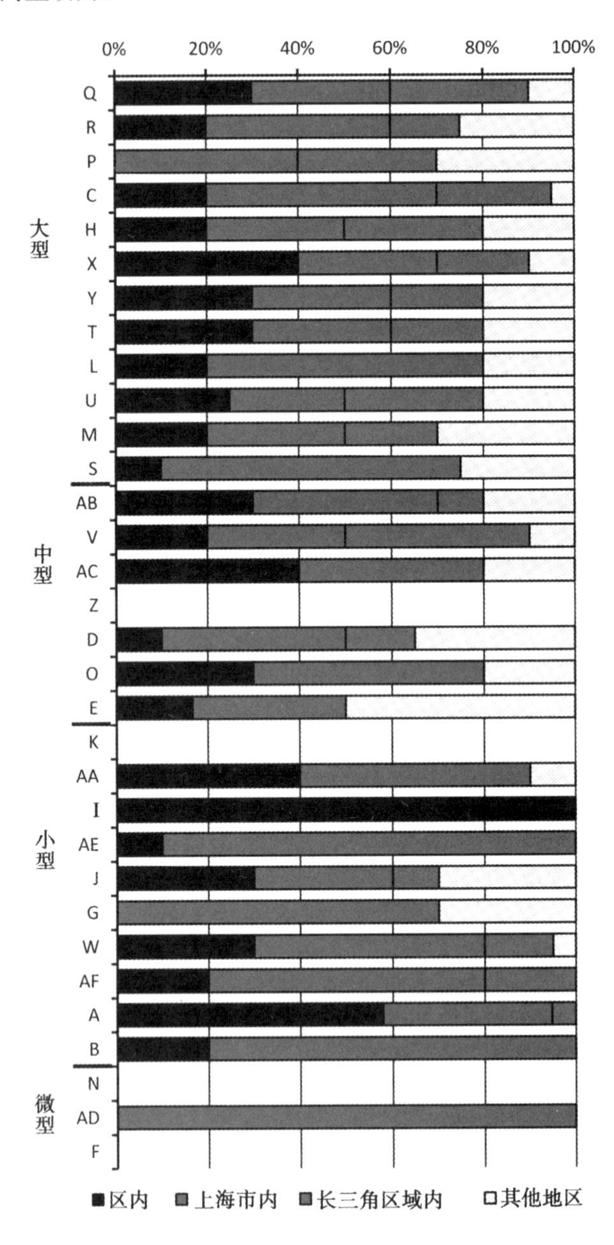

图 4.3　访谈公司广告主的地理范围(按规模大小排列)
数据来源：根据笔者访谈结果制成。

A公司、I公司和AD公司等小微广告公司往往根据客户变更频繁迁移，多数地址选择在接近广告商和交通方便的地铁站附近。例如I公司是主要负责杂志和新闻广告的小型广告公司，两年前在与保险公司签订广告合同时，也将公司搬迁到了位于南京西路的该保险公司所在的办公大楼内。对于广大的小微广告公司来说，尽可能最大限度地节约空间和时间成本，向客户提供灵活的服务才是其生存之道。

为了方便在全国范围内进行广告宣传，P公司、T公司和X公司等大型广告公司从全国各地大量采购了媒体版面和时段，并根据广告的需要与二、三线城市的广告公司开展合作。“地方城市，尤其是在省会的广告公司，有较多的地方媒体渠道。因此如果交给他们部分工作的话，这里的负担也能够减轻”(T公司)，“我们的网络遍布全国各地，根据情况有时候会采取与当地媒体或广告公司合作，甚至会收购他们”(P公司)。与其直接成立子公司或分公司，广告公司一般会选择投资当地企业或开展业务合作。

从各公司在全国的网点分布来看，除上海外在北京和广州数量较多(分别为13家和12家)，而在二、三线城市却相对较少。对此，很多公司归结为成本和人才因素，“二线城市符合我们公司需求的人才太少。我们3年前在青岛设立了分公司，但愿意从上海过去的员工太少，在当地无法长期维持，后来就干脆撤出了。沿海发达城市的青岛都是这样，如果是内陆可能更难”(S公司)，“其实我们在西南的贵州有一家大型国有企业的客户，但目前我们公司的还是负责人每月过去一次，毕竟为这一家公司在当地设立机构，成本还是太高了”(Y公司)。但以“创意性”为卖点的H公司则是一个特例，为了尽可能直接参与广告生产过程，在重庆等地设立了分公司。

而在上海市内，很多企业则不太注重广告业内的同行间合作。原因是多种多样的，主要包括“国内客户在广告费用方面还是很节约的，比起全部交给一家代理商更愿意将工序的各个阶段委托给多个公司来完成，尤其是很多中小广告制作公司收费还是偏低的。这样一来，广告企业间的委托或承包反倒相对比较少”(AC公司)；“我们作为综合广告代理商，一般都把信誉放在第一位，将工作外包出去可能会存在泄露客户信息的风险，所以一般来讲我们都尽量将所有工序在公司内部完成”(T公司)；“只有类似拍摄宣传片这样，我们公司内部完成不了的才会外包，一般还是尽可能地避免”(AE公司)；“内地的广告市场还不是很成熟，很多中小广告公司的作品质量没法保证。无论对于我们还是对于客户来讲，在我们公司内部完成了的话比较令人放心”(S公司)；等等。

此外，上海本地的媒体，特别是其广告部门，大多位于南京西路的CBD附近。但除了部分中小广告公司和媒体的下属广告代理公司(E公司、J公司、I公司)、大型广告公司(C公司、H公司、P公司)尽管与媒体行业来往密切，但并未太多提及与媒体毗邻的重要性。

二、劳动市场与创意人员的人际网络

上海作为中国人力资源最丰富的城市之一，为广告行业提供了大量且多样的人才。从不同类型的广告公司员工构成来看，如图4.4所示，大型广告企业中从事市场相关的员工较多，但创意部门的员工比例并没有表现出显著差异。我们在2011年对广告行业的策划、制作、设计等部门的创意人员进行了问卷调查，一共回收问卷45份。其中有2成(9人)来自上海，8成(36人)来自长三角或其他地区；同时6～7成回答者的最终学历是在上海取得的，可以看出年轻人普遍借由在上海取得大学学历进而留在上海本地就业。此外，广告业界的人才流动非常频繁，7成以上(34人)有更换工作的经历，平均1.6年就有一次跳槽经历；主要跳槽动机包括“晋升”(64.7%)、“加薪”(73.5%)以及“个人志趣”(85.3%)等，而回答“公司内部人际关系”(23.5%)的则相对较少。在此基础上，我们于2013年对大中型广告企业(S公司、T公司、AB公司、U公司)的制作部门及创意部门的4名创意人员或设计人员进行了1～2个小时的深入访谈(表4.4)。

Lv氏(20多岁男性)来自江苏省，毕业于上海某大学的广告学专业，2011年大学毕业后进入现在的T公司从事广告文案的工作，现在月收入约为4 000元(2012年)。“积累2～3年经验后，想去出国读MBA课程。”Lv氏描述了将来的计划。而对于目前公司内外的人际交流，Lv氏认为，“文案工作通常是各个专业背景的人才都有，同龄的同事中广告、媒体相关专业以外的毕业生也很多。每天都有很多新的感受，现在的上司是新加坡华人，从他那儿也可以学到很多新的东西”，以及“其他公司的创意人员并不是太认识。但现在有很多的网络社群，即使现实中不认识的同行，也可以相互交流”。其在认同网络空间在促进学习和交流中的巨大作用的同时，也提到“网络上的大多数朋友都是居住在上海，作为在相似环境中共同努力的同路人，也比较容易找到共同话题”。可见即使是虚拟的网络空间，也同样受到地理空间的影响。

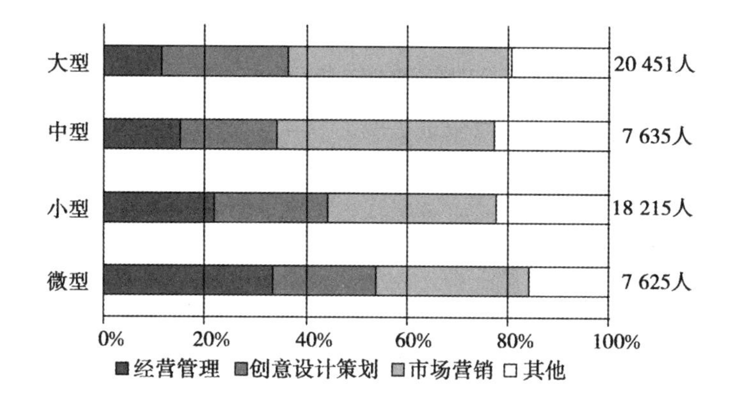

图 4.4　上海各规模广告公司从业人员构成

数据来源：上海市工商管理局内部资料。

Li 氏(30 多岁女性，月收入 1 万元左右)是一名出生于上海的广告设计师，一直在上海读书和工作，她同样提到“事实上，相较于广告作品和内容本身，大家往往更加关注招聘信息，以及一些圈子里的趣事和八卦”。“我从事的是美术设计的工作，网上有很多自由设计师，我们有几个小圈子，我们公司比较忙的时候，也会外包部分工作，很多时候就是通过网络空间来发布”。但另一方面，她也提及了虚拟空间的局限性，“但就我个人而言，可能真正要获取创作的灵感并不是在网络上，而是和几个不多的好友在线下的聚会中”。

与上述两人不同，Z 氏(40 多岁男性，月收入 4.5 万元左右)和 T 氏(40 多岁男性，月收入 3.5 万元左右)是有 10 年以上工作经验的创意人员，在流动频繁、转行较为普遍的广告业界可谓凤毛麟角。Z 氏出生于香港，最初想当电影导演，于 1995 年转行到广告界工作，之后一直在欧美 4A 广告公司就职，从 2009 年开始负责现在的工作。关于跳槽的动机，他认为，“我的经历在上海的广告圈的艺术总监中，其实非常普通。这里的艺术总监半数左右是中国香港、新加坡出生的广告人，一方面对 4A 公司的运作模式比较熟悉，另一方面也相对熟悉华人社会的商业惯例和文化习惯”。他认为，“我们公司里，大股东是香港人，也有内地江苏省和云南省以及德国的股东。但是和欧美 4A 广告公司不同，我们团队规模相对较小，员工基本上都是中国人。由于代理的国内品牌比较多，我们也努力在创作中提炼中国元素，希望能够和外资差异化，打造自己的公司品牌和特色”。Z 氏对于自己的生活和社交圈，则表述道：“我一年中只有一半的时间在上海，一方面家人都在香港，另一方面包括和客户的洽谈、全国各地的活动和论坛等也都需要出差。一般也需要和业界朋友见面，才能找到一些新的商机。”可见包括广告论坛和广告节等在内的社交活动对广告界的上层精英构建社会网络还是具有一定的帮助的。

T氏是在江苏省出生，最初是外地某艺术大学的教师，1992年下海进入广告行业。T氏刚开始是4A广告公司的文案，从2011年开始，跳槽至一家欧美资本、以网络营销为中心的广告公司担任创意总监。对于跳槽动机，他认为现在是新媒体时代，必须要紧跟时代步伐。但对于其构建社会网络的途径，T氏同样认为出差并见面是不可或缺的，“广告行业普遍出差很多。对我们来说，在不同的场合与业内朋友、媒体企业定期交流非常必要。尤其是现在新媒体急剧扩张，市场变化很大，如果不随时了解的话，很快就会有跟不上时代的感觉。当然最近微信普及以后，我们也在好几个群里，通过智能手机分享很多信息”。

表4.4 受访创意人员概况(2013年)

No.	所属	职业内容	年龄及性别	出生地	最终学历取得地	月收入
1	Lv氏 (T公司)	广告文案	20多岁 男性	江苏	上海	约4 000元
2	Li氏 (AB公司)	设计师	30多岁 女性	上海	上海	10 000元左右
3	Z氏 (S公司)	创意总监	40多岁 男性	香港	澳大利亚	45 000元左右
4	T氏 (U公司)	创意总监	40多岁 男性	江苏	上海	35 000元左右

通过对以上4名在职业生涯不同阶段的创意人员的访谈，我们能够看出在上层精英和年轻创意人员之间明显的差异。对于具有全球经验的资深广告创意人员来说，个人活动乃至社会网络的构建都是以全国乃至整个“大中华区”为空间范畴的。正如Z氏所说：“在全国范围内只有几十家4A广告公司，管理层、艺术总监、创意总监基本上都在上海、北京、广州3个城市，十多年交往下来，大家相互都熟悉得很。虽然业界看起来跳槽很频繁，但我们这个圈子却比较稳定。”但另一方面，对于成千上万的年轻广告创意人员来说，上海作为其最主要的工作和生活的场所，也是积累经验、学习成长的主要空间，主要受到地方性知识和当地文化氛围的影响。同时，很多具有强烈职业发展的企图心的年轻创意人员往往更多地利用线上线下的各种机会，以个人需求和偏好建立起多元化的社会网络。

三、从外部联系看上海广告产业网络的多层性

综上所述,上海广告产业集群,是由重视非本地联系的大型广告公司和以满足本地广告需求为主的中小广告公司的两极化的结构所组成,而从资深广告人到年轻创意人员则构成了本地广告创意人员及其人际网络的多元生态。从地方视角来看,迅速增长的世界城市——上海,不仅能够为广告产业提供充足的人力资源和多元化的服务,更重要的是其作为中国市场经济最完善的城市之一,有着开展创新创业和对外交流活动的广阔空间。一方面,对于各类创意人员而言,有更多的机会利用线上线下的各类交流平台交换多种信息、展开相互学习与合作。另一方面,地方政府基于行政主导,规划建设了一批文化产业集聚区,为企业的创业活动提供了有利条件,但集群内企业的同行交流却相对有限。上海广告业界最大的行业团体为上海市广告协会,本地的主要广告公司、媒体公司以及部分广告客户均是其会员,每年主要活动包括广告奖评选、定期讲座等。但从访谈来看,该协会对不少普通创意人员而言存在感较弱,"广告协会的活动,我们社长和创意总监应该参与蛮多的,但是和我们这样的普通员工感觉关系不大"(Li 氏)。受访者普遍认为,中国尽管存在为数众多的广告协会,但行政管理和行业监管的色彩较浓,未能真正像欧美那样起到同行交流的场所的作用。

而在全国范围内,上海的大型广告公司普遍通过各种方式建立了全国性服务网络。借助与各地广告公司、媒体以及与广告主的业务往来,形成了以上海为中心,辐射各区域中心城市、地方城市的阶层城市网络。广告公司业务部门和创意部门的负责人在全国范围内定期会面,并面向全国市场提供上海生产的符合国际标准的服务和广告作品。

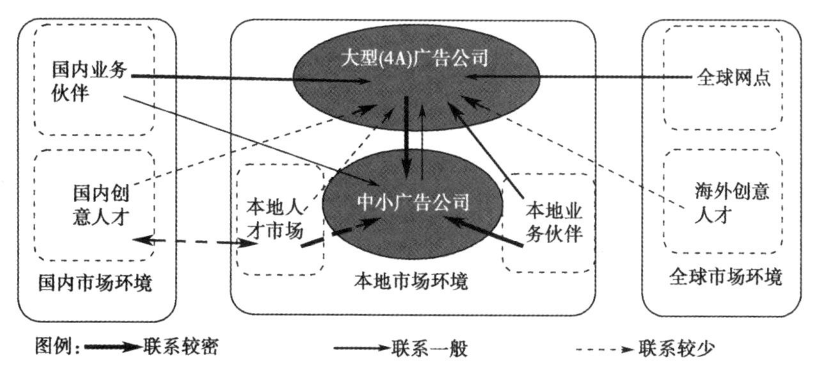

图 4.5 上海广告产业空间

再从全球视角来看，目前国际主要的广告企业集团均在上海设立了相关企业，并与纽约、伦敦、巴黎、东京等地的全球总部或世界各地的分支机构保持着技术及业务方面的合作。近年来，随着中国本土广告人才的迅速成长以及中国企业走向境外，不少国内广告商也开始重视境外的信息和知识，并积极利用中国的本土实践和开拓国际市场。例如曾经是全国第一家广告公司的Y公司，在2000年以后陆续接受了日美等国广告公司的注资；而AB公司先后在境外的香港和巴黎等城市设立子公司，旨在吸收和利用最先进的广告理念、设计相关技术以及全球文化资源；外资的P公司也因应中国企业海外投资的需要，2014年在纽约设立了海外事业部门以服务在美中资客户的需要。可以说，随着中国在经济全球化中扮演着越来越重要的角色，上海的广告生产在全球范围内的重要性将进一步提高。

可以认为，这种包含了不同类型的企业和创意人员的多层次的广告业产业结构，恰恰能够表现从本地到国内、再到全球的多层的复杂空间联系(图4.5)。作为全球城市的上海，对于跨国广告公司和本土广告公司而言，分别承担了“国际广告的中国基地”和“中国广告的国际门户”的角色。

我们认为，其原因主要有以下三点：首先，市场经济和全球化迅速推进中的广告产业部门与具有较强国家控制的媒体部门之间存在着的鸿沟正逐渐弭平。原本基于行政分割的各省市自治区的媒体部门随着深化改革的持续推进，为上海的广告商提供了巨大的国内市场。其次，则是国内企业与外资企业之间的技术差距日益缩小。同时作为后发的中国广告行业，广告人才对境外的信息、人才和资本有着较大的依赖，产业的领军人才大多在全球化环境中成长，具有很强的开拓市场的意愿。最后，长期以来，中国的各类广告公司把确保客户资源和媒体版面置于其企业战略的首位，比起与竞争对手，更重视与上游和下游企业建立密切的联系。

此外，随着近年来互联网和智能手机的普及带来网络广告的需求剧增，广告的主要媒介已经转向了新媒体，顾客市场的细分和精准营销对广告作品本身的创意性提出了更高的要求。与传统媒体不同，在新媒体广告业务中，国内中小企业已经占据了较大份额，且今后可能还会进一步上升。在此背景下，4A广告公司也不得不随着广告媒介的改变，积极利用本地的人才、知识和创意，因此未来本地的信息及知识交流也会逐渐增加。而上海良好的商业环境和文化创意氛围，均会为其将来的进一步成长提供可靠的保障。

第四节 “大中华区”广告产业网络重构中的上海

一、早期上海与港台广告业的联动与分隔

从20世纪上半叶开始，上海和香港就作为华人世界两个重要商业都市，分别发挥着各自独特的作用，并保持着一定程度的联动。1949年以后，上海大量聚集的外国资本和民族资本逐步转为国营，而另有一部分企业转移到香港继续业务，在很大程度上推动了香港工商业的繁荣。而上海在1950年代到1960年代被逐步改造为一座工业城市，唯一的国有广告企业上海广告公司也因“文化大革命”而中止了广告业务。

与之相对，二战前被中华民国、大英帝国乃至南洋华人社会等多个相对松散的政治或社会实体所环绕的香港，随着社会主义新中国的成立以及东南亚国家陆续独立而置身于民族国家的“真空地带”中。二十世纪六七十年代大量的劳动力和资本的涌入带动了香港这一贸易港口的工业化，尤其是劳动密集型消费产品的生产增长迅速。在自由市场经济的环境下，广告业也迅速发展，欧美外资广告和本土华人广告企业大量成立，并在1970年代成为亚洲重要的商务服务业中心。

而中国台湾也在1950年代逐步开始工业化，并在1960年代前后陆续成立了一批规模不大的本土广告企业。尽管受过去日本殖民统治的影响，不少广告企业在创作和技术等方面与日本广告企业联系密切，但随着政府主导的大众文化领域的“中国化”的迅速推进，到1960年代末期台湾已经是清一色的中国式广告风格。

总之，从1950年代到1960年代，中国大陆（内地）、香港、台湾，乃至东南亚华人社会，由于民族国家的成立和冷战的格局，形成了各自相对独立的市场。随着1970年代后期香港的主导产业由轻工业转向服务业，并逐步确立了亚洲地区金融贸易中心的地位，大多数欧美日的广告代理商均在香港设立亚洲区域总部，使香港成为区域性的广告业中心城市。

二、大中华区主要广告企业的总部—分部网络的形成

1980年以后，欧美大型广告代理商经过一系列并购，形成了四个大型全球广告代理集团：奥姆尼康、Interpublic、WPP、阳狮集团。关于这一时期全

球广告行业的发展，西方的政治经济学和传播学者从1990年代开始展开了一系列的讨论。这些讨论主要可以分为两类：一类是现代化理论，即广告业通过全球化的市场营销，借助当代多样化的媒体手段，有效地促进了发展中国家的经济、社会的发展，尤其是各类媒体部门的成长；而另一类是所谓“文化帝国主义”的批判理论，以从属理论和世界系统论等最具有影响力，研究内容主要包括媒体业的内部结构、广告的生产、流通和消费方面的资本关系，以及进入发展中国家的跨国广告公司与东道国政府的博弈关系等方面。也正是在这一时期，东亚新兴国家和地区，首先是日本，随后是韩国、中国台湾地区，最后中国大陆均逐步开放了国内广告市场。从1980年代开始，整个亚太地区的广告市场均迅速卷入到全球化的资本和技术浪潮中。

但另一方面，中国广告业的产业结构与周边的日本、韩国有着明显的差异，即本土广告公司以独立经营的中小企业为主，不具有垄断地位。因此随着1980年代开始的市场开放，欧美日的跨国广告公司均将这里视作潜在的巨大市场。无论是经济发展较早的中国台湾、还是大陆，从1990年代后半叶开始，欧美四大广告代理商和日资的电通、博报堂均全面投资并展开业务。尤其是拥有巨大市场的中国大陆，尽管广告行业的专业人才略显不足，但外资广告仍然表现出极快的扩张势头。对此，不同的跨国广告公司往往根据自身特色构筑起不同的社会经济网络，并在香港、台北以及北京、上海、广州等城市之间，形成了一个以广告专业人才和管理层为中心的人际网络。

事实上，不少欧美大型广告代理商早在1970年代后期就开始把香港作为亚太地区重要的节点城市，并成立办公室或分公司用于搜集信息和开展业务。1980年以后在台湾的扩张则主要通过收购当地资本和使用当地广告人才。而在导入市场机制不足10年、缺乏广告专业人才的中国大陆，香港和台湾的人才和资金则起到了中介作用。这一趋势随着香港回归和两岸关系解冻，企业间、人才间的交流逐步增多而进一步加剧。可以说，来自中国香港、台湾地区以及新加坡、马来西亚等地的华人，均成为活跃在两岸及港澳间的关键广告人才。跨国广告公司也以此构建起以华人管理层和创意总监等为中心的跨境人际网络。

1990年中后期，中国的对外开放政策进一步扩大，欧美的四大广告集团中的主要广告公司均在中国大陆投资当地企业或设立合资公司，并通过培养和启用大陆本土人才，构建起中国大陆各中心城市间的企业网络。上海、北京和广州成为最重要的节点城市，其中尤其以上海和北京最为集中。这一趋势在2000年以后随着中国加入WTO而进一步扩大，部分欧美广告公司开始进入南京、武汉、成都等二线城市。与此同时，在四大广告集团的推动下，行业制度得到进一步完善，中国大陆与港台间的差异迅速缩小。一般认为，欧美的跨国广告公司在整个"大中华区"推动的"4A协会制度"的普及，在很大程度上促进了标准和制度的统一，在为外资广告进入中国提供便利的同时，也促进了全区域内的人员、资本和信息的流通(图4.6)。

此外，随着新加坡在亚太地区商务服务业中地位的提高，香港广告业在东南亚地区市场越来越受到新加坡的竞争。1980年代后期开始，一些欧美广告代理商将自己的东南亚地区甚至亚洲总部从中国香港迁移到新加坡。而香港则更多强调与内地的联结，即在整个大中华区内的枢纽功能。

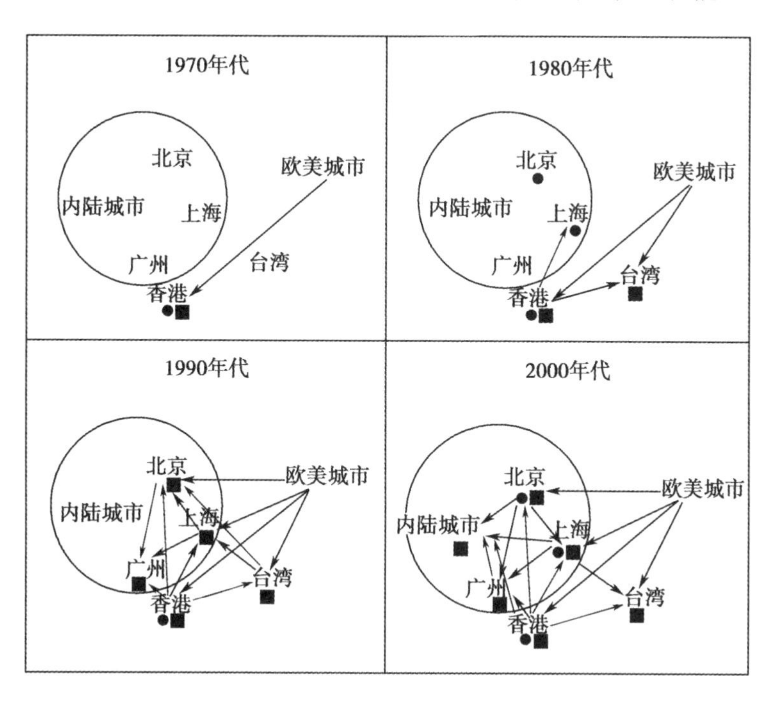

图4.6 欧美跨国广告公司在大中华区的空间演化

而长期以来，日本广告公司因主要服务于本国市场，在广告生产、媒体与客户关系等方面与欧美广告公司有较大差异。20世纪50年代至60年代，日本广告巨头电通虽在台湾和香港地区设有办公室，但由于当时日本经济尚未腾飞，业务主要停留在收集当地市场信息阶段。但另一方面，受日本殖民统治的影响，早期我国台湾的家族广告企业不少从成立时起与日本广告公司有诸多联系，有些直到1980年代仍主要与日本企业展开技术合作，而随着1980

年代台湾地区广告市场的开放，才开始逐渐使用欧美广告企业的技术和标准。[1]

1980 年代，日本广告公司先于欧美企业进入中国大陆市场。由于日本广告业结构与西方国家差异较大，因此电通、博报堂等日本广告巨头从 1980 年代末开始即与多家大陆国有广告公司和教育机构合作，以求培养熟悉日本企业运作的中国本土人才。相较于欧美，日本广告企业更注重与媒体的关系和员工的培训，因此更愿意将集中了最多媒体和教育机构的北京作为重要的选址城市，但上海也因为广告客户和广告人才的大量集中而受到青睐。此外，日本广告公司的香港网点则逐渐被视为“大中华区”的对外窗口，但规模普遍相对较小，主要服务香港本地日资企业。

尽管日资广告公司在中国大陆乃至整个“大中华区”一度形成了与欧美广告公司不同的企业网络和人际网络，但 21 世纪以来，电通、博报堂、ADK 等日本广告巨头也开始制定全球战略，积极并购欧美国家的广告企业。尤其近年来，为了适应国际市场的竞争，日本广告公司开始引进西方的广告生产模式和制度，“大中华区”的日资广告企业和欧美广告企业逐渐趋同。

而随着 21 世纪初跨国广告集团通过获得全球品牌代理、媒介集中采购等扩大其市场占有率，香港和台湾的本地中小广告公司的竞争力逐年下降。因此，一些港台的中小广告公司借助自身熟悉大陆市场，以及在技术和创意等方面的比较优势，开始进入大陆市场。这些企业高度集中在上海、北京等中心城市和具有文化接近性的广东省。这一趋势也随着大陆的经济高速增长而进一步加速，大量港台地区本地广告人才前往大陆发展。

三、大中华区广告业的一体化进程中的上海广告业

2000 年以来，随着中国经济的持续高速增长，外资广告公司进入中国以合资甚至独资的方式开设广告企业，有力地促进了中国的广告业融入全球和区域的广告生产网络。北京、上海、广州作为中国大陆广告业的三大中心城市，也显现出了各自不同的特点。与政治和文化中心的北京不同，以上海为中心的长三角地区是中国跨国企业的最大聚集地，众多的广告客户和巨大的消费市场直接促成了上海广告业中心性的不断提高。而与此相反，传统上作

---

[1] Hu G. Entry and Performance of Transnational Advertising Agencies in Taiwan[J]. Asian Journal of Communication, 2002, 8(2): 100 - 123.

为外资进入中国的门户的香港，其中心性却随着内地市场的开放而相对降低。但随着粤港澳大湾区的经济一体化，香港与广州、深圳等地人才、资本、信息的交流日益频繁，区域内广告企业间的相互投资逐年增加。

而在中国内地，随着经济改革的深入，全国性的经济活动进一步扩大，各地的人才、资金进一步向长三角、珠三角、京津冀三大都市圈集中。中心城市的制造业进一步外移，现代都市产业功能得到进一步增强，包括广告业在内的生产服务业迎来了更大的发展空间。以上海为代表的全球城市，对跨国广告公司和国际广告人才而言，被视作是进入中国内地最初的门户，而对本土广告创意人员来说则是与世界接触最为便捷的窗口。因此，上海一方面是国内外广告公司的集聚所形成的巨大的产业中心城市，另一方面则是“社会主义市场经济”环境下的计划经济残余——较高的行政壁垒、社会对法律和制度的信任度仍然较低。这就为既熟悉国际广告生产规则又熟悉中国本土文化的广告人才提供了广阔的空间。无论是早期的香港人、台湾人以及海外华人，还是近年来的归国留学生和有海外企业任职经验者，均为中国广告业的发展提供了源源不断的动力。

总之，经济活动的全球化和信息革命所带来的广告业环境的变化，以及中国改革开放所带来的市场扩张，均使得“大中华区”广告业生产网络得以重构，并推动上海成为最重要的生产节点。具体而言，以欧美为中心展开业务的 4A 广告企业重心逐渐东移，成为中国广告业的主导力量，极大地促进了“大中华区”广告企业网络的形成与扩大。在此过程中，借助其企业内外部的资本和人才流动，跨境的信息和知识交换非常频繁。同时，改革开放的深入，也使外资广告公司进入中国市场的规模及形态发生了变化，上海在资本、客户、制度、人才等方面的优越条件使其成为很多不同类型的外资广告公司的首选城市。这些因素共同推动了“大中华区”广告生产网络的形成，并塑造了其多重的网络结构特征。

第五节　小　结

随着中国东南沿海城市逐渐步入后工业社会，在经济全球化和文化全球化的冲击下，如何从文化创意的视角理解城市新经济的发展正成为广受关注的课题。现代商务服务业有着与传统产业截然不同的产业结构和产业生态，具有顾客导向、强集聚性、高人力资本含量、重视创新创意等特点。因此，一方面各地方政府通过积极完善基础设施，提供适合知识型人才和创意活动的制度保障，以提振产业活力；另一方面，由于现代商务服务业高度融入全球生产网络，使大量跨国企业集中的世界城市在全球城市网络中的地位更加提高，本地中小企业在与国际跨国企业的合作、交流以及竞争中也得以迅速成长。

上海广告业的产业集聚，是在改革开放以来中国独特的制度和经济背景下形成的，具有鲜明的“全球本地化”(Glocalization)的二元特征。国际大型广告代理商主要集中在市中心，而本地中小企业分散在包括郊外在内的市区内的各地区，近年来出于政策优惠、产学合作、环境氛围等方面的考量，入驻城市创意产业园的广告企业也在增加。对于在产业生态中具备较大影响力的大型广告公司和有经验的创意人才来说，中国最大城市的上海，为其提供了接近区域内外商务资源和知识信息的便利机会；而对于大量的中小广告公司和年轻创意人员而言，本地的大量机遇带给了其广阔的成长空间。

而从全球和区域的视角来看，“大中华区”各主要城市和地区之间由跨国广告企业、创意人员和企业家所构筑的空间网络，为相互间的信息流通、业务往来、技术合作带来了极大的便利。同时，巨大的中国市场对创意人才和企业家精神的需求，无疑极大地改变了包括香港和台湾在内的“大中华区”各主要城市的广告业生态，并推动上海成为了重要的区域广告业中心城市。

第五章

从宜居宜业到宜游宜乐：都市新城区公共文化设施的文旅融合实践

第一节　城市空间的公共文化服务体系与旅游公共服务体系

中国的城市发展已经进入了新时期，由重视物质和实体空间的规划和建设向城市文化和精神塑造转变。[1] 随着我国城市居民生活水平的日益提高，对城市空间的需求也逐渐从传统的生产型环境向休闲型环境转变。相较于传统的生产型环境，休闲型环境更加注重基于个人感官的“场所体验”。城市公园、创意街区以及文化建筑和场馆已成为城市空间中不可或缺的要素。其中，博物馆、美术馆、文化馆等文化场馆作为公共文化服务的重要载体，尤其在现代社会，其已经超越传统的注重收藏、保存与研究馆内资源的范畴，更侧重阐释与沟通文化，逐步将公共教育职能作为新发展语境下的努力方向。[2] 而随着城市旅游和文化旅游的发展，城市的旅游功能日益突出，文化场馆亦成为展示城市独特历史文化、提升城市文化旅游吸引力的重要载体，

---

〔1〕 张文忠. 宜居城市建设的核心框架[J]. 地理研究，2016，35(2)：205 - 213.

〔2〕 夏洁秋. 文化政策与公共文化服务建构：以博物馆为例[J]. 同济大学学报(社会科学版)，2013，24(1)：62 - 67.

其类型也逐渐从早期的政府和公共机构所有向多种所有制拓展，源自西方的包括行业博物馆、私人美术馆等多种类型的公共文化机构逐渐增多。

事实上，当代西方发达国家所制定的文化政策已越来越不再特指狭义的人文艺术政策，而是泛指那些与政治、经济、军事、外交等领域交织在一起的广义文化政策。[1] 对于不少城市而言，文化政策更是被视为推动城市更新的重要手段，即通过文化设施的营建，有助于改善衰败的内城景象，营造文化氛围来吸引投资者、创新人才以及游客。西方学者弗里斯（S. Frith）将推动城市经济发展的文化政策分为产业性文化政策（主要包括文化产品的生产和流通）、旅游性文化政策（主要包括吸引外地消费者的旅游目的地建设）以及装饰性文化政策（主要包括营造城市的文化氛围使其更具吸引力）三种。其中最重要的就是通过文化设施建设，改善城市形象，以此来吸引文化旅游和大型文化体育活动，从而带动其他行业乃至地区经济的发展。[2] 而20世纪90年代以来，以佛罗里达的“3T理论”（人才、技术、包容）、兰德里的“7要素理论”（人员品质、意志与领导素质、人力的多样性与各种人才的发展机会、组织文化、地方认同、都市空间与设施、网络动力关系）为代表的西方研究成果则是基于微观个体视角（人力资本）探讨文化政策对城市产业，尤其是创新创意产业的影响机制。[3]

一、公共文化服务体系

公共文化服务体系一般是指面向大众的公益性的文化服务体系。主要包括先进文化理论研究服务体系、文艺精品创作服务体系、文化知识传授服务体系、文化传播服务体系、文化娱乐服务体系、文化传承服务体系、农村文化服务体系等七个方面。公共文化服务体系的建设主要包括两个方面：(1) 建设公共文化服务网络，即以大型公共文化设施为骨干，以社区和乡镇基层文化设施为基础，加强图书馆、博物馆、文化馆、美术馆、电台、电视台等公共文化基础设施建设。具体包括建设一批代表国家文化形象的重点文化

---

[1] 范春燕. 解读当代西方发达国家的文化政策——西方学者对文化政策的研究及其启示[J]. 国外社会科学，2013(3)：32－38.

[2] Frith S. Knowing One's Place: The Culture of Cultural Industry[J]. Cultural Study from Birmingham, 1991(1): 135－155.

[3] 参见 Florida R. Cities and the Creative Class[M]. London and New York: Routledge, 2005；查尔斯·兰德利. 创意城市[M]. 杨幼兰，译. 北京：清华大学出版社，2009.

设施，完善大中城市公共文化设施，在巩固现有图书馆、文化馆的基础上，基本实现乡镇有综合文化站，行政村有文化活动室，在中西部及其他老少边穷等地广人稀地区配备流动文化服务车。(2) 建设公共文化服务的各项工程。一是广播电视村村通工程。二是全国文化信息资源共享工程。三是社区和乡镇综合文化站工程。建设公共文化服务体系，对于建设和谐文化、构建社会主义和谐社会具有重要的意义。

西方各国立足于自身国情，形成了不同的公共文化服务制度与模式，一般可以分为以下三种基本模式：政府主导(日本、法国)，民间主导(美国)，官民合作(英国)。而从中国的经验来看，公共文化服务供给均是在“政府主导，社会力量参与”的框架下展开的。但由于其往往是由政府部门设立，加之历史定位、空间布局、内部设施、管理机制等诸多现实性因素的影响，其本身呈现出“非完全公共领域”的形态。[1] 近年来，更多的中国学者将目光聚焦于遍布城乡的基层文化站，将其视作公共服务体系均等化的重要推动力。

在 2006 年中共十六届六中全会通过的《中共中央关于构建社会主义和谐社会若干重大问题的决定》中专门指出：“加强公益性文化设施建设，鼓励社会力量捐助和兴办公益性文化事业，加快建立覆盖全社会的公共文化服务体系。”2013 年党的十八届三中全会进一步提出“构建现代公共文化服务体系”的战略任务，2015 年颁布的《关于加快构建现代公共文化服务体系的意见》，明确了现代公共文化服务建设的总体要求、基本原则和具体举措，尤其是主要目标的确定，指明了现代公共文化服务体系建设的基本进路。可以说，随着人民日益增长的美好生活需要与发展不平衡不充分之间的矛盾使我国现代公共文化服务体系的构建被赋予了新的时代内涵和目标要求。

在国家政策动能推动、各级财政的大力保障下，我国现代公共文化服务体系在近年来得到迅速发展。尤其在城市地区，公共文化基础设施基本完备，形成了以公共图书馆、文化馆、文化站、博物馆等文化机构为核心的公共文化服务供给阵地和以文化惠民工程为中心的重点文化建设项目。但是在服务效能和民众体验方面，由于受到自上而下单向度供给和过度格式化标准化建设的影响，我国公共文化服务的内容类型与西方发达国家相比仍有较大的提升空间。因此，如何有效提升社区民众的参与度，以提升其获得感，仍是

---

[1] 蒋淑媛. 北京现代公共文化服务体系构建研究[J]. 北京社会科学，2015(1)：118－122.

我国公共文化服务体系建设中的重大课题。

二、旅游公共服务体系

与公共文化服务类似，旅游公共服务作为一种“公共服务”，具有共享性和非盈利性，即面向全体社会成员提供，并将社会效益置于首位。针对旅游公共服务体系建设，近二十多年来国内外展开了大量应用研究，在广泛借鉴了各个学科理论的基础上探讨了大量的相关问题。一般认为，旅游公共服务体系主要包括以下几种：“旅游信息咨询服务体系”是指包括旅游信息咨询（游客中心、信息亭、触摸屏、旅游地图指南信息、移动短信服务、旅游呼叫中心服务），旅游网路信息服务，旅游标识解说服务在内的一系列与旅游行业相关的服务体系；“旅游安全保障服务体系”是指包括旅游安全环境（购物、餐饮、住宿、娱乐等消费安全环境），旅游安全设施（消防安全、游乐安全、安全标识），以及旅游安全机制（旅游安全应急预案、安全求助、旅游保险）等安全保障体系；“旅游交通便捷服务体系”是指包括旅游交通通道（旅游风景道、游步道、无障碍通道、旅游专线专列、旅游观光巴士），旅游交通节点（旅游集散中心、旅游停车场、旅游站点、旅游码头、旅游机场），旅游交通服务等便捷交通体系；“旅游便民惠民服务体系” 是指包括旅游便民设施（无线网络、通信、邮政、金融等），免费游憩场所，旅游惠民政策（旅游消费券、旅游年票、旅游一卡通、特殊人群优惠等）在内的便民惠民服务体系；“旅游行政服务体系” 是指旅游行业规范与标准的制定与相关评定服务，包括旅游从业者教育培训，旅游者消费保障等一系列与旅游行为和旅游行业相关的行政服务体系。

旅游产业作为重要的纽带和桥梁，对推进城乡统筹、经济发展、社会保障、公共服务等均具有重大意义。而近年来“全域旅游”理念的提出，则成为进一步建设和完善旅游公共服务体系是其重要抓手。全域旅游是指在一定区域内，以旅游业为优势产业，通过对区域内经济社会资源尤其是旅游资源、相关产业、生态环境、公共服务、体制机制、政策法规、文明素质等进行全方位、系统化的优化提升，实现区域资源有机整合、产业融合发展、社会共建共享，以旅游业带动和促进经济社会协调发展的一种新的区域协调发展理念和模式。旅游公共服务体系建设要遵循全域旅游的发展理念，即将旅游公共服务体系建设视作一条以旅游带全产业、以景区带周边、城乡一体化协调绿色发展的有效路径。尤其是将旅游公共服务体系建设同从“景点旅游”向“全域旅游”转变的思路，以及旅游行业的供给侧改革相结合。

首先，旅游作为一种空间行为活动，是旅游者通过旅游通道在旅游客源地与旅游目的地之间的空间双向流动过程。完善旅游公共服务体系，可以有效加强城乡之间的空间联系，促进城乡之间社会文化的交流，实现城乡社会整合。其次，全域旅游的理念本身具有很强的公益性和民生性，在解决城乡劳动就业、提高城乡居民收入、改善城乡基础设施和公共服务水平等方面具有显著的效果，建设和完善旅游公共服务体系为城乡居民共同享受社会主义物质文明、精神文明、生态文明建设成果提供了有效平台。最后，作为综合性的现代服务业，旅游业横跨多个产业层面。区域旅游产业链的形成是资金、技术、信息、劳动力、土地等生产要素在某一特定空间内的大量集聚过程，以乡村旅游示范点、旅游小城镇、特色街区等为重要实现平台的全域旅游，也对旅游公共服务体系的完善提出了迫切要求。

可以说，以往的旅游公共服务体系建设大多以景区景点为中心展开，存在迫切的转型升级需求。而全域旅游涉及空间范围广、产业规模大、人员多、业态复杂，旧有的以景区景点为中心的旅游公共服务体系难以应对；原服务体系以景区为中心的相对封闭的空间形态对城乡基础设施和公共服务的提升有限，从而对城乡一体化及其社会效益的推动作用受限；原以市场为导向的旅游公共服务体系在提供公益性旅游产品、促进旅游消费及福利、提升旅游公益事业、应对突发事件等方面亟须提升；原服务体系在实际运作过程中，未能将包括游客体验在内的人的需求放在首位，尤其缺少对本地居民的兼顾。

三、主要特征与差异

由于长期分属不同的系统和条块，“公共文化服务体系”“旅游公共服务体系”一直被视作两个相互独立的个体。前者主要服务于本地居民，后者则侧重于外地游客。

因此在国内外的学术研究方面，两者也各自有着鲜明的特色。学界对“公共文化服务体系”的研究侧重于供给侧层面的投资、规划和布局，着重关注基层文化场馆设施建设。因此，对于公共文化服务体系的探讨以在宏观和中观层面展开居多。国内外对于公共文化服务体系的研究大多援引自西方的“公共领域”概念，即将公共领域视作介于公共权力与私人领域之间，具有明显的非官方性，是多人有机会参与和表达的公共空间，如剧院、博物院、音乐厅以及咖啡馆、茶室、沙龙等，均是常见的公共空间。在宏观理论层面，包括亨利·列斐伏尔、大卫·哈维、刘易斯·芒福德和爱德华·苏贾等西方经典城市理论作家，以及罗伯特·帕克、瓦尔特·费雷等城市文化生态学者，其著作均被先后引进到国内。而在中微观层面，国内规划学者、地理学者对公共文化设施的关注以物质空间为主，包括文化设施空间分布和演变、空间绩效等，普遍认为尽管近年来中国公共文化基础设施建设取得了巨大成就，但部分地区机构虚设、空转、运营成本过高等低效情形并不鲜见。[1]

而"旅游公共服务体系"更多地强调从使用者的需求与体验出发，例如关注游客行为、动机及满意度，探讨如何更好地服务于消费者。因此，旅游公共服务体系的研究主要聚焦微观理论，包括旅游满意度和感知价值的测量。满意度的测量模型主要有：基于期望未证实模型、价值模型、规范模型和绩效感知模型等。[2] 早期的研究多从认知的角度理解满意度，认为满意度是对"绩效—期望"差距的认知反应。近年来，学界开始将游客满意度理解为由认知和情感两方面共同产生的情绪或感觉，是对各种成分和特征的累积性评价。[3] 感知价值的研究主要来自于瓦拉瑞尔·泽瑟摩尔（V. A. Zeithaml）对利得的均衡定义，以及罗伯特·伍德鲁夫（R. B. Woodruff）的感知价值层次模型。[4] 一般而言，影响感知价值的变量主要有：感知质量、满意度、情感因素和目的地形象。体验质量直接影响满意度和感知价值，满意度和感知价值都直接影响行为意向。

---

〔1〕参见魏宗财，甄峰，单樑，等. 深圳市文化设施时空分布格局研究[J]. 城市发展研究，2007，14(2)：8－13；吕斌，张玮璐，王璐，等. 城市公共文化设施集中建设的空间绩效分析——以广州、天津、太原为例[J]. 建筑学报，2012(7)：1－7；何丹，金凤君，戴特奇，等. 北京市公共文化设施服务水平空间格局和特征[J]. 地理科学进展，2017，36(9)：1128－1139；郑迦文. 公共文化空间：城市公共文化服务建设的空间维度[J]. 华南师范大学学报(社会科学版)，2017(1)：164－167.

〔2〕参见 Yoon Y, Uysal M. An Examination of the Effects of Motivation and Satisfaction on Destination Loyalty: A Structural Model[J]. Tourism Management, 2005, 26(1): 45－56; Del Bosque I R, Martín H S. Tourist Satisfaction a Cognitive-Affective Model[J]. Annals of Tourism Research, 2008, 35(2): 511－573.

〔3〕Rojas C, Camarero C. Visitors' Experience, Mood and Satisfaction in a Heritage Context: Evidence from an Interpretation Center[J]. Tourism Management, 2008, 29(3): 525－537.

〔4〕Woodruff R B. Customer Value: The Next Source for Competitive Advantage[J]. Academy of Marketing Science, 1997, 25(2): 139.

另一方面，旅游公共服务体系建设由于从未纳入国家基本公共服务规划范围，因此在其范围、标准、财权事权划分以及政策供给等方面并不明晰。旅游公共服务体系的定义和范畴往往在各地存在较大差异，也较少受到旅游行业以外的关注和支持。我国目前的旅游公共服务体系建设大多是为了改善区域旅游环境、扩大景区吸引力以招揽更多的游客，具有明显的地域性和经济效益指向性，这也导致地方政府及其他公共部门在旅游服务设施的建设中具有很强的“企业”性质。而伴随着“以人为本”的全域旅游理念，公共部门未来将在更多关注居民的旅游体验的基础上提供尽可能高质量的旅游公共服务。

第二节　文旅融合实践的案例研究

一、文化与旅游公共服务融合路径初探

自 2018 年文化和旅游部组建以来，通过公共服务融合发展促进文化和旅游高质量发展的重要性已经得到了社会各界的广泛认同。与产业层面的融合一样，协同推进公共文化服务和旅游公共服务，被从中央到地方的各级政府视作深化文化和旅游融合发展的重要内容。

伴随着旅游活动的大众化和普及化，本地居民和外地游客之前的界限越发模糊。从城市空间的建设和营造越来越注重民众体验和赋能美好生活的角度来看，良好的文化体验和旅游体验均是提升人民幸福感的重要渠道。

事实上，从近几年的实践来看，不少优质的公共文化服务，不仅能够满足本地群众的基本文化需求，而且也能够满足游客体验异地文化的旅游需求。由于不少城市的公共文化资源均或多或少存在相对闲置的问题，因此可以通过适当增加面向外地游客的服务以增加设施的利用率，从而寻求公共资源社会效益的最大化。

首先，全国各个城市均在致力于打造“15 分钟文化圈”，藉此推动公共文化服务体系的完善。2015 年 1 月印发的《国家基本公共文化服务指导标准》对读书看报、收听广播、观看电视、观赏电影、送地方戏、设施开放、文体活动七大项基本服务项目和文化设施、广电设施、体育设施、流动设施、辅助设施五大类设施作出了明确规定。在这一顶层设计下，基本公共文化服务标准

化、均等化建设得到加强，尤其是公共文化资源配置进一步向基层倾斜。2012年以来，在地市级层面，中央财政投入16亿元支持214个地市级公共图书馆、博物馆和文化馆新建和改扩建，满足城市公共空间的供给。但另一方面，不少城市的文化场馆、休闲广场仍然存在大而无当、文化休闲功能发挥有限的问题，因此如何形成文化元素和群众参与的有效聚集，展现城市特有的文化风貌和文化包容性，将成为今后城市治理者所关注的重要课题。在区县一级，在原文化部等五部委联合印发的《关于推进县级文化馆图书馆总分馆制建设的指导意见》的推动下，很多区县已经初步建成了功能完善、运行有效的图书馆、文化馆总分馆体系；在乡镇一级，借助中央财政为乡镇文化站和城市社区文化中心（文化活动室）拨付的专项资金，很多地方已建成布局合理、功能配套的基层综合性文化服务中心，但同样存在利用效率不高的问题。在此背景下，通过引进旅游服务项目和设施，能够带动本地公共文化服务设施的高效运营。

其次，近年来旅游界提出的“全域旅游”理念，更是为文化与旅游公共服务体系的融合提供了新的机遇。根据国务院办公厅2018年3月印发的《关于促进全域旅游发展的指导意见》，全域旅游应着力推动旅游业从门票经济向产业经济转变，从粗放低效方式向精细高效方式转变，从封闭的旅游自循环向开放的“旅游＋”转变，从企业单打独享向社会共建共享转变，从景区内部管理向全面依法治理转变，从部门行为向政府统筹推进转变，从单一景点景区建设向综合目的地服务转变。换言之，“全域旅游”时代的旅游公共服务体系，也不再单纯地面向外地游客，而是尝试建立起服务于城市居民自身的文化旅游消费的主客共享的公共服务机制。

因此，下文我们将以南京市的新中心城区——建邺区为例，分析都市新城区公共文化设施的发展路径和演化模式。近五年来，全国各省市自治区均自上而下地积极推动了公共文化服务体系与旅游公共服务体系的融合。南京市建邺区作为较早推动文旅融合的地区之一，其公共文化设施的发展经验也能够为今后其他地区的文旅融合提供借鉴。

二、研究对象与数据来源

建邺区是南京市的中心城区之一，面积约80平方公里。2017年末全建邺区常住人口47.26万人，其中户籍人口331 689人，总户数119 213户，全区城镇居民年人均可支配收入53 215元，年人均消费支出31 418.9元，居民文教娱乐支出占家庭消费支出比重18.1%，恩格尔系数24.9%，在南京各区中居中上水平。

截至2018年，建邺区内有国家级文化设施4个（南京奥林匹克体育中心、南京国际博览中心、侵华日军南京大屠杀遇难同胞纪念馆、云锦博物馆）、省级文化设施1个（江苏省科学历史文化中心）、市级文化设施1个（金陵图书馆新馆）、区级文化设施2个（区文化馆、区图书馆）、文化产业园2个（南京国家广告产业园、江苏银坤西祠文化产业园）。此外，还有一批重要的文化场馆和城市生态公园。根据建邺区官方发布的数据，全区文化娱乐机构155个、广播电视节目制作经营单位31家、街道文化站6个、社区文化室55个、示范文化广场1个、特色文化广场8个、中小型文化广场40个，基本建成了覆盖全区的公共文化服务体系，每万人拥有公共文化设施面积达到了1 400平方米，社区文化室建成率达到了100%。队伍建设方面，有区级社区文工团1个，民间特色演出团队210个，有音乐、舞蹈、摄影、美术书法、戏剧曲艺、民间艺术家等协会6个。此外，2005年中华人民共和国第十届运动会、2013年南京亚洲青年运动会和2014年南京青年奥林匹克运动会的主赛场及开、闭幕式的举办地点均在建邺区内的南京奥林匹克体育中心。

研究主要包括二手资料和深度访谈。二手资料的收集主要包括统计年报、规划文本以及政府工作报告等。统计数据主要来自《南京统计年鉴（2006—2016）》《建邺年鉴（2008—2015）》等。而相关规划及年度工作总结主要包括《南京市建邺区总体规划》《建邺区文化事业"十三五"发展规划》《建邺区文化产业"十三五"发展规划》《建邺区"十三五"旅游发展总体规划》《新城科技园"十三五"产业发展规划》《南京江东中央活动区"十二五"产业发展规划》《建邺区国民经济和社会发展统计公报》《南京市建邺区文化旅游局政府信息公开年报（2006—2017）》等。而通过对建邺区政府、文化旅游局等政府部门的访谈，着重了解建邺区文化政策和旅游政策形成与发展历程、总体概况、相关政策与制度支持、发展目标与规划等；通过对部分文化旅游场所负责人的访谈，了解涉及文化场馆建设和运营主体、发展现状、与其他文化场馆间的互动等。其中访谈对象有区政府行政人员（A）、文化场馆管理人员（B）、当地居民（C）、外地游客（D），如表5.1所示。其中A和B是本文研究对象的主体，通过滚雪球的方式，直至信息饱和。

表 5.1　建邺区访谈样本基本信息

编号	性别	所在单位
A1	女	区文化旅游局(原文化局)
A2	女	区文化旅游局(原文化局)
A3	男	区文化旅游局(原旅游局)
A4	男	区江东办
A5	男	区发改委
A6	女	江心洲街道
B1	男	江东门纪念馆
B2	女	云锦博物馆
B3	女	保利大剧院
C1	男	本地市民
C2	女	本地市民
D1	女	安徽游客
D2	男	省内游客

第三节　制度变迁视角下城市文旅空间的形成

一、制度变迁理论在城市研究中的应用

作为新制度经济学重要的理论之一，制度变迁是制度创立、变更及随着时间变化而被打破的过程，实现这一过程的方式就是制度变迁方式。[1] 道格拉斯·诺思(D. C. North)的制度变迁理论是由以下三个部分构成的：描述一个体制中激励个人和团体的产权理论；界定实施产权的国家理论；影响人们对客观存在变化的不同反映的意识形态理论。而制度的构成要素主要既包括法律、规章等正式制约，也包括习俗、宗教等非正式制约，同时还包括这一系列制约的具体实施，这三者共同界定了社会的尤其是经济的激励结构。可以说，所谓的制度变迁是指一种制度框架的创新和被打破。

---

〔1〕 道格拉斯·C.诺思，等.制度、制度变迁与经济绩效[M].杭行，译.上海：格致出版社，2014：6－7.

对于城市研究而言，制度变迁总是涉及不同的主体国内外研究主要关注了中央与微观主体之间二元博弈，或中央、地方和微观主体之间的三元博弈过程。国外不少学者在对中国改革开放后的政治经济研究中，往往将地方政府视作一个企业或称其为“开发型政府”[1]，这一视角使得“制度”成为城市规划和管理过程中可以被规范分析的范畴，许多我们以前无法理解的经济现象，都可以从制度经济学的角度找到合理的解释。

事实上，近年来，西方的城市经济和城市规划的研究早已不再局限于研究政策现象和进行政策评估，而是开始将政策本身作为经济社会变迁的一个动因进行分析[2]，这就需要对制度变迁主体的角色定位和角色转换展开系统的分析。而从中国近年来城市空间发展演化的主要特征来看，路径依赖与政策驱动作为两种最为典型的情形，在其中扮演了极为重要的角色。这其中，既包括地方既有社会经济特性所具有的惯性，由于路径依赖效应、协调效应、适应性预期和既得利益约束，社会经济和技术系统会沿着既定的方向而不断自我强化，也包括特定条件下尤其是在城市管理体制改革、文化管理体制改革、国有企业改革等一系列背景下不同主体主导下的“制度创新”。

二、强制性制度变迁：区划调整与河西地区的城市开发

建邺区原先的位置在南京城区西南部，是南京市的 6 个老城区之一。为加快南京的现代化建设，拓展城市空间，南京市于 2002 年实施了大规模的区划调整，将河西新城的主体部分划入建邺区。同时，建邺区的原老城区部分划出。此后，又经过多次局部区划调整，形成了目前 6 个街道(莫愁湖街道、沙洲街道、双闸街道、江心洲街道、兴隆街道、南苑街道)的格局。尤其地处河西新城的江东地区，属于建邺的老城区，是历次区划调整和开发遗留下来的“城中村”，整体功能单一、配套落后、面貌破旧，这与建设河西现代化新城的目标定位不太相称。

在开发初期(2005 年以前)，南京市政府着力建设沿河高新技术开发产业带、沿江旅游休闲带的“两带一沿河”区域。尤其以 2005 年 10 月在南京召开的第十届全国运动会为契机，位于建邺区内总占地 1 600 亩的奥体中心，以

---

[1] Walder A G. Local Governments as Industrial Firms: An Organizational Analysis of China's Transitional Economy[J]. The American Journal of Sociology, 1995, 101(2): 263.

[2] 范帅邦，郭琪，贺灿飞. 西方经济地理学的政策研究综述——基于 CiteSpace 的知识图谱分析[J]. 经济地理，2015，35(5)：15－24.

及包括地铁一号线在内的一系列市政工程在这之前完工，极大地推动了河西新城开发的进程。尽管商务区、商业区、居住片区尚未建设完成，但以奥体中心为核心的体育文化项目已经汇聚了奥体场馆、艺兰斋、江苏剧院、滨江第壹区、城市规划设计园的项目。

在确定河西新城的基础设施基本完善之后，如何促进该地区城市功能转变，带动城市经济发展，逐渐成为了南京市政府和建邺区政府的新课题。其间，建邺区多次对原有的商业街区进行改造升级和亮化建设。2006 年开始，南京市政府和建邺区政府选择了集中打造城市功能区的做法，将原来的南湖商业建设管理办公室更名为江东商贸文化旅游区建设管理办公室。在此期间，为响应江苏省和南京市政府"保增长、促转型"、建设全省现代服务业核心区的战略要求，建邺区政府还引入了中央活动区（CAZ）的理念，成立了"江东商业文化旅游中心建设指挥部"，对江东 CAZ 进行策划和城市设计，突出商业、商务和旅游功能。专门组织各方面专家制定了《南京江东中央活动区"十二五"产业发展规划》，在借鉴国内外中央活动区理念的基础上，希望能够推动新城经济的多样化和商务、文化的繁荣。"其实就是想效仿上海徐家汇的做法，即政府推动、企业集聚的方式，重点打造江东路（北至汉中门大街一南至江山广场）沿线以及向周边辐射的江东商业文化旅游片区、CBD 片区、会展中心片区的夜景观，对道路、绿化带、广场、建筑物、户外广告和店招进行夜景观规划设计和建设。"（A4）

随着西方城市经济多元化发展，传统意义上的中央商务区（CBD：Central Business District）开始逐渐向注重多功能城市中心的中央活动区（CAZ：Central Activities Zone）发展，强调城市中心应当是集中了金融、商务办公、文化、旅游、创意产业等多种主体功能并配套酒店、公寓、休闲娱乐的混合中心区域。[1] 但建邺区江东 CAZ 片区的发展并未完全按照这一模式展开。

2011 年 12 月，将原有的南京江东商业文化旅游中心区建设管理办公室更名为江东商贸区管理委员会。更名的背景很大程度上还是因为南京市政府将建邺区定位为现代化国际性城市中心。围绕这一定位，建邺区政府提出打造"一地五中心（泛长三角区域金融中心、长三角区域创意中心、南京都市圈会议展览中心、文化体育中心和商务商贸中心）"发展战略。"这样一来，旅

---

〔1〕 参见张庭伟，王兰. 从 CBD 到 CAZ：城市多元经济发展的空间需求与规划[M]. 北京：中国建筑工业出版社，2011.

游的重要性都相对降低了。”(A5)

2012年编制的《南京市建邺区总体规划(2010—2030)》将建邺区定位为“南京都市圈重要现代服务业中心和现代化城市新中心”,具体的城市职能为:(1)都市圈层面的以金融商务、文体会展、休闲为主的现代化服务业中心;(2)市级的国际性新城区的展示地区(以青奥会为契机,提高建邺区的国际性形象和品质);(3)市级的高品质的滨江休闲、亲水、旅游的滨江圣地,彰显滨江特色;(4)重要的宜居宜业的新城区。

与江东区域同时进行的,则是江心洲的转型。在建邺区旅游发展转型的过程中,省市政府对江心洲的战略调整起到了至关重要的作用。自1997年开始,江心洲提出了把旅游业作为主导产业发展的思路,以田园风光、大江风貌的资源为基础,举办了多届“葡萄节”“江鲜美食节”“新春农家乐”等活动。2011年以后,岛内将发展集环保科技服务业、新能源服务业、现代农业服务业、生态旅游、文化创意、商务休闲、生态居住等功能于一体的“生态科技城、低碳智慧岛”。原有的农业旅游功能尽管仍然保留,但相对淡化。其中最具有标志性的是自20世纪末开始持续多年的“江心洲葡萄节”于2017年不再举办。

三、诱致性制度变迁:文化创意产业园区及其政策

但正如上文所描述的那样,仅仅在政府主导下的土地开发和规划建设不可能实现真正意义上的产业集聚和文化繁荣。因此,如何推动地方文化事业,吸引更多文化企业进驻,并带动旅游业的发展,成为建邺区政府的重要课题。

南京市政府和建邺区政府先后打造了包括新城科技园、国家广告产业园、中国南京游戏谷、软件信息产业园、建筑规划设计产业园在内的文化创意产业园区,通过以相对低廉的租金和优厚的条件吸引文化创意产业。包括对认定的国家级、省级、市级文化产业园区,以及重点推进项目给予20万~50万元不等的财政补贴;资助文化产业园区和文化企业建立的文化创业孵化器、公共技术平台、投融资服务平台等公共服务平台;以及吸引文化产业领域人才进驻的人才政策。

近年来,新城科技园尤其聚焦游戏动漫产业发展,致力于打造“建邺河西影音游戏广告功能区”,力争成为全市游戏产业发展的核心区域。目前,园区拥有国内技术最先进的数字文化公共技术服务平台,引入国家高新游

戏动漫孵化中心和中国（南京）游戏谷创客空间，初步形成从测评、上线、运营到推广的一整套产业服务体系，能够为企业提供完善的技术服务和平台支撑。

《建邺区文化产业“十三五”发展规划（2016—2020）》专门强调，加快推动建邺区内创意设计业、网络传媒业、演艺娱乐业、文体休闲业、广告产业、文化旅游业、会展博览业等形成相对高辨识度的产业园区。加快发展建邺区文化企业总部经济区，在空间上形成主题性文化产业带。“现在区里还是很重视文化产业的，毕竟占GDP的比重很大，每年都在8%以上，去年达到9.4%，将近10%。只要区领导重视，发改委就跟着出台相应的政策。无论是区领导还是市领导，都多次强调我们区的产业经济要以金融服务、高端商务为引领，以广告创意、游戏动漫等新兴产业为支撑。所以在招商引资方面我们也朝这方面倾斜。早期我们依托国家级广告产业园，引进了不少广告企业，包括大贺传媒这样的知名企业，也举办过国家级的广告文化节。但这些年广告产业面临一个转型的问题，很多中小广告企业难以为继就离开了。现在我们可能更重视动漫产业和游戏产业这一块。”（A5）

此外，由江苏省文化投资管理集团有限公司投资的“紫金文创园”位于南京绿博园内，主要是以文学、工艺、美术、文化创意为主的原创设计研发中心，包括江苏省文化产权交易所，以融资租赁、艺术品拍卖为主的艺术金融服务中心，以及以重大文化活动为主的展览展示中心。

在诸多的政策和规划文本中，均强调“伴随着旧城改造和城市更新，也在谋求新城市街区与传统文化有机融合的道路”。但在我们的访谈中，很多市民对普遍认为新城区缺乏的城市空间和城市氛围仍然不甚满意。“其实就我的个人感受而言，河西比不上南京老城区那么有文化氛围，南京其实是个很有传统很有味道的城市，但在这里找不到。就拿路名来说吧，一看就是随意起的，没什么韵味。早几年这里就像一个大工地，到处都是钢筋混凝土，现在稍微好些了。这儿的优势是交通便利、设施先进，就是感觉少了点人情味。”（C1）“就算是节假日，感觉这边（绿博园附近）人都不是太多，没有一点市中心的样子。可能还在开发过程中吧，以后应该会更繁荣一些。”（C2）

第四节 嵌入性文化政策扶持和旅游市场开发

一、嵌入性理论

嵌入性理论作为连接经济学、社会学与组织理论的桥梁，受到了西方经济学、社会学、政治学以及地理学者的广泛关注。“嵌入性”(Embeddedness)最初是1944年由英籍匈牙利政治经济学和经济史学家卡尔·波兰尼(Karl Polanyi)在其重要著作《大转型：我们时代的政治与经济起源》中所提出的概念，用来表示嵌入社会群体或多重社会关系网络的行动者较之未嵌入地域社会网络的行动者所面临的不同资源和制约。1985年美国经济社会学家马克·格兰诺维特(Mark S. Granovetter)进一步继承和发展了波兰尼的嵌入性概念，提出经济制度并非自发形成，而是在社会、政治、市场以及技术等的约束下社会建构的产物。换言之，所有的经济活动的经济形式和行动逻辑深受地方因素所影响，其嵌入性的高低也将直接影响行为主体的价值取向和行为逻辑。[1]

在此基础上，后人的研究主要关注组织个体经济行为与其外部社会环境之间的关系，包括环境嵌入、政治嵌入、制度嵌入、社会嵌入等。[2] 对于城市和区域而言，“嵌入性”的研究有助于解释地区发展的差异性。[3] 同时，一些研究还将嵌入性理论对接到地方政府的发展策略中，提炼出区域政治经济管理者的一般行为逻辑。[4] 地方政府所嵌入的政治经济制度中的激励和约束机制，决定了地方政府会采取何种策略与外来经济体进行耦合。另一方面，国家政府的自上而下的中央政策往往具有规范性、科学性以及普遍性原则，

---

[1] Granovetter M. Economic Action and Social Structure: The Problem of Embeddedness[J]. American Journal of Sociology, 1985, 91(3): 481－510.

[2] 参见 Hagedoorn J. Understanding the Cross-level Embeddedness of Inter-firm Partnership Formation[J]. Academy of Management Review, 2006, 31(3): 670－680; Zukin D. Structures of Capital: The Social Organization of the Economy[M]. Cambridge, UK: CUP Archive, 1990.

[3] 程遥，赵民. 论现代制造业的生产组织与“城市—区域”空间演变的关联性——“网络”和“嵌入性”双重理论视角研究[J]. 城市规划学刊，2015(6): 20－29.

[4] 刘逸. 关系经济地理的研究脉络与中国实践理论创新[J]. 地理研究，2020，39(5): 1005－1017.

嵌入到地方实施过程中往往也会遭遇多元化、特殊性以及“落后的”地方性知识的对抗，导致政策的变通执行。[1]

二、文化政策的不同空间尺度

经过十多年的发展，建邺区在2010年以后陆续形成了多个重要的文化地标建筑。众多的文化场馆和设施往往存在着不同的上级主管部门。江苏省、南京市两级分布在建邺区内的公共文化设施包括南京奥体中心、金陵图书馆、保利大剧院、青奥博物馆、养墨堂美术馆、江苏大剧院、博览中心等。在区级层面，则主要是建邺区文化艺术中心和新图书馆；在街道层面，则是较为完善的街道文化站；在社区层面，一律建成社区文化室和共享工程电子阅览室。“我们多次开会讨论了文化品牌创建工作，包括开展调研论证，邀请了市旅委专家、大学教授，还有文旅企业代表。虽然说江东门纪念馆、奥体中心的人流量大，是最重要的文化场馆，但区内最独特的还是云锦文化资源，所以一开始我们是打算围绕云锦文化资源，发展商贸、旅游、创意以及产业生产。但后来云锦研究所卖给民营企业了，我们也就逐渐提得少了。”(A1)“其实现在区里的主要场馆都是省里、市里的，不归我们区政府管，但我们和他们有很多的合作协议，比如帮他们做营销做宣传，他们那里也是我们办很多文化活动的主要场所。我们组织人过去，他们一般会给优惠。”(A1)

保利大剧院于2014年落户南京，由中国保利集团公司投资打造。而由江苏省文化投资管理集团投资和运营的江苏大剧院则于2016年正式开业。相较而言，江苏大剧院更强调以社会效益为首位。“我们两个类似的大型演出场所直线距离不过两公里，不到两三年时间同时开业，这在当时确实有不小的争议。不过这是南京的新CBD，高收入群体、高知群体相对集中，也还是可以理解的。就经营状况而言，我们(保利大剧院)还是要好些，江苏大剧院可能更多地还是政府部门在后面支持，剧目数量也相对有限，到现在(4月)全年的剧目还没有排出来。”(B3)

与江苏大剧院和保利大剧院不同的是，侵华日军南京大屠杀遇难同胞纪念馆(以下称江东门纪念馆)的发展则更多受到宏观国家政治环境的影响，尤其与党和国家领导人的意愿密不可分。建立于1985年8月，是中国第一座

---

[1] 钟兴菊. 地方性知识与政策执行成效——环境政策地方实践的双重话语分析[J]. 公共管理学报，2017，14(1)：38－48.

抗战类纪念馆。从2014年12月13日起，江东门纪念馆作为南京大屠杀死难者国家公祭仪式的固定举办地，愈发受到国内外的高度重视。2015年12月三期工程完工后，总占地面积10.3万平方米，建筑面积5.7万平方米，展陈面积达2万平方米。“三次扩建以后，我们不仅仅是面积扩大了，环境改善了，更重要的是整个知名度和过去大不相同了。现在这里越来越成为了国内外游客来南京必到的地方。很多中小学和高校都把我们这里作为重要的爱国主义教育基地，而且这个范围是全国性的。”(B1)

另一方面，建邺区的社区公共文化服务近年来一直受到上级主管部门的重视和赞誉，在全市乃至全省都处于领先地位。其打造的“10分钟文化圈”形成了三级公共文化服务网络，包括区文化馆、区图书馆以及街道文化站(室)。其主打品牌“精彩365，快乐每一天”自2011年创立以来，每年投入365万元经费用于活动开展、基层创建、群众文化创作三个方面，年均开展活动750场以上。在“精彩365，快乐每一天”的基础上，最近这两三年，建邺区文化旅游局又陆续推出了建邺剧场、仲夏夜音乐节、拾穗夏令营、童眼看建邺、真人图书馆等项目。按照官方的说法，“是对原有品牌的继承和发扬，围绕建邺现代化国际城市中心的定位，呼应新城更年轻更多元更优质的公共文化服务产品，让当地群众享受区域经济社会发展的文化红利”[1]。比如兴隆街道建立了南京首家街道国学馆，开设了国学大讲堂、国学沙龙室等功能室，定期邀请国学名师为居民开设讲座，组织艺术沙龙进行琴棋书画等活动交流。“相较于其他城区，建邺区的市民结构更加年轻化和多元化，这就要求我们不断推出一些适合当下年轻人的文化服务和文化产品。‘国学’一直是一个热点，而且也符合上面的主旋律，所以我们也给了一定的支持，还请媒体大力宣传。国家的要求是‘15分钟文化圈’，但我们这里可能已经能达到‘10分钟文化圈’，也就是说网点的密度更高。”(A1)

但也正是如此，建邺区的社区公共文化服务体系受到了各界包括学界的广泛关注，甚至有不少地方前来学习取经。但批判的声音同样存在。一些学者认为，地方政府在充足的财政经费保障下通过严格的绩效考核机制，打造了完备的区、街、社区的三级(或四级)公共文化设施网络，并详细规定了每一级网络中文化设施的数量和类别。然而，在制度考核的重压下，街道和社区基层虽着力建设多功能文化活动室，但因人力、物力和财力有限，以及在思想

[1] 仲夏夜音乐节送上多元文化大餐[N].南京日报,2017年8月28日.

上并未真正重视文化设施对居民生活的重要意义，它们实际上采取了拷贝极其相似的多功能场馆的方式来“应付”上级检查。[1]“但毕竟我们的经费也比较有限，为了节省成本，不同社区邀请了相同的文艺团队来演出同样的节目。包括一些国学大讲堂、国学沙龙、艺术沙龙往往相对重复，而且年轻人似乎兴趣也不是太大。”（A2）“真正我觉得值得表扬的是这些年推动的图书馆分馆和阅读空间的建设，这个我们算是开创了先河，而且种类多种多样，有24小时自助阅读空间，也有开在万达希尔顿酒店内的阅读空间，既能够让本地居民享受到更为便利的文化服务，也能让外地游客感受到我们城市的文化氛围。”（A1）

而伴随着江心洲生态岛的开发，社区公共文化服务体系也日趋完善。原有的面向岛外游客的“江心洲葡萄节”于2017年被面向岛内居民的“洲岛艺术节”所取代。“我们（江心洲街道）去年和南京艺术学院签了‘洲岛艺术节’合作协议，包括举办露天电影节、文化艺术节等等。更重要的是，我们是要借助南艺的资源和平台，通过艺术讲座、兴趣班等形式，对全洲的干部和群众进行文化艺术的培训，提升文化素养。”（A5）

三、市场机制影响下的文化场馆开发和转型

近年来，市场机制、尤其是民营企业在文化场馆建设、旅游项目开发中所起到的作用愈发明显。原来建邺区内有一个很重要的工业旅游点，即南京卷烟厂新厂，作为一家集生产、仓储、办公、宾馆、休闲娱乐于一体的花园式现代化工厂，2005年10月经由国家旅游局验收通过，正式成为全国工业旅游示范点并对外开放。作为南京市工业企业形象的样板，包括卷烟生产线、烟草文化馆等均对外开放。2008年经国家烟草专卖局、中国烟草总公司批复同意，改制更名为江苏中烟工业有限责任公司，并于2009年9月成立董事会，12月举行挂牌仪式。公司现下辖南京卷烟厂、徐州卷烟厂、淮阴卷烟厂3家不具有法人资格的卷烟生产企业和南通烟滤嘴有限责任公司、江苏鑫源烟草薄片有限公司2个全资子公司。“公司主体变更以后，整个经营的规模和销量就变大了，他们就主动摘牌，基本上不再做工业旅游了。而且另一方面，烟草毕竟具有挺大的争议性，所以无论是省里还是市里的旅游部门，对这一块都不

---

[1] 颜玉凡. 城市社区公共文化服务的多元主体互动机制：制度理想与现实图景——基于对N市JY区的考察[J]. 南京社会科学，2017(10)：134－142.

是特别重视。”(A3)

区内另外一处重要的文化地标——云锦博物馆一直受到本地和外地游客的广泛关注。其所有者南京云锦研究所股份有限公司原先是一家国有公司，也是“人类非物质文化遗产代表作名录——南京云锦技艺”的申报主体。2005年以1.35亿元的价格被民营的维格娜丝时装股份有限公司收购。“我们扩建了原有的场馆，本来打算建一个符合云锦特色的红色墙体，后来南面的江东门纪念馆认为和他们想要的环境氛围不符，市里面建设部门干预，就只好改成了现在的样子。但由于在江东门纪念馆附近，所以有不少外地游客会顺路过来一下，为了迎合很多外地游客的购物需求，我们开发了不少相对便宜的云锦纪念品。”(B2)

而在近几年的文化场馆和文化旅游开发中，地产企业则起到愈发重要的作用。华侨城在长江夹江东岸线打造欢乐滨江项目，以文旅商业综合体为目标，总投资规模近250亿元。同样，江心洲的文化旅游开发也完全交由地产企业来完成。新加坡南京仁恒旅游发展有限公司是仁恒置地集团旗下的子公司，投资超百亿元大手笔打造以明文化为主题的文化旅游产品——南京大明文化旅游度假区。“他们这个被列入了2016年江苏省重大项目及国家发改委、国家旅游局2016年全国优选旅游项目，正在建设一些文化演艺和科普教育的场馆。另外原来的一些基本农田经过批准以后流转为一般农田，这样就可以做一些经济作物，开发一些休闲农业。”(A3)

四、政府主导下的“会奖旅游”和“研学旅游”的嵌入性开发

伴随着建邺区的城市开发和建设，以及省市政府对建邺区定位的转变，建邺区的旅游开发也经历了一定程度的转型。莫愁湖公园作为南京代表性的江南古典名园之一，也是早期区内为数不多的游憩场所。但自20世纪50年代整建开园以来，长期以来缺乏系统性的整修。2010年以后公园划归建邺区管理后，地方政府委托城建公司根据实际情况进行勘察、调研，才最终形成完整的园林景观环境改造提升工程方案。

事实上，建邺区早期的旅游规划更多地依托长江(包括江心洲)展开。作为两年一度的南京世界历史文化名城博览会的一部分，建邺区政府与江苏省旅游局于2006年打造了“南京长江国际旅游节”这一品牌，具体包括“激情长江夜”国际音乐烟花晚会、“水木秦淮”南京龙舟赛、文化遗产保护与旅游发展国际研讨会、长江美食节、欧洲之星嘉年华、长江风光游等活动。其间美国密

西西比河流域四个州的代表团来宁，与南京市旅游园林局、建邺区政府签署了合作协议，有意联手举办“两河流域旅游文化节”。但由于种种原因，2010年以后，“长江旅游节”并未能够继续延续下去。“我们曾经试图打造过长江旅游带，最后效果不是太理想。当然原因是多方面的，有管理体制方面的问题，也有上层领导的意愿。最初是想充分激活投资巨大的绿博园、奥体中心一带，但后来市里思路改变了。一方面是因为这里兴建了很多文化场馆，有政府的，也有开发商的，加之江东门纪念馆能不能作为旅游景点都存在争议。”(A1)

在此背景下，2010年以后，建邺区地方政府在旅游宣传的时候更多强调其在交通、文化等方面的优势，发展“会奖旅游”和“研学旅游”，并藉此打造全国优秀旅游目的地，以及近年来的创建全域旅游示范区。根据“建邺区‘十三五’旅游发展规划”，提出将云锦博物馆、侵华日军南京大屠杀遇难同胞纪念馆、莫愁湖等景区纳入江东CAZ一并打造，再按高起点、高标准进行整体规划设计，确定鲜明的主题，举办国际和平节，树立特色旅游品牌。“实事求是地讲，我们区的旅游资源其实相比较周边的秦淮、玄武甚至江宁都是比较一般的。江东门纪念馆更多的是政治场所，奥体中心主要还是举办赛事，真正意义上的旅游景点也就是莫愁湖公园。所以我们的很多规划往往都是停留在纸面上，真正意义上付诸实施的并不多。上面(市里)是想创建全域旅游示范市，就要求每个区都要创建全域旅游示范区，但考虑到我们的实际情况，旅游业占比太小，所以还是主要依托文化场馆和体育设施。”(A3)

而另一个对建邺区旅游发展起着重要影响因素的就是2015年底原建邺区文化局与原建邺区旅游局正式合并为建邺区文化旅游局，以此为契机，进一步推动了文化旅游的发展。2018年4月建邺区专门召开了文化旅游工作大会，对标杭州江干区和广州海珠区，站在政府职能转变和机构改革的战略高度，在文旅深度融合发展上深耕细作，强调为落地会议会展送文化送演出，大力推动文化旅游事业发展，不断提升建邺文化旅游的知名度和影响力。“虽然就我们两年的实践来看，文化和旅游在工作性质上还是存在着一定差异的。体制上虽然合二为一了，但具体工作分工还是比较明确的。但作为南京的中心城区，文化旅游将来肯定是我们的一个特色，无论是我们自己，还是市里在对外营销、做旅游推介的时候，主要是打的文化牌，一般团队里都会带上包括保利大剧院、云锦博物馆等文化场馆的人，事实上也确实起到了一定作用。”(A2)

近年来，建邺区文化旅游局为了主推“会奖旅游”“研学旅游”，并形成了一些诱导性政策，包括对组织团队入住建邺区的旅游社、酒店予以一定量的财政补助，提供免费的文化场馆设施，以及相应的文化娱乐活动，由政府出资组织企业团队赴外地营销。“考虑到我们的实际情况，我们选择了更注重配套设施的会奖旅游来重点打造，这方面和南京市的其他区县相比，我们还是有些优势的。包括我们区委书记、区长在不同场合多次提出要做大做强建邺会奖旅游。建邺区正在打造‘3+3’的产业，第一个‘3’是建邺的主导产业，包括金融、文体+会展和商务商贸，第二个‘3’则是建邺的优先产业，其中就包括旅游产业。建邺区，或者说河西每年召开的高端会议很多。2005年的十运会，2008年第四届世界城市论坛，2013年的亚青会，2014年的青奥会，2017年的江苏发展大会以及一大批行业性国际会议。这就给我们发展会展旅游创造了条件。加上我们这里也建成了不少大型的博览中心、会议中心、体育场以及高端酒店，很多企业也愿意来我们这里举办包括年会在内的各种活动。”(A3)“‘研学旅游’主要还是依托江东门纪念馆来做。他们还会专门有负责的员工到全市各中小学推广‘研学旅游’项目。虽然说从旅游的角度来说他们有他们的特殊性，但确实是我们区游客量最多的点。”(A3)

事实上，建邺区作为南京的新城区，近年来也越来越多地承担了国际性的大型节事会展活动。比如为推动南京文化和世界的交流、促进南京非物质文化遗产及现代文化创意产业和国际的对接、带动南京企业迈向国际舞台，通过充分动员、整合南京的优质企业和优质资源，打造南京“文化走出去”的城市活动，开展双城文化交流主题系列活动、创意设计展、商贸洽谈会、高端教育论坛、文化创意设计考察等，这些均为建邺区推动“会奖旅游”提供了便利的条件。

同样，南京大屠杀遇难同胞纪念馆的定位同样是影响建邺区旅游发展的重要因素。包括国家公祭在内的大型活动固然为其增加了游客和知名度，但其高度的政治符号化也使其在旅游开发中始终伴随着巨大的争议性。比如是否需要开发相应的旅游商品和纪念品，至今仍然是一个极具争议的话题。事实上，在江东门纪念馆三期工程的规划设计和建设过程中，类似的争议一直持续，包括降低了江苏省电信第二枢纽工程大楼高度，通过城市规划部门说服云锦研究所放弃原有的大红色装修方案。“江东门纪念馆根本就不该被视作旅游景点，一个爱国主义教育基地，这么沉重的地方，怎么能变成休闲娱乐的地方呢？现在附近建了万达广场等好几个综合体，到了周末节假日，声音特别大，对我们纪念馆影响就很大。”(B1)“在电视上看到的大屠杀(遇难同胞)纪念馆是一个非常沉重的地方，感觉阴气比较重，没有想到居然会是这么车水马龙的地方，旁边还有这么多商场。”(D1)“作为南京人，我很难把这个地方和相对轻松愉悦的旅游联系起来。”(C2)

第五节　小　结

建邺区的案例表明，21 世纪初南京市的区划调整和河西新城的开发建设为文化场馆设施的完善以及文化旅游的开发奠定了重要基础。早期依托长江的文化节事活动开发，逐步让位于依托文化场馆以及基础设施与配套服务的文化旅游。而伴随着江东区域中心商贸区地位的确立，市场机制影响下的文化场馆开发、建设和转型则为建邺区的文化发展提供了重要的内生动力。

省市政府对该区域的定位，尤其是上级领导的态度往往是决定地方文化发展的重要因素。在建邺区的规划和建设过程中，省市政府以及建邺区政府对城市文化形象的关注，在其主导下持续的政策扶持与制度安排，乃至青奥会、国家公祭在内的大型活动，进一步增强了制度厚度，促进了公共文化服务体系的完善和文化旅游的开发。公共文化服务体系建设往往存在不同的空间尺度。包括社区尺度的基层文化站，其主要功能是通过群众自发文化活动，增加公民对于国家文化建设的认同感。而在区县尺度，地方文化场馆则更多承担了动员、组织和举办展现国家形象、城市风貌、区域活力的各种大型文化活动的职能，对地方和城市形象的塑造就更为直观。而在更大的空间尺度上的文化场所和文化设施，往往也是重要的旅游点，其主管部门不尽相同。

即便是民营企业占较大比重的文化产业，其在建邺区的集聚和发展，同样具有较为明显的政府主导的特征，与西方国家市场自发形成的文化产业集群有较大差异。不同的文化场馆和设施自身的发展和演化历程也能够在很大程度上影响整个区域的文化政策和旅游政策。

此外，尽管城市商务服务业经济的发展使得原有的旅游职能受到一定程度的弱化，但以文化局和旅游局的合并为契机，地方文化旅游部门和旅游企业共同主导下的嵌入式旅游开发和营销则为建邺区文化旅游的发展提供强力的政策和组织支持，开发了包括会奖旅游、研学旅游等产品，在很大程度上强化了当地旅游开发中的“文化”特色，提升了旅游产品供给的质量，并促进了公共文化服务体系的完善。

第六章

从旅游立市到国际合作：国际旅游目的地的打造与传播

文化作为一种生活方式属于某个具体的地方群体，文化间差异正成为文化的本质属性，并深刻影响了当代国际关系的理论和实践。[1] 在微观层面的突出表现就是，普通民众间的交往和交流在外交活动中正起着日益重要的作用。尤其是旅游活动作为当今时代传播文化价值和社会价值的主要途径，具有极大的真实性和现场感，其传播国家或地方的文化政治的作用，超过了普通大众媒体。跨国旅游迅速增长，日益成为传播文明、交流文化、增进友谊的桥梁及增强人们亲近感的最好方式。西方的旅游学界普遍认为旅游推动了世界各个不同地区的民族和文化相互碰撞和了解，消除了各个地区原本的孤立、隔阂与误解，可以从最基本的层面上促进世界和平。[2] 一方面，旅游在不同民族之间可以起到沟通文化差异、保护环境和资源、保护文化遗产等多方面的作用[3]；另一方面，旅游也为地区之间发展友好关系和创造和平提

---

〔1〕 朱莉·里夫斯. 文化与国际关系：叙事、本地人和游客[M]. 朱振明，郭之恩，译. 北京：华夏出版社，2019：187 - 188.

〔2〕 Jafari J. Tourism and Peace[J]. Annals of Tourism Research, 1989, 16(3): 439 - 443.

〔3〕 D'Amore L J. Tourism: The World's Peace Industry[J]. Business Quarterly, 1988 (3): 79 - 81.

供了一个互相都能接受的传导媒介[1]。此外，不少学者通过对观光旅游在缓和台湾海峡两岸关系、朝韩关系以及巴以关系中的作用的实证研究，认为旅游在民间和政府层面均能够有效缓解地区紧张局势。[2]

第一节 “一带一路”背景下的跨国旅游合作与“旅游外交”

一、“旅游外交”与跨国旅游合作

近年来，得益于首脑外交的推动，以及中国民众出境旅游数量的急剧增长，一系列“旅游年”“旅游节”的展开和国际合作协议的签署，“旅游外交”成为一个热门话题，在旅游业界和学界引起了广泛讨论。作为一种传播国家形象的重要手段，“旅游外交”在官方层面以旅游年、首脑互访、跨境合作，民间层面则以投资合作、文化旅游团等方式展开。[3] 我们认为“旅游外交”兼具“文化外交”和“公共外交”的特性，并且将“公共外交”“文化外交”推向了更广泛的私人领域，由各级地方政府、非政府组织、企业、个人和国际公众等构成多渠道、多样化和立体化的互动与影响，呈现出多主体、多中心的网络结构。

跨国旅游合作作为“旅游外交”的重要组成部分，受到了旅游业界和各级政府的重点关注。在 2015 年 3 月 28 日，由国家发展改革委、外交部、商务部联合发布的《推动共建丝绸之路经济带和 21 世纪海上丝绸之路的愿景与行动》中，加强旅游合作，扩大旅游规模，互办旅游推广周、宣传月等活动，联合打造特色旅游线路和旅游产品，提高沿线各国游客签证便利化水平等内容被明确提出。

一般认为，跨国旅游合作既有官方行为，也有民间行为；既是政治活动，

---

[1] Douglas P. Tourist Development[M]. 2nd ed Essex, UK: Longman Scientific and Technical, 1991: 221 - 222.

[2] 可参见 Yu L, Chung M H. Tourism as a Catalytic Force for Low-politics Activities between Politically Divided Countries: The Cases of South North Korea and Taiwan China[J]. New Political Science, 2001(4): 537 - 545; Kim S, Prideaux B. Tourism, Peace, Politics and Ideology: Impacts of the Mt. Gumgang Tour Project in the Korean Peninsula[J]. Tourism Management, 2003(6): 675 - 685; 曹正伟. 两岸旅游发展与政治关系之间的交互影响[J]. 旅游学刊, 2012, 27(11): 81 - 88.

[3] 邹统钎，胡莹. 旅游外交与国家形象传播[J]. 对外传播，2016(5): 22 - 24.

更是经济活动和社会活动。在这个意义上，从宏观层面思考“旅游外交”绝不能将其简单地视作经济合作，而必须从复杂多维的国际社会文化关系的角度出发，关注国际社会的整体利益和可持续发展，乃至整个人类社会的生活品质和文明进程。

二、跨国旅游合作展开的挑战与机遇

现代旅游活动的载体包括了游客、旅游资源与环境、配套服务设施、旅游管理服务企业、媒体与网络以及旅游目的地的社会文化环境，形成了复杂的旅游服务网络。跨国旅游合作不仅仅是各级地方政府间的合作，更是整个服务网络中各个行业、各个主体间的合作。跨国旅游合作将有助于拓展地方政府与民间社会力量的发展空间，并重构旅游系统的对外社会经济网络。

但从中国的实际情况来看，跨国旅游合作往往也面临着许多困难和障碍。由于其概念边界模糊，所以在实际跨国旅游合作的政策制定和操作层面所涉及范围相当宽泛。从现状来看，跨国旅游合作面临建立合作机制和协调政策体系两大课题亟须解决：一方面，由于旅游活动和旅游行业的综合性和复杂性，旅游政策也往往是多个政策的融合，不同部门不同政策之间往往难以协调；另一方面，20 世纪 90 年代以来，中国旅游行业的成长主要由境内旅游拉动，入境旅游和出境旅游市场虽然也增长迅速，但仍然处在相对初级的阶段，旅游从业者对跨国旅游合作普遍缺乏足够的经验，长期以来形成的对外合作与交流方式具有较强的官方色彩，社会力量的积极性未能充分调动。尤其是政府间、旅游相关企业以及多个行业协会等非政府组织之间的合作机制尚未建立。因此，就不同的旅游目的地而言，不同利益主体在跨国旅游合作推进进程中具体起着怎样的作用，又有着怎样的动因和机制，如何结合我国国情，在中央政府主导下有序和快速地推进跨国旅游合作的进程，从而服务于国家外交总体战略和“一带一路”倡议，仍然存在许多的困惑和讨论。

与此同时，“一带一路”倡议也为跨国旅游合作提供了巨大机遇。沿线国家以发展中国家为主，如何促进国民经济发展和产业升级转型是最迫切的需求。中国可以以直接对外投资等方式，帮助“一带一路”沿线国家提升基础设施和游客配套服务，提升服务业尤其是旅游服务业在国民经济中的比重。这也有助于东南亚、南亚、中亚各国加快融入大中国经济圈。同时，中国有 2.28 万公里的陆上边境线，与边境接壤国家有着较多的跨境同源民族，长期以来展开了多种多样的经贸合作与人员交流。“跨境旅游合作区”概念自 2010 年问世以来，已经被黑龙江、吉林、辽宁、内蒙古、广西、云南、新疆等沿边省区视为未来对外经济文化交往和边境旅游的发展重点。[1] 2015年《国务院关于支持沿边重点地区开发开放若干政策措施的意见》的出台，更明确提出“支持满洲里、绥芬河、二连浩特、黑河、延边、丹东、西双版纳、瑞丽、东兴、崇左、阿勒泰等有条件的地区研究设立跨境旅游合作区”。[2] 可以说，当下是自新中国成立以来我国陆路边境安全形势最好的时期，这为我国开展与边境国家的旅游合作提供了有利条件。中国与俄、蒙、日、朝、韩在东北亚区域合作的框架下，与东南亚国家在中国—东盟合作机制的框架下，以及中亚国家在上海合作组织协议框架下，均广泛地开展了双边或多边合作，其中跨境旅游合作区建设已经成为中国与周边邻国发展经贸关系、促进民间交往、加强睦邻互信的重要手段。

第二节　跨国旅游合作展开的多元主体

一、国家政府

国家政府作为“旅游外交”最重要的行为主体，起着主导性的关键作用。“旅游外交”作为一种外交方式，不可避免地受到与外国间政治经济关系的制约。事实上，由于旅游的综合属性，“旅游外交”在国家政府层面涉及多个部委办局，其中国家文化和旅游部在跨国旅游合作中居于主导地位。但由于涉及跨国合作，外交部、商务部等均起到关键作用。此外，在具体的实践过程中，发改委、财政部、住建部、国土资源部乃至地方政府、社科院等部门均有参与。尤其在中国的政治体制之下，国家领导人的态度对旅游政策经常起到至关重要的作用。[3]

近年来，G20峰会、APEC峰会、博鳌亚洲论坛等高层级会议，以及北京奥运会、北京冬奥会、上海世博会、广州亚运会、南京青奥会等大型节事活动

---

〔1〕 李飞.跨境旅游合作区：探索中的边境旅游发展新模式[J]. 旅游科学，2013,27(5)：10－21.

〔2〕 胡抚生.“一带一路”倡议背景下跨境旅游合作区建设的思考[J]. 旅游学刊，2017,32(5)：1－3.

〔3〕 Airey D, Chong K. National Policy-makers for Tourism in China[J]. Annals of Tourism Research, 2010,37(2)：295－314.

在中国举行，成功地向国际社会展示了一个日益多元化的中国。此外，在“首脑外交”的推动下，中国先后与俄罗斯、韩国、印度、丹麦等国互办国家级旅游年活动，其背后均有一定程度的政治经济利益考量。原先的国家旅游局，以及目前的国家文化和旅游部，作为具体的实施者和推动者，通过签署各种双边旅游合作文件、组织相关主题活动、进行人员交流和互访展开跨国旅游合作。近年来，我国与亚美尼亚、波兰、哈萨克斯坦、捷克、俄罗斯以及东南亚等国的旅游部门签署了多个加强旅游合作的文件。此外，策划了“丝绸之路旅游年”呼应国家顶层设计，打造了包括“美丽中国(Beautiful China)”“超乎想象的中国(China, beyond your imagination)”在内的国家旅游形象以宣传中国旅游形象，改善外国普通民众对中国的刻板印象。

二、地方政府

作为现代旅游活动的最重要载体，城市和地区的重要性愈发凸显。近年来，在国家政府的支持下，中国各大中城市正在越来越多地承担“公共外交”的职能。[1] 地方政府作为旅游目的地的直接管理者和宣传者，具有得天独厚的优势地位，能够动员当地资源和经济社会组织更好地服务于国内外游客。尤其以北京、上海、广州为代表的世界城市作为重要的旅游节点，成为外国游客进入中国的门户和国际人才最为集中的场所，这给地方政府以旅游为媒介参与国际事务提供了巨大的契机。

自改革开放以来，在以经济发展为中心的前提下，中国各地方政府依托“文化搭台，经济唱戏”的模式，将旅游业的发展视作构建地方形象的重要手段，从而更好地服务于招商引资的工作。近年来伴随着新型城镇化的推进，不少城市越来越重视展示其文化功能和社会功能，如完善城市旅游公共服务体系、举办国际性的节事活动以及拍摄城市宣传片等方式积极宣传城市形象。

但相较于西方发达国家，中国地方政府除了部分大中城市，各地政府处理跨国合作事务的经验和能力均相对有限。“城市外交”刚刚起步，很多人对其理解仍然停留在缔结“友好城市”的阶段。地方政府官员对“公共外交”有的缺乏重视，有的则缺少章法，难以形成常态化工作机制。

---

〔1〕 赵可金，陈维. 城市外交：探寻全球都市的外交角色[J]. 外交评论(外交学院学报)，2013，30(6)：61－77.

三、媒体与网络

媒体是公共外交领域最重要的部门之一，一国政府常常通过各类媒体向国外公众传递关于本国的正面信息和价值观，以及本国的文化艺术和经济社会成就。长期以来，中国的旅游形象均是通过大众传媒而在外国民众心目中生根的，长城、故宫、敦煌、马踏飞燕、熊猫、长江大桥等一系列具有中国文化名片性质的旅游符号以最为直观的形式构成了国外民众的中国印象。媒体对外既展现了东方文明古国的独特魅力，也成功宣传了中国社会主义建设的伟大成就。而伴随着互联网时代的到来，普通公众已经自觉或不自觉地广泛参与到产生国际信息流和影响流的队伍中，他们不仅是传播的接受者，也是传播行为的主体。其特征表现为：注重传播主体的多样性和民间性、交流的双向性尤其是对话与合作、“倾听”而非“独白”、“接触”而非“瞄准”、以民间团体为基础的关系网模式而非以原有的等级模式。

事实上，近年来“国家形象”问题已成为学术界热点。按照西方政治学界的国家形象理论，国家形象是图式化的，一旦人们具有了某种形象，就形成了对世界的简化和秩序的构建，并成为人们判定国际关系的重要依据。[1] 而政府和大众传媒往往是最直接展示国家形象的方式。[2]

在外国游客心目当中，中国对外的形象一直是传统、神秘的东方古国。长城、熊猫、故宫、兵马俑、黄河、桂林山水、长江三峡等自然景观与文化元素令外国游客印象深刻，尤其是长城被76%的游客视作中国的名片。[3] 可以说，正是这种不同于西方世界的“他者”形象使得境外游客对中国产生了好奇心和浓厚的兴趣。但是在大众旅游时代，对于很多年轻游客而言，旅游活动不再是单纯的猎奇观光，而是与各种各样的社会文化活动日益紧密地结合在一起。如果在时尚感和体验度方面与西方发达国家尚存较大差距，中国就容

---

〔1〕 Herrmann R K. Image Theory and Strategic Interaction in International Relations [M]//Sears D O, et al. Oxford Handbook of Political Psychology. New York: Oxford University Press, 2003.

〔2〕 参见荆学民，李彦冰. 政治传播视野：国家形象塑造与传播中的国家理念析论——以政治国家与市民社会的良性互动为理论基点[J]. 现代传播(中国传媒大学学报)，2010，32(11)：15-20；韩源. 全球化背景下的中国国家形象战略框架[J]. 当代世界与社会主义，2006(1)：99-104.

〔3〕 中国旅游研究院. 中国入境旅游发展年度报告 2017[M]. 北京：旅游教育出版社，2017.

易在国外的年轻一代中产生相对保守、落后、陈旧的刻板印象。

四、民间社会

随着国家形象的研究正逐渐朝微观视角拓展，西方学者在政治社会化的视角下展开了对国家形象的大量讨论。在跨国旅游中，游客与东道国民众发生了不同程度的主客交往，其文化也出现了双向的传播和互动。在国外旅行的中国游客，以及与在华旅行的外国游客所接触的普通民众，通过跨文化接触的交流与传播，成为国外公众认识中国的最直接的窗口。通过跨国旅行，即个人与目标国的直接接触也会影响人们的印象，甚至会较大幅度地改变人们以前的刻板印象。一方面，普通民众对目标国的印象与旅行目的地及其次数、所接触到的人与人的关系、当地文化与本国文化的差异、具体经历、出行前的期望等均有关系。另一方面，旅游的增多固然可以增加一般民众间的相互理解，但也不可避免地由于宗教习俗的差异引起争议和摩擦，这些均有可能随着媒体和互联网的传播被有意识地歪曲和放大，从而损害沿线国家的形象。

一方面，中国的普通民众对全球化的理解还处于相对初级的阶段，对"跨文化交流""文化差异""多元文化"等理念缺乏足够认识。但另一方面，随着中国出入境旅游的迅速成长，各旅游相关企业也积极开展跨国旅游合作，涵盖包括航空公司、旅行社、酒店以及广告、文化创意等多个行业。

近年来，中国的跨国旅游合作有序推进，其正逐渐从早期民间和地方的行为，逐渐上升为国家重要的政治经济行为。位于湖南省西部的张家界，作为享誉世界的自然遗产地，尽管在交通、地形等方面受到较多限制，但由于成功的旅游营销和国际合作，仍然在包括韩国在内的不少国家获得了较高的知名度，成为了中国代表性的旅游目的地。因此在本章中，我们将在回顾张家界近半个世纪以来的旅游开发和国际合作的发展历程的基础上，具体剖析其实现跨国旅游合作的主要路径和模式，试图为更多的中国城市开展跨国旅游合作提供借鉴。

第三节　张家界国际旅游目的地的形成与演进

张家界市位于湖南省西北部，是国家重点风景名胜区、首批世界自然遗产、首批世界地质公园、首批国家5A级旅游景区，是世界知名的旅游目的地，也是中国改革开放以来"旅游立市"的典型。张家界市自1988年建市以来，旅游收入一直占全市GDP的2/3以上，是名副其实的支柱产业。近年来，张家界市积极推进"景城一体化"战略，成为全国首批全域旅游示范区，致力于打造"旅游+"产业体系，力求借助旅游带动一、二、三产业的发展。

张家界旅游产业及其空间的演化受国家宏观制度经济环境的影响，包括改革开放和招商引资政策的实施、国家领导人的意见和指示等。地方力量则包括湖南省及张家界市的旅游政策以及围绕旅游发展的一系列空间战略和城市规划，这些均直接作用于旅游业的发展和旅游胜地的形成。结合张家界市旅游业及其相关产业的发展状况，以及重大的国家制度变革和地方政策变迁，我们将张家界旅游业的形成和演化历史划分为四个主要的阶段，分别是新中国成立初期的1958—1987年、1988—1999年、2000—2013年和2014年至今。

一、国营林场和林业部门主导下的早期旅游开发(1958—1987年)

张家界的旅游开发最初是由林业部门主导的。张家界市的核心旅游目的地位于其下辖的武陵源区，原为1958年湘西土家族苗族自治州人民委员会在大庸县设立国营张家界林场。[1] 其真正意义上的旅游开发和相应的基础设施始于改革开放后的1978年，包括由县政府拨款修建公路，安装发电设备。其后的1979年，湖南省林业局和省林学会组织了一次较大规模的张家界林场森林资源考察，在考察报告中第一次提出了"有重点地保护，有计划地改造，建立珍贵树种种子园，兴办旅游区"四条建议，引起了湖南省政府的重视。在此基础上，从国家到地方，以林业部门为首组建了多次考察组并展开了多方论证。

1980年，大庸县政府成立了旅游事业领导小组。主管农林工作的副县长多次带团去桂林考察调研之后，在县里成立了张家界风景区调查研究小组，随后在此基础上县里成立了旅游办公室。在此之后县级领导会议中作出了"旅游兴县"的决定，决定借鉴桂林的开发模式——边收钱、边接待、边建设。1981年，湖南省省长、省委书记及国家计委农林计划局局长等先后视察张家界，明确指出要搞好风景区规划，并提出要将张家界建设成国家森林公园。国家林业部部长对张家界的发展定位是："一是旅游、二是林业、三是科研"。

---

[1] 张家界地方志编纂委员会. 张家界市志[M]. 2006：57－58.

而在省级政府的指示下，原有的保护和开发范围有所扩大，即张家界、索溪峪、天子山应连成片共同开发。1982 年，大庸县张家界和慈利县索溪峪被划定为省级自然保护区。国家计委正式批准张家界林场建成"湖南大庸张家界国家森林公园"，这也是我国的第一个国家森林公园。此后，由湖南省政府拨款 310 万元提升张家界附近路面等级，并进一步落实张家界国家森林公园一期建设资金 996 万元、索溪峪建设资金 316 万元。而桑植县也成立了天子山开发指挥部和天子山管理局，开始景区公路、邮电、照明线路和招待所、宾馆等的服务设施建设。随着 1983 年黄龙洞奇观被发现，以及硬件设施的初步建成，1984 年张家界国家森林公园组织考察组编写景区景点，在规划的 5 条游览线路上命名了 66 个主要景点，并编写了导游词。[1]

此后，湖南省先后组织编制了《湖南大庸张家界国家森林公园 1983—1985 建设设计任务书》《张家界国家森林公园总体规划》《武陵源风景名胜区总体规划》。在此过程中，张家界多次邀请全国各地园林专家前来考察并展开多方论证，同时也多次组织考察团队赴国内外著名山地旅游地进行考察。1989 年伴随着"武陵源风景名胜区管理暂行办法"的颁布，大庸市特别召开全国商业旅游协调会。1993 年，武陵源风景名胜区管理局正式成立，与区人民政府"两块牌子、一套人马"，进一步加强对区内的管理工作。而索溪峪景区最早建成猴园对游客开放，其后出于保护的目的，猴园迁至叶家岗隔岩洞。

二、区划调整下的旅游地路径生成（1988—1999 年）

然而，在早期张家界景区的开发过程中，由于其开发范围分属不同的区县管辖，地方政府部门和居民围绕利权等产生了多次冲突。包括 1983 年天子山管理局与索溪峪管理局为石家檐地界发生的争端；1984 年慈利县索溪峪管理局与大庸市协合乡两单位因边界问题发生冲突。1985 年，国务院批准撤销大庸县设立大庸市；1986 年，撤销喻家嘴乡，建立索溪峪镇。但仍然未能改变行政区划方面的争议和冲突。1987 年，索溪峪管理局与大庸市协合乡为争地盘发生纠纷，多处房屋和服务设施被捣毁。1988 年，国务院批准大庸市升为地级市，并将原常德市慈利县和湘西土家族苗族自治州桑植县划归大庸市，原大庸市协合、中湖两乡和张家界林场、慈利县索溪峪镇、

[1] 夏赞才. 张家界现代旅游发展史研究[M]. 长沙：湖南师范大学出版社，2006：64-80.

桑植县天子山镇为武陵源区行政区域，这才基本上解决了开发过程中的行政纠纷。

事实上，在张家界初期的路径生成过程中，党和国家领导人的关注、到访和题字同样起到了巨大的推动作用。1983年叶剑英为“天子山”题字；1984年赵紫阳视察张家界国家森林公园；1985年胡耀邦为“武陵源”题字；1988年，乔石视察时指出：“发展旅游业对整个国民经济的发展有很重要的意义；在发展旅游业的同时，还要把农业生产、工业生产、乡镇企业以及其他各方面的建设都搞上去，否则旅游业也搞不成。”此外，桑植县作为贺龙元帅的诞生地，也开始注重红色资源的开发。1986年贺龙铜像落成，1994年贺龙纪念馆奠基。[1]

1994年，国务院正式批准大庸市更名为张家界市。可以认为，将景区名作为城市名的做法直接确立了旅游产业在张家界的主导地位。4月19日，即更名后的15天，《人民日报》在头版发表了以《“仙境”张家界，合力建新城》为题的文章，文章阐明了改名后的大庸将大力发展旅游产业。1995年3月，原中共中央总书记、国家主席江泽民视察张家界时，提出“把张家界建设成为国内外知名的旅游胜地”，再次确立了旅游业是张家界的主导产业。

同时，在进入1990年代以后，随着对外开放的加大，湖南省的对外交流也日益频繁。1990年，湖南省辖八市市长联席会在大庸市召开，强调“旅游促开放，外经促外贸，外经外贸促发展”。张家界开始成为省内招待外宾的重要旅游地。1992年，张家界国家森林公园实现有线电视覆盖。张家界机场则于1993年落成，并于1999年开通第一条国际航线张家界到香港航线。此后，张家界多次邀请港澳同胞、美籍华人、美国友人组成的旅游团前往观光。1996年，泰国上议院议长访问张家界；1998年，坦桑利亚总统来访，成为访问张家界的第一位外国元首。

涉外旅游的展开，进一步推动了招商引资的工作。1995年，日、加、德、意、马来、泰、中国香港等国家和地区的28家旅游客户应邀来访，通过同年在张家界举办的国际森林保护节与外商签约项目9个，利用外资1 500多万美元，商品成交额1.19亿元。1994年，武陵源区与马来西亚保利（湖南）实业贸易有限公司签订租赁经营承包合同。此外，张家界市政府还积极与国内东部

---

[1] 夏赞才.张家界现代旅游发展史研究[M].长沙：湖南师范大学出版社，2006：101－119.

沿海发达地区展开合作，如接受深圳市投资天子山修建深圳阁（天子阁），接受广东省茂名市投资兴建永定大道，与上海市静安区、北京市石景山区建立友好协作关系。通过与国内外资本的合作，张家界旅游的硬件配套设施、旅游业管理体制、从业人员专业素质都在这一时期得到了极大的提升，旅游市场趋于成熟。在此期间，景区建设进一步完善：索溪湖水面对外开放，天子山索道开业，黄石寨索道竣工，杨家界乌龙寨至一步登天 3 500 米游道竣工。

三、知名旅游胜地建设下的路径发展（2000—2013 年）

由于 1990 年代大规模的招商引资和景区开发，以旅游业为主导的城市格局基本形成。1988 年建市初期，城市范围仅为现在永定区永定街道地块。而随着旅游业带动城乡经济的发展，以及基础设施的完善，城市建成区面积逐年递增。2001 年为 14.33 平方千米，2006 年扩展到 20.5 平方千米，2016 年则激增至 33 平方千米。城市道路也从最初的 25 千米增至 2016 年的 200 多千米。

但由于规划和治理工作的相对滞后，张家界的旅游目的地建设也呈现出种种乱象。2001 年，时任国家总理的朱镕基一行在对张家界的考察中，看到武陵源景区内楼堂馆所参差林立、自然环境被严重破坏，张家界城市建设乱而无序，沿途垃圾未得到及时清理，当场即对张家界市和湖南省进行了严肃的批评。随后，湖南省人大立即制定了《武陵源风景区建设管理条例》以取代原有的“暂行办法”，将景区建设纳入了法制轨道，从源头上堵住了牺牲环境为代价的建设行为。在随后的几年里，湖南省和张家界市政府开始逐步拆除核心景区的楼堂馆所，并对世代居住在景区内土家村民逐步进行搬迁和安置，力图最大限度保护张家界的生态环境。

而与景区建设管理几乎同步进行的，则是张家界城市建设的一系列部署和规划。早期张家界主要旅游服务设施，主要在核心景区山脚的武陵源区发展，景区逐渐被各种旅游服务设施包围，一方面既不利于武陵源的自然生态保护，另一方面也限制了张家界城区的发展。对此，由中国城市规划设计院历时一年多编制的张家界空间发展战略及城市总体规划中，将未来城市发展、旅游服务的主要区域，从目前的武陵源区转移到距景区约 30 千米外的永定区。而与旅游、创意产业等相关的新型工业，则将主要定位在距景区 100

千米以上的慈利县、桑植县等地。[1]

2007年3月，在湖南省旅游工作会议上，省委书记张春贤提出，把张家界打造成世界级旅游目的地和世界旅游精品。一般认为，张家界此后城市建设所作的一系列的变革都是围绕这一中心开展的。2007—2010年，在张家界空间发展战略及城市总体规划的基础上，张家界市相继出台了《关于加快世界旅游精品建设的决定》《张家界市"三年有改观五年大变样"建设纲要》和《关于加快推进新型城市化的决定》。同时，修编了《城市总体规划》，编制了《城市风貌规划》《澧水风貌带规划设计》。通过几年的建设，张家界市区的规划建设基本完善，形成了"一水七溪十五桥，三环八组一片区"的格局。即以澧水为城区主要景观风貌带，构建"景城一体"的城市景观。

与旅游城市建设同步推进的，则是更大空间尺度上的旅游营销与区域协作。2007年由于受到冰灾、地震、"金融海啸"等的影响，张家界的旅游市场出现了明显的滑坡。2008年初，张家界市立即出台了《提振张家界旅游市场的八项政策措施》，从门票优惠、暂退旅行社保证金、减免导游服务费、奖励宣传营销等8个方面刺激市场。张家界旅游部门以小分队的形式，向珠三角、长三角、环渤海湾和华北地区等客源地进行现场促销，与200多个旅行团签订了合同。另一方面，张家界市于2009年与包括湘西土家族苗族自治州、常德市等在内的湘西地区5市州联手打造旅游经济协作区，通过推动景区联合，打造精品旅游线路和特色旅游项目来提高区域旅游整体市场竞争力。在对外营销方面，主要包括联合宣传区域旅游品牌、联合制作旅游信息网站和宣传资料、联手包装推介区域旅游精品线路、联合参加国际国内旅游展交会、共同开拓旅游客源市场等。

四、全域旅游背景下新路径的生成(2014年至今)

2013年7月，张家界市委市政府开始推动实施"提质张家界打造升级版"战略和"1656"行动计划，即以全域理念谋划和推进旅游业发展。其中，提升旅游国际化水平，被政府部门和不少企业视作旅游提质升级的重要依托和载体。具体措施包括完善城市功能、提升城市品质、增强城市知名度和美誉度以及扩大对外交流合作等。

---

[1] 夏赞才.张家界现代旅游发展史研究[M].长沙：湖南师范大学出版社，2006：160-175.

2015 年，国家旅游局正式提出了“全域旅游”的理念。即强调以旅游业为优势产业，通过对区域内经济社会资源尤其是旅游资源、相关产业、生态环境、公共服务、体制机制、政策法规、文明素质等进行全方位、系统化的优化提升，实现区域资源有机整合、产业融合发展、社会共建共享，以旅游业带动和促进经济社会协调发展的一种新的区域协调发展理念和模式。相较于中国大多数城市，以“旅游立市”的张家界有着发展“全域旅游”得天独厚的优势。2016 年以后，在“全域旅游”的思路下，张家界市确定了“三星拱月”的旅游发展战略，即以核心景区武陵源世界自然遗产观光旅游区为“月”，以南线（永定）商务休闲及天门山观光旅游区、东线（慈利）观光休闲旅游区、西线（桑植）生态人文旅游区为“星”的基本布局。

在此背景下，原先旅游开发相对滞后的桑植县（西线）也开始得到进一步开发，与南线的天门山、东线的大峡谷相比，作为革命老区、贺龙元帅故里、中国工农红军第二方面军长征出发地的桑植县，其旅游资源禀赋存在一定差异，以人文旅游资源，尤其是红色旅游资源为主。原有的张家界西线旅游开发股份有限公司成立于 1996 年 4 月，由张家界市茂隆实业有限公司控股，主要经营峡谷风光、水上漂流、民俗风情、红色文化等旅游点。由于多年投入不足，加上受交通瓶颈制约等影响，未很好地发挥西线旅游优势。2016 年，市经投集团对张家界西线旅游开发股份有限公司实现了收购，并着手加大投入。

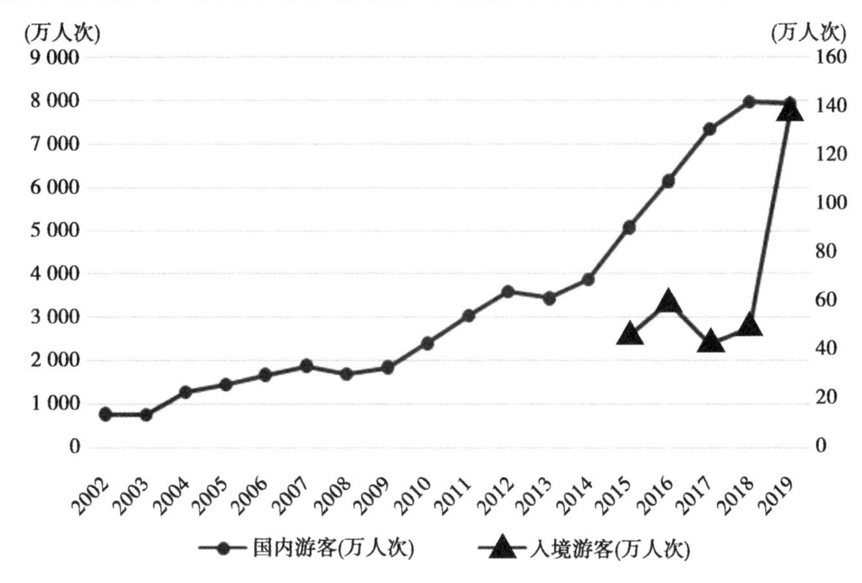

图 6.1　张家界市旅游人数变动趋势图

图6.1表示了近十几年来张家界旅游人数的变化趋势。可以看出旅游人数的变动受宏观政治经济条件影响较大。2002年的SARS疫情、2008年的“金融海啸”等均给张家界的旅游发展带来一定影响。近年来，张家界市旅游增长再次明显放缓，迫切需要寻求新的发展路径。从张家界2010—2015年旅游人次变动趋势来看，2010—2011年增长率呈上升趋势，2012—2013年上升趋势放缓，2014年开始上升趋势逐渐增大。而在入境游客数量方面，张家界市一直具有较高的比重，尤其在2018年之后有了一个更加明显的提升。

第四节　跨国旅游合作与国际旅游目的地的传播

一、基于多源流分析框架的跨国旅游合作形成与推进

本节通过引入公共政策理论中的多源流分析框架，试图从宏观视角阐述我国在推进跨国旅游合作进程中的机制和路径，以整合一个统一的框架来分析合作过程中的政府、市场、社会及其相互作用。自20世纪50年代公共政策被视作一门重要的科学以来，政策过程理论始终是其重要的研究框架。20世纪80年代后，关注政策制定过程中的多样性、复杂性以及非理性的多源流分析框架(multiple-stream approach)被认为是最具创见和发展潜力的理论模型。美国公共政策学家约翰·W.金登(John W. Kingdon)认为，在政策系统中存在着问题流(problem stream)、政策流(policy stream)和政治流(political stream)三种不同的源流。[1] 问题流是指对理想状态的认知与现状之间的不匹配，因而必须对其采取某种相应的行动；政策流是指在政策原汤中的各种理念，往往是一些相对模糊的思想和概念，以及针对特定课题的政策建议，而尚未完全付诸实践；政治流则是指由诸如国民整体情绪，政党、压力集团等政治力量，以及执政党意识形态和执政理念等因素。只有当问题、思想、理念等连接起来，即以上的三条政策源流汇合，才能开启政策之窗(policy window)，并最终确立政策议程，进而推进具体的实践和措施(图6.2)。

---

〔1〕 参见保罗·萨巴蒂尔.政策过程理论[M].彭宗超，等译.北京：生活·读书·新知三联书店，2004；约翰·W.金登.议程、备选方案与公共政策(第二版中文修订版)[M].丁煌，方兴译.北京：中国人民大学出版社，2017.

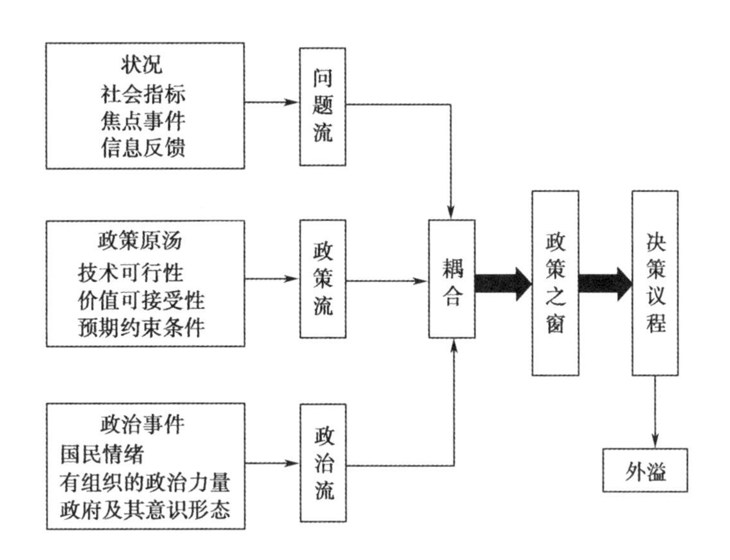

图 6.2　多源流分析框架示意图

根据多源流分析框架，跨国旅游合作的推动者包含如下类型：作为问题流的出入境旅游市场主体；作为政策流的利益相关者，包括国家旅游局、地方政府以及以旅游学界为主的专家学者；作为政治流的中央意识形态和国家政府。各个源流均能够通过不同方式推动跨国旅游合作的实现和建立。

在国际金融危机后的几年，中国入境旅游市场发展持续下滑，与出境旅游市场规模快速增长形成鲜明的对比，旅游服务贸易出现巨额逆差(图 6.3)。尽管存在着广阔的市场空间，入境旅游仍然存在着很多阻碍和不确定因素，包括易受到国际经济环境和汇率市场影响、国内旅游服务质量提升达不到国际游客需求、旅游产品存在结构性缺陷、西方游客对中国可能存在的刻板印象、客源国较多地集中于日韩俄等周边国家等。在这个叠加效应下试图仅仅依靠市场化运作增加提升入境旅游的政策越来越难以从根本上提升我国旅游服务贸易的竞争力和影响力，亟须寻找新的突破口。尤其伴随着中国经济步入“新常态”，完全市场化的开发模式也违背了旅游资源可持续发展的规律。迫切需要走政府主导的市场联动发展模式，通过政府整合各方力量，整体开发和营销，提升旅游供给。在这种背景和趋势之下，通过多种渠道的跨国旅游合作来促进入境旅游的理念逐渐成为政府和旅游业界的重要政策议程。

而地方政府作为旅游目的地的直接管理者和宣传者，具有得天独厚的优势地位，能够动员当地资源和经济社会组织服务于国内外游客，以促进地方服务经济的发展。此外，近年来在国家政府的支持下，中国地方政府也逐渐意识到旅游发展在经济功能以外的社会功能和政治功能，并依托自身旅游资源和区位条件探索跨国合作模式。原国家旅游局于2015年全国旅游工作会议上正式要求“旅游行业要在国家开放新格局中，主动作为、主动发声，服务国家整体外交、服务旅游产业发展、服务游客消费需求，努力开创旅游对外开放新局面”。在具体操作层面，《“十三五”旅游业发展规划》提出，大力提振入境旅游；实施中国旅游国际竞争力提升计划；统筹优化入境旅游政策，推进入境旅游签证、通关便利化，研究制定外国人来华邮轮旅游、自驾游便利化政策。文化和旅游部作为中国旅游的最高主管部门，通过签署各种双边旅游合作文件、组织相关主题活动、进行人员交流和互访展开跨国文化交流和旅游合作。

在金登“多源流分析框架”中，政治源流是指对问题解决产生影响的政治过程。它独立于问题源流和政策源流之外，由诸如公众情绪、压力集团间的竞争、选举结果、政党或者意识形态在国会中的分布状况以及政府的变更等因素构成。在“跨国旅游合作”的政策议程中，包括“一带一路”倡议在内的一系列国家政策导向可以被视作政治流的核心要素。在中国的国情下，执政党的意识形态在政治流中居于核心地位。执政党和政府执政理念的转变，为“跨国旅游合作”成为中央层面的官方行动提供了重要的政治基础。事实上，自1949年以来，奉行独立自主外交原则的同时，采用人民外交的模式，注重与包括西方国家在内的普通民众之间的友好交往，外事旅游在其中起到了非常重要的作用。改革开放以后，意识形态在一定程度上让位于经济发展，对外旅游合作在很长一段时间里主要是由地方和民间来完成。但随着近年来“一带一路”倡议的提出，党和国家开始高度重视文化外交和公共外交工作。2015年中国邀请日本3 000人的大规模旅游文化团访华并参加中日友好交流大会，习近平总书记出席大会并发表重要讲话。此外，近年来的“中俄旅游年”、“中美旅游年”、印度“中国旅游年”、韩国“中国旅游年”等，习近平总书记均出席或致书面贺辞。可以说，中共中央意识形态层面的支持是跨国旅游合作的直接推动力。

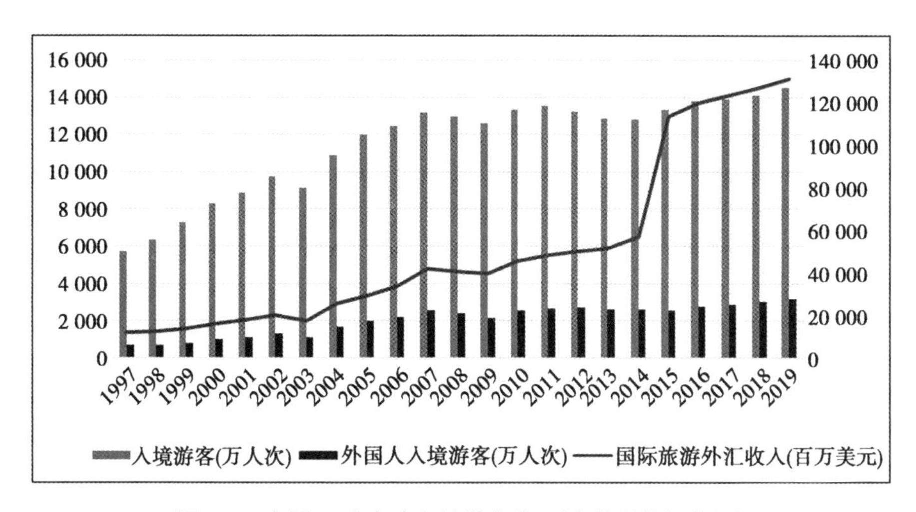

图 6.3　中国 20 多年来入境游客状况(人数及外汇收入)

二、张家界的跨国旅游合作与目的地营销

(一)问题流:入境旅游巨大前景下的发展困境

2000 年以后,一系列的事件营销,已经使得张家界在海内外获得了较高的声誉和社会影响。其中,"穿越天门"世界特技飞行大赛、俄罗斯空军特技飞行表演、国际乡村音乐周等大型节事活动已举办多年,成为张家界向全世界展示自我的重要窗口。2007 年,美国记者西蒙・温彻斯特在《纽约时报》上发表《中国古老大山的美丽轮廓》,称张家界"像长城一样伟大",并在美国引起巨大反响;2009 年,张家界由于其独特的地貌条件成为了好莱坞电影《阿凡达》的实景摄影地之一,电影在国内外大获成功以后,景区内的"南天一柱"被更名为电影中的"哈利路亚山",此举引发了一定争议的同时,却成功聚焦了海内外媒体和公众的关注。

然而,尽管坐拥着丰富的旅游资源和知名度,但受困于当地较为落后的社会经济环境和交通基础设施,张家界的游客数量和旅游收入始终与黄山、桂林等类似旅游目的地有着较大差距。尤其自 2005 年开始,由于景区建设基本成熟,张家界的旅游投资开始从景区转向城市,从观光产品转移到了演艺、休闲、探险、会展等更加多元化的领域,不少旅游企业打造了《张家界・魅力湘西》《天门狐仙・新刘海砍樵》等多个演艺项目,水上漂移、攀岩、蹦极等新兴业态。可以说,投资和项目的多元化也迫切需要新的旅游市场开发。

事实上,由于早期成功的旅游事业接待以及知名艺术家的艺术创作,

2001年以来韩国一直是张家界非常重要的客源国之一，为了迎合大量的韩国游客的接待需求，张家界各个景区和旅游企业均展开了大量的工作，包括加强员工的朝鲜语培训、了解韩国游客的旅游偏好等。但十多年来，熟悉韩国业务的企业和员工，尤其是精通朝鲜语的导游，仍然处于供不应求的状态。

（二）政策流：内外部"政策企业家"的行动

面对扩大旅游市场的巨大需求，以及发展中所遇到的瓶颈，张家界地方政府乃至旅游学界的众多专家学者均采取了一系列应对措施。在2007年3月的湖南省旅游工作会议上，省委书记张春贤提出，把张家界打造成世界旅游目的地，打造世界旅游精品。

首先，是由地方政府主导下的对外宣传和城市营销。2010年的上海世博会期间，张家界市长亲自扮演卡通形象，并将6瓶特制的空气赠予园区内的6个国家馆，以宣传张家界的新鲜空气；在这之后，张家界市的书记、市长多次赴欧美、日韩、东南亚等重要的客源国，共与48个国家和地区缔结了友好合作城市和旅游协作关系。尤其是近年来，考虑到邻近的凤凰古城在泰国具有较高的知名度，张家界市政府多次赴泰国举行旅游推介会，并和泰国国家旅游局相关负责人、泰国旅行商协会展开多项合作。

其次，则是进一步完善出入境的软硬件设施，具体包括2012年张家界海关正式开关，2014年张家界荷花机场改扩建工程完工使年旅客吞吐量从原来设计的70万人次上升到600万人次。而为了提升朝鲜语导游的业务水平，在导游培训、人才雇佣等方面强化合作，以便更好地服务韩国游客，张家界市与吉林省延边州展开了多项合作。作为中国最大的朝鲜族聚集地，延边州有数千名朝鲜族旅行社工作人员和导游活跃在张家界，使张家界具备了接待韩国游客的基本能力。在此基础上2016年中国张家界市、延边州与韩国釜山市签署两国三市州的旅游合作框架协议，开创了跨国旅游合作的新模式。

与此同时，随着近年来旅游开发越来越多地被大型项目所牵引，张家界本地旅游企业连续签约了多个跨国文化旅游项目，包括与俄罗斯合作并由张家界大成山水国际酒店投资的张家界大成俄罗斯国际马戏城、位于张家界经济开发区内的张家界义乌国际商贸城、由市经投集团和张旅集团投资的大庸古城项目、由金城集团投资的陈家溪韩国文化度假区等。同样，本地酒店企业也积极开展国际合作，经过与法国铂尔曼、国内的阳光、华天、锦江等知名品牌合作，多家五星级酒店陆续开张迎客，很大程度上提升了当地的旅游接待能力和服务水平。

（三）政治流："一带一路"倡议与文旅融合

而近年来习近平总书记的"一带一路"倡议，则为旅游跨国合作的展开提供了巨大的契机，旅游正越来越多地被视作公共外交和文化交流的重要催化剂。近年来各地所举办的一系列大型的文体节事活动以及各大媒体在国内外对中国国家形象的宣传推广，均很大幅度地推动了跨国旅游合作。前述的俄罗斯马戏城，作为中俄两国之间近年来最大的旅游合作项目，更是受到了两国中央政府的高度重视，被视作新时期中俄友谊的桥梁。

2018 年 3 月，我国以推动文化与旅游的融合将文化部与旅游局合并组建的新的文化与旅游部。原本属于国务院直属部门的国家旅游局正式进入国务院的组成部门，将通过统筹文化事业、文化产业发展和旅游资源开发，全面提高国家文化软实力和中华文化影响力。

在此背景下，张家界也进一步推动了文化和旅游的全面融合，尤其是强调旅游在"一带一路"国际合作和交流中的作用。张家界市于 2018 年 3 月召开了旅游发展暨全域旅游推进大会，并联合高校及科研院所编制了《张家界市全域旅游促进条例》，从政策法规的层面进一步明确了旅游作为主导产业，并在实现区域资源有机整合、产业深度融合发展和社会共同参与，从而带动经济社会全面发展中发挥了巨大作用。在国家和地方政府的引导下，张家界丝路荷花国际文化旅游城项目在此背景下应运而生；原有的知名演艺、民间工艺、节事活动等也均更加强化了海外推广的力度。

（四）"政策之窗"：三流交互的产物

由以上的三条源流可以看出，在政策之窗打开之前，问题流、政策流、政治流都已经基本成熟。而政策之窗的开启则是三条源流相互作用、共同影响的结果。问题流使入境旅游得到张家界社会各界的广泛重视；政策流使各级行政主管部门均从各自角度提出了提升入境旅游、增进跨国旅游合作的具体措施和具体办法，并部分付诸实践，而政治流即党和国家的意识形态以及国家"一带一路"倡议需求，则将跨国旅游合作上升为国家层面的政治经济行为，并自上而下地影响了地方政府的决策。议程的重要性和紧迫性主要受到问题流和政策流的影响，而政治流又能极大提高政策利益相关者行为的有效性。可以认为，在跨国旅游合作逐渐成为国内主要旅游目的地扩大市场，也成为地方社会经济发展的重要推动力的时候，从国家层面对其进行政策引导以增进国家利益就成为党和国家政府的紧迫任务。中央层面的政策文件，党和国家领导人发言和行动直接刺激了政策之窗的开启。尤其对于张家界这样的知名旅游目的地而言，作为“催化剂”的大型事件、媒体宣传在范围、强度和触发时间三个因素上的相互作用，推动着问题流、政策流以及政治流的汇合，并最终影响了相关政策措施的形成(图 6.4)。

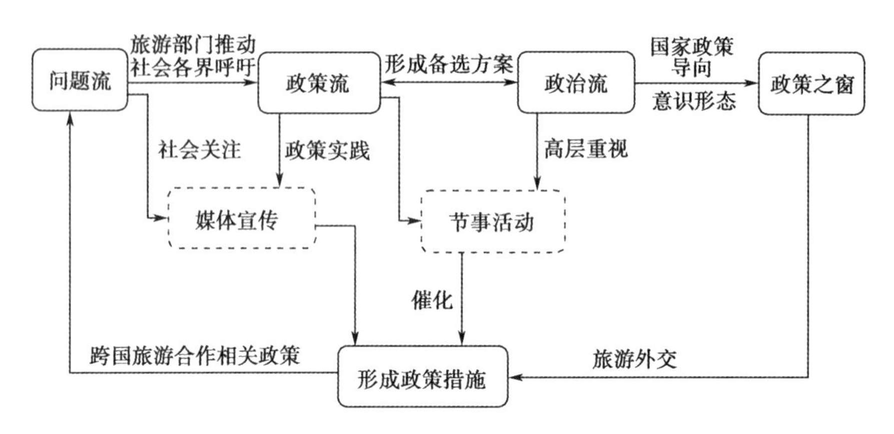

图 6.4 基于多源流分析框架的跨国旅游合作推进机制

第五节 小 结

跨国旅游合作能够对中国的国家文化和意识形态的建设，继承和发扬传统文化和民族精神起到促进作用。尤其在“一带一路”倡议的时代大背景下，跨国旅游合作可以为保护中国乃至世界文明的多样性，并推动全球治理体系变革，乃至构建新型国际秩序做出贡献。

跨国旅游合作尽管仍然是由国家中央政府所主导，但地方政府以及民间力量均起到举足轻重的作用。从全球化和地方化共同推进的历史趋势来看，无论在中国还是在世界范围内，国际交往从传统的由国家和跨国公司主导逐渐向民间社会转移将是不可阻挡的。通过民众间的交流，以旅游为纽带，将有助于吸纳和借鉴“一带一路”沿线国家的文化成果，融合社会主义核心价值观的中华文化内核，亦有助于培育面向全人类的当代中华文化的形成和传播。另一方面，旅游也将促进与“一带一路”沿线国家的商务往来、学术交流、文艺展演等文化交流活动，有助于保护本国和区域文化遗产，挖掘和开发“一带一路”文化品牌。

本章基于多源流分析框架，从宏观视角将推动跨国旅游合作进程的动因和机制划分为问题流、政策流以及政治流三类分别展开讨论。跨国旅游合作最终能够成为张家界这一旅游城市的重要的政治经济行为，是这三条源流共同作用的产物，国家和地方的相关政策、节事活动和媒体宣传、政产学研的广泛讨论均有效地助推了其进程。可以认为，国家政府主导、地方政府和旅游部门推动、市场和社会积极参与，是最为普遍和行之有效的跨国旅游合作模式。

改革开放以来，中国旅游业的增长主要由内需拉动，对于我国大量的旅游目的地而言，跨国旅游合作才刚刚起步。无论是旅游业界还是地方政府，对跨国旅游合作仍然缺乏足够经验，其机制和模式仍然还在探索中。尤其是以中小企业为主的旅游业界，普遍缺少足够的动力和资源开展涉外业务，因此相较于西方国家，中国的地方政府往往需要扮演更加积极的角色。从张家界的经验来看，有效的政府参与和政策引导有助于协调各方利益，弥补民间组织经验的不足，也避免了因缺少管制而可能引发的混乱，从而最大限度地保证政策提供的外部支持与地方需求、企业需求相匹配。同时，地方政府在对外宣传和城市营销中，往往也能够起到至关重要的作用。

第七章

从红色故都到红色旅游：红都瑞金的旅游开发

第一节　文化生态学视角下的城市空间

一、环境决定论的形成与发展

文化变迁一般指的是文化内容和结构的变化，是一个社会内部和外部的变动促使其文化系统发生适应性变化，从而引发新的需要的过程，创新、传播、涵化是其主要途径。文化变迁的各个环节之间并非是单向的因果关系，而是一种相互作用的关系。作为一个跨学科的领域，文化变迁一直是受到包括人类学、社会学、历史学等不同视角的关注，这些学科也分别从自身的侧面丰富了人们对文化变迁的认识。尤其随着二战后文化全球化的加速和大众文化的兴起，不少人文社会科学经历了所谓的“文化转向”，文化成为所有社会和人文科学学科中日益重要的一个观念，文化变迁的相关理论也得以受到更为广泛的关注，并产生了多个不同的研究范式。

最早关于文化变迁的理论，可以追溯到早期的环境决定论。西方近代地理学创始人之一的卡尔·李特尔(C. Ritter)认为，地理环境尤其是地形和气候对人类文明起着决定性作用。[1] 此后，深受达尔文进化论影响的德国地理学家弗里德里希·拉采尔(F. Ratzel)进一步发展了环境决定论，其在详细阐述了地理环境对人类活动、国家等的支配作用的基础上，也提出人类因素也会在一定程度上突破环境的控制。被视作景观学派的创始人的奥托·施吕特尔(O. Schluter)，将对地球表面的景观的研究视作地理学的中心，注重从历史的角度分析景观，探究一个原始景观转换成人文景观的过程。

20 世纪 30 年代以后，环境决定论逐渐衰落，取而代之的是环境的"可能论"，也称之为"或然论"，其强调地理环境不能够直接决定文化，而只是限定了某些文化现象出现的可能性。特定的环境为人类社会提供了许多可供选择的可能性，而具体的方向和路径则很大程度上取决于人的选择。在此基础上，一系列有关"文化区"的研究得以展开。

二、现代文化生态学

作为关注文化变迁规律的一种研究范式，文化生态学缘起于 20 世纪中叶以来人类学家对生物与环境之间关系的关注，开始运用生态学的方法来研究文化和社会之间的关系，其最初的系统论述来自于美国文化人类学家朱利安·斯图尔德(J. H. Steward)于 1955 年出版的《文化变迁的理论》一书[2]，强调文化对环境的适应过程并以此证明世界各地文化的平行进化。文化生态学不仅重视自然环境与人类文化之间的关系，也开始讨论社会环境对人类文化的影响。不同于早期的环境决定论，文化生态学更多地强调文化与环境的相互适应与调适，这里的适应不是消极的顺从，而是也包括了利用和改造环境，通过一定的调适和变化以适应环境。

同时，文化生态学的贡献不仅在于注重文化与环境间的相互影响，而且提出了文化生态系统的概念。文化生态系统是由主体系统和环境系统构成的有机整体。主体系统是文化本身，它又分为物质文化系统、社会文化系统、精神文化系统等子系统。环境系统包括自然环境和社会文化环境。每种文化既依存于一定的自然环境中，更依存于一定的社会环境中。与自然生态环境一样，每种文化都有自己的位置，相互制约组成一个链条，并保持平衡。因此，随着 20 世纪 60 年代以后，西方社会发展和全球一体化的进程，文化生态

---

[1] 孙秋云. 文化人类学教程[M]. 北京：民族出版社，2004：142.

[2] Steward J H. Theory of Culture Change[M]. Urbana: University of Illinois Press, 1955.

学被越来越多地用于探讨多元文化间的交融共生。在这个意义上，文化生态学也是从人、自然、社会、文化的各种变量的交互作用中研究文化产生、发展的规律，用以寻求不同民族文化发展的特殊形貌和模式。[1]

在斯图尔德之后，西方马克思主义人类学家马文·哈里斯(M. Harris)在马克思主义唯物主义观的基础上提出了“文化唯物主义”的理念。哈里斯的文化唯物主义借鉴了斯图尔德的文化生态学，将人类社会文化系统划分为三个组成部分：由生产方式和再生产方式构成的基础结构，由家庭经济和政治经济构成的结构，以及由客位的、思想的和主位上层建筑构成的上层建筑。其中，基础结构决定结构，结构决定上层建筑，基础结构、结构和上层建筑共同构成了社会文化体系。[2]

尽管文化生态学也存在概念含糊和方法杂糅等问题，但经过半个多世纪的发展和积累，文化生态学作为一种重要的视角，已经被文化社会学、文化人类学乃至考古学广泛接纳和借鉴。总体而言，文化生态学在研究文化变迁的内在规律时，特别强调关注文化外在环境、内部因素以及它们之间的互动关系等重要变量。

三、基于文化生态学的城市文化建设

城市可以被视作一个具有鲜明地方特色的有机生命体，其内部存在的不同类型的文化积淀，经过不同的历史演进，并与本地和外来的文化相互交融，形成了种类丰富的城市文化群落，最终构成城市的文化生态系统。城市的文化生态学研究，主要关注文化的产生发展与环境之间的适应关系，强调每一种文化包括遗产都是一个动态的生命体，都是一个文化生态单元，城市中不同的文化聚集在一起，就形成了城市的整个文化生态系统。多样性往往被视作城市文化生态系统的最重要特征：佛罗里达在其有关创意城市的“3T”理论中，就将文化的多样性视作城市文化发展的重要保障[3]；雅各布斯也认为城市中具有多样性的产业和文化，能够有效地支撑城市空间的可持续发展。而另一方面，城市也需要努力维系和发展自身的文化特点，过度地强调城市文化的多样性而引入新的外来文化符号，也可能会发生文化同化的现象，导

---

[1] 司马云杰. 文化社会学[M]. 北京：华夏出版社，2011：153－184.

[2] 马文·哈里斯. 文化唯物主义[M]. 北京：华夏出版社，1989.

[3] Florida R. The Rise of the Creative Class[J]. The Washington Monthly，2002，34(5)：15－25.

致城市文化生态的失衡。从文化生态学的角度来看，提升城市的文化竞争力，既要正确处理地方文化系统与社会系统、自然系统之间的关系，同时要注重协调文化系统内部各个要素之间的关系。

改革开放以来，尤其是21世纪以来，伴随着文化的全球化和商品化的迅速推进，我国的城市文化日益多样化。在经济增长和产业发展为最核心导向的背景下，各地方政府一方面将本地的文化资源视作亟待开发的商品，过度地重视其经济效益，而对于传承、保护和弘扬文化特色则较为冷淡；另一方面，积极引入外来资本，打造新的文化设施和文化空间。这些均导致了文化的同质化，不可避免地冲击着我国许多城市原有的地方文化，使得城市文化空间呈现出高度的同一化。

事实上，城市的历史文化是城市产业的推进剂，将有助于提升城市内部空间活力的内在动力。因此，通过挖掘和梳理城市的历史文化脉络，才能够制定相应的文化政策和产业政策，从而促进城市的可持续发展。而城市所保存下来的历史遗迹，以及融入民众生产生活中的非物质文化遗产，均是城市文化的重要载体，也被视作是城市发展进程的历史见证，更是城市未来更新和发展的思想源泉。

城市文化不仅表现出随着时代发展的动态演进，同时也与城市的空间扩张、产业发展、社会进步等协同共生。例如在新中国成立初期的计划经济体制下，不同城市的产业类型普遍能够极大地左右城市空间的发展轨迹，并在此基础上塑造出不同的城市文化，如钢铁文化、军工文化、航天文化等，而这些文化特征在今天仍然有着一定的延续性，并成为可供传承与发展的重要文化资源。再例如21世纪以来随着人们收入水平的提高，城市中的人民对于现代休闲生活、文化体验设施以及绿色开放空间的需求也逐渐增加，这也直接促进了城市文化不断的创新与发展。

因此，如果要开发或重构以多元化为特征的城市文化空间，首先应当剖析城市内部不同的文化体系，梳理契合主流意识形态的文化特征，以及不同于当下主流意识形态的社会文化价值群落，并分析其产生的历史过程和内在逻辑。在此基础上，将历史遗迹、特色街区、古民居、重要工商业建筑等作为城市文化空间的核心物质载体，在保护的基础上因地制宜地展开更新和利用，从而使城市的地域文化在新的产业和社会环境下不断传承与发展。在本章中，我们将通过红都瑞金的案例，具体分析文化生态的理念如何应用于提高区域文化竞争力并推动本地多元文化的旅游开发。

第二节　红都瑞金的自然环境与文化演进

瑞金市位于江西省南部，武夷山脉南段西麓，赣江的东源，贡水的上游。东与福建省长汀交界，南与会昌县毗邻，西连于都县，北接宁都、石城二县。独特的地理区位，成就了瑞金悠久辉煌的独具地域性的历史文化。瑞金是千年古邑，是客家文化和红色文化的重要发源地，历史底蕴深厚，文化遗存丰富，是江西省首批省级历史文化名城，并于2015年被评为国家历史文化名城。

一、千年古邑的历史沿革

瑞金是千年古邑。独特的地理区位，成就了瑞金悠久辉煌的历史文化。1981年，在瑞金城西的双狮岩发掘出剑齿象、毫猪、野猪、野牛等动物骨胳、牙齿化石和"有段石锛"，是瑞金新石器时代人类活动的重要实证。境内壬田镇汉墓群和壬田镇、谢坊镇的唐宋窑址等遗址，彰显了瑞金深厚的历史文明。瑞金城区是一座千年古城，今天人们根据明嘉靖《瑞金县志》政区图，将其概括为"四塔环抱、临水筑城、一河两岸；一邑为础、城分三鼎；城乡一体、田园风貌"的城市格局。瑞金市主要以汉族人的客家人为主，少数民族主要有畲族，呈大分散、小聚居的形态分布。

瑞金地域，春秋属吴，战国初属越。东汉建安七年(202)，建置象湖镇，隶属雩都县，历三国、两晋、南北朝、隋，均在雩都境内。唐天祐元年(904)，瑞金之名始此，因"掘地得金，金为瑞"故名。五代南唐保大十一年(953)升瑞金监为县。宋开宝八年(975)，改昭信军为军州，辖瑞金。明洪武二年(1369)，改赣州路为府，辖瑞金。洪武九年(1376)，设江西布政使司，领赣州府，瑞金县隶属赣州府。清初沿明制。乾隆十九年(1754)置宁都直隶州，辖瑞金县，至清末隶属未变。[1]

民国元年(1912)，全国行政体制设中央、省、道、县4级，江西省置4道，瑞金县属赣南道。民国十五年(1926)废道，瑞金县划归江西省第六行政区管辖。1930年4月，瑞金境内农民暴动成功，推翻民国县政府。同年6月，成立县革命委员会。嗣后，中国工农红军开创以瑞金为中心的中央革命根据地。

---

〔1〕 瑞金市志编纂委员会. 瑞金市志[M]. 西安：三秦出版社，2007：40－71.

1931 年 11 月，中华苏维埃共和国临时中央政府在瑞金成立，瑞金县置为中央直属县。

1949 年 8 月 23 日，中国人民解放军解放瑞金，隶属宁都专区。1952 年 8 月 29 日，撤销宁都专区，瑞金县转隶赣州专区。1954 年 6 月，改赣州专区为赣南行政区，仍辖瑞金县。1964 年 5 月，赣南行政区复名赣州专区，领瑞金县。1971 年 2 月，改赣州专区为赣州地区，辖瑞金县。1994 年 5 月 18 日，中华人民共和国国务院批准撤销瑞金县，设立瑞金市，管辖范围、行政级别未变，仍隶属于赣州地区。1998 年冬，国务院批准撤销赣州地区，设立地级赣州市之后，江西省人民政府于 1999 年 2 月 14 日批准瑞金市由江西省辖，赣州市代管。

二、客家摇篮及其文化遗产

瑞金是客家人重要的集散地和聚居地，客家民俗风情浓郁，传统客家文化底蕴深厚。在千百年的历史长河中，随着中原战乱和历史朝代更替，大量中原汉人沿着长江流域赣江水系不断南迁，来到赣南、闽西、粤北这片广阔山区，从而形成了汉民族的一支重要民系——客家民系。瑞金作为客家人的主要聚居地和客家文化的重要发祥地，其地域文化具有客家文化的典型特征。瑞金先民秉承客家人崇文重教、开拓创新精神，先后涌现出北宋谏议大夫刘鹏，明代“江西五大家”之一的杨以任，拔贡杨枝远，举人罗有高，近代爱国主义思想家、戊戌变法巨子陈炽等历史名人。

客家文化给瑞金留下了丰富的历史文化遗产。在一千多年的发展历史中，客家人带来的中原文化与本地土著文化相互激扬、相互融合、相互同化，孕育形成了瑞金独树一帜的客家文化。瑞金县域内遍布城乡的“厅屋组合式”客家民居建筑，工艺精美、风格迥异，是研究客家古建筑的“自然博物馆”。尤其是瑞金客家人极为重视宗族礼仪，客家祠堂数量多达上千座，密布在全市各乡镇。其中以“传统村落”之一的九堡镇密溪村最为知名，村内排布着大大小小 36 座祠堂，村中央还有着极为罕见的“五祠朝南”奇观。瑞金客家祠堂外形飞檐翘角、青砖灰瓦，风火墙高峻突兀，气势雄伟壮观，是凝聚宗族人心、祭祀先祖恩德、激发后人进取的重要场所。而在非物质文化遗产方面，客家山歌曲调抒情奔放、细腻缠绵、风格独特，是我国民族音乐的重要组成部分。同时瑞金还是客家美食的“天堂”，香醇的客家擂茶，香浓的客家米酒，特别是牛肉汤、鱼丸、黄元米馃、酒糟红鱼、烤炉豆干，原汁原味、历久弥香。

三、瑞金的自然环境与景观

瑞金发源于江西四大盆地之一的瑞金盆地中，地形特征以丘陵地形为主，面积 1 967.85 平方千米，占总土地面积的 80.35%，山地面积 243.89 平方千米，占总土地面积的 9.96%，岗地平原面积 237.26 平方千米，占总土地面积的 9.69%。瑞金是千里赣江源头自然遗产的核心区，自然环境风光秀美，拥有国家级自然保护区、赣江源省级风景名胜区、罗汉岩等宝贵的自然生态景观，明代著名的思想家、哲学家、文学家和军事家王阳明赞誉道："古来绵江八大景，名扬四海传九州，最是陈石山水色，观后胸中黄山无。"

瑞金的自然环境要素主要包括山、水、林、田、湖、塘等，各要素之间和谐相生，共同构成一个完整的自然环境要素体系。山峦起伏、沟壑纵横的地形环境特点深刻地影响瑞金地域格局的形成，总体上看，其中心城区自然山水格局可以概括为"两山两水四塔三圈"。"两山"指竹马寨、乌仙山；其中竹马寨位于象湖镇小盆域边缘；而乌仙山则是凤鸣、鹏图、龙峰三塔的所在地；两山作为两大端点，联系中心城区盆地内部的低山丘陵及边缘围合的山峦，共同框定了地域格局的形态。"两水"指绵江和古城河（瑞金境内称黄沙河）；这两条河流在盆地腹地流淌、交汇，构成古城起源、扩张的动力，形成地域格局的主轴线。"四塔"指龙珠塔、龙峰塔、鹏图塔、凤鸣塔，其中龙珠塔位于县城西面，其余三塔位于县城南数里南片山上，四塔遥相对望，共同丰富了城市的外部空间天际线，又营造了富有文化气息的城市内部环境。"三圈"指包括古代瑞金城邑范围在内的城池圈、包括瑞金历史城区范围在内的历史城区圈和包括自然山水环境协调区范围的自然山水环境协调圈。

四、近代以来的红色革命文化

近代以来，瑞金则是著名的红色故都，在中国的近现代史上扮演了重要角色。20 世纪 20 年代末 30 年代初，毛泽东、朱德等老一辈无产阶级革命家，在以瑞金为中心的赣南、闽西大地上开辟了中央革命根据地。1931 年 11 月 7 日，中华苏维埃共和国临时中央政府在瑞金叶坪宣告成立，瑞金成为"赤色的首都"和全国苏区的政治、军事、文化中心。从 1929 年 2 月开辟以瑞金为中心的中央革命根据地，到 1934 年 10 月红军离开瑞金开始长征，以瑞金为中心的中央苏区一共存续了五年零八个月。党史专家以"上海建党，开天辟地；南昌建军，惊天动地；瑞金建政，翻天覆地；北京建国，改天换地"，精辟概括了瑞金在中国革命史和中共党史上的重要地位。中华人民共和国第一、二代领导人大多数在瑞金得到过历练：邓小平曾任瑞金第三任县委书记；开国元帅中除徐向前之外的九位，开国大将中除王树声、徐海东之外的八位，以及数百位上将、中将和少将（其中瑞金籍将军13名），当年都在瑞金战斗、工作和生活过。瑞金为中国革命作出了巨大贡献和牺牲，当年24万人口的瑞金，一共有11.3万人参军支前，5万多人为革命捐躯，其中1.08万人牺牲在红军长征途中，瑞金有名有姓的烈士17 166名。为支持苏区建设和红军北上抗日战略转移，1932年至1934年间，瑞金人民一共认购革命战争公债和经济建设公债78万元，支援粮食25万担，捐献银器22万两，连同存在苏维埃国家银行瑞金支行的2 600万银元，全部无私奉献给了中国革命。[1] 目前，已有52个中央和国家机关部委来瑞金"寻根问祖"修复革命旧址、建立爱国主义和革命传统教育基地，瑞金成为全国最大、影响最广的革命传统教育名城。

也正因如此，在21世纪的今天红色革命文化已经成为了瑞金最主要的特色文化，其红色文化名片被概括为"红色故都、长征出发地、共和国摇篮"，具体包括中国第一个红色政权——中华苏维埃共和国临时中央政府所在地、中央红军长征出发地、第二次国内革命战争时期中央革命根据地的中心、长征精神、中央苏区精神等。

第三节　红色文化的提炼与红色旅游开发

一、红色文化精神的提炼

红色文化是广大人民群众在中国共产党领导下，在实现中华民族的解放与自由的历史进程中和新中国社会主义时期，整合、重组、吸收、优化古今中外的先进文化成果基础上，以马克思列宁主义的科学理论为指导而生成的革命文化。与所有的文化类型一样，红色文化作为一种重要资源，包括物质和非物质文化两个方面。其中，物质资源表现为遗物、遗址等革命历史遗存与纪念场所；非物质资源表现为包括井冈山精神、长征精神、延安精神等红色革命精神。红色文化最根本的特征是"红色"，它具有革命性和先进性相统一、科学性与实践性相统一、本土化与创新性相统一以及兼收并蓄和与时俱进等

[1] 瑞金市志编纂委员会. 瑞金市志[M]. 西安：三秦出版社，2007：5-12.

特征。

近年来，“红色文化热”逐渐兴起和升温，其固然有作为主流话语体系的一环而得到从中央到地方各级党政部门和教育机构的全力推动，但更重要的也在于一定程度上契合了发自人们内心的渴望和心灵的呼唤。改革开放40多年来，人们的物质生活得到极大的改善，在拥有丰裕物质生活的同时，不少人开始再次发现那些有理想、有信仰和富有献身精神的革命者身上所具有的优良品质，渴望从那些物质贫乏但精神富足的榜样那里重新理解生命的意义和快乐的真谛。同时伴随着一批高质量的红色影视剧作品和红色歌曲的流行，种类多样的红色旅游和研学项目的兴起，人们内心的美好的集体记忆被重新唤醒，成为了激励新时代中华儿女为理想和信仰拼搏奋斗的不竭动力。

如果将“红色文化”概括为革命年代中的“人、物、事、魂”，那么，其中的“人”是在革命时期对革命有着一定影响的革命志士和为革命事业而牺牲的革命烈士；“物”是革命志士或烈士所用之物，也包括他们生活或战斗过的革命旧址和遗址；“事”是有着重大影响的革命活动或历史事件；而体现着革命精神的“魂”则是其中最重要的核心。在中国共产党100多年和新中国70多年的历史中，形成了很多可歌可泣的“红色精神”。红色精神已经深深融入中华民族的血脉和灵魂，成为鼓舞和激励中国人民不断攻坚克难、不断前进的强大精神动力。如“坚定执着追理想，实事求是闯新路，艰苦奋斗攻难关，依靠群众求胜利”的井冈山精神；“坚定革命的理想和信念，坚定正义事业必然胜利；不怕任何艰难险阻，不惜付出一切牺牲；坚持独立自主，实事求是，一切从实际出发；顾全大局，严守纪律，紧密团结；紧紧依靠人民群众，同人民群众生死相依，患难与共，艰苦奋斗”的长征精神；“坚定正确的政治方向，解放思想、实事求是的思想路线，全心全意为人民服务的根本宗旨，自力更生、艰苦奋斗的创业精神”的延安精神；“谦虚谨慎、艰苦奋斗；敢于斗争、敢于胜利；依靠群众、团结统一”的西柏坡精神；此外还有红船精神、抗战精神、大庆精神、北大荒精神、两弹一星精神、抗洪精神、抗震救灾精神、抗疫精神等等。

从历史来看，瑞金的“红色精神”主要集中在以下三个层面：

第一，“红色精神”体现在作为未来共和国雏形的国家创业精神。1931年11月7日至20日，中华工农兵苏维埃第一次全国代表大会（又称“一苏大”）在瑞金叶坪召开。出席会议的有来自各苏区、各地红军、各革命团体、部分白区及青年学生的代表共610多人，分别组成7个代表团。大会讨论通过了苏维埃宪法大纲、土地法、劳动法等法令草案以及红军问题、经济问题、民族问题等决议草案。大会决定将瑞金改为瑞京，作为中华苏维埃共和国的首都。11月19日，大会选举产生了中华苏维埃中央执行委员会，毛泽东、项英、张国焘、朱德等63人为委员。11月27日，中央执行委员会举行第一次会议，选举毛泽东为第一届中央执行委员会主席兼人民委员会主席，项英、张国焘为中央执行委员会副主席兼人民委员会副主席。经人民委员会提名，中央执行委员会任命了各人民委员会委员。同时中央执行委员会还任命了由朱德为主席，王稼祥、彭德怀为副主席，王稼祥为总政治部主任，并由15人为委员的中央革命军事委员会。可以说，开天辟地，使共和国从胜利走向胜利，开启中华民族的伟大复兴之路，这正是瑞金作为国家红色纪念地衍生出的国家精神。而针对当时国民党及其军队对中央苏区采取的军事围剿、经济封锁政策，中共苏区中央局、中华苏维埃共和国临时政府及时提出“自力更生，大力发展生产，坚决粉碎敌人的经济封锁”的方针，以土地革命的深入开展推动经济、文化事业的发展。军民团结战斗，兴工促农，发展商贸，冲破了国民党及其军队的经济封锁，确保了红军给养及人民的衣食自给。[1]

第二，“红色精神”体现在中华苏维埃共和国国家机器运作实践过程中展现出的治国理政的伟大实践精神。中华苏维埃共和国从建立到1934年10月主力红军长征，先后设立了外交、军事、劳动、土地、财政、国民经济、粮食、司法、内务、教育、工农检察、中央审计、国家政治保卫局、临时最高法院等14个工作部门，建立了各种制度，制定了一系列法律。中华苏维埃共和国的成立，是中国共产党领导人民创建工农民主国家的成功尝试，是新中国的雏形。

第三，“红色精神”体现在始于瑞金的不畏艰险的长征精神。中央红军是和中共中央、中革军委、临时中央政府这些领导机关一起，于1934年10月离开瑞金，开始战略突围(亦即长征)的。云石山位于江西瑞金市城西19千米处，是长征出发前中华苏维埃共和国中央政府所在地。1934年10月，中央机关和红一方面军主力就从这里迈开了二万五千里长征的第一步，因此，瑞金一般也被认为是中央红军的长征出发地之一。长征是人类历史上的伟大奇迹，中央红军共进行了380余次战斗，攻占700多座县城，红军牺牲了营以上干部多达430余人，其间共经过14个省，翻越18座大山，跨过24条大河，走过荒草地，翻过雪山，行程约二万五千里，于1935年10月到达陕北，与陕北红军胜利会师。1936年10月，红二、四方面军到达甘肃会宁地区，同红一方

[1] 瑞金市志编纂委员会. 瑞金市志[M]. 西安：三秦出版社，2007：19－26.

面军会师。红军三大主力会师，标志着万里长征的胜利结束。

二、红色旅游项目的开发

红色旅游主要是指以中国共产党领导人民在革命和战争时期建树丰功伟绩所形成的纪念地和标志物为载体，以其所承载的革命历史和革命事迹以及革命精神为内涵，组织接待旅游者开展缅怀学习和参观游览的主题性旅游活动，是极具中国特色的文化旅游主题之一。国家分别于2005年、2011年、2016年颁布了三期《全国红色旅游发展规划纲要》，并评选了3批共300处全国红色旅游经典景区作为未来红色旅游发展工作的重点。近年来，在红色文化热的影响下，全国各地形成了红色旅游热潮，也带动了政界、学界和商界的积极响应，同时涌现出一批红色旅游的理论研究和应用研究成果。

从红色旅游的概念来看，其经历了一个在时空范畴上不断延展的过程，即从早期的局限于1921—1949年间由中国共产党所领导的革命斗争活动所形成的遗迹旅游，拓展为1840年以来具有爱国主义精神，以国家昌盛和民族复兴形成的纪念地和纪念物的游览活动。[1] 因此，红色旅游主要以中国人民在近现代一百多年历史上探索民族独立与复兴、国家统一与建设社会主义过程中的重大历史事件、场所、遗迹、人物等为载体，主要是为了彰显中国共产党执政合法性和必要性，强调意识形态宣传、公民教育和促进贫困地区经济发展，弘扬共产主义思想、红色精神和中华民族优良传统。[2] 而红色旅游项目的开发也往往需要和当地的历史文脉相结合，在整合提升各类文化资源的基础上增加红色旅游的吸引力。例如遵义的红色旅游，就是在保护的前提与基础上，科学合理地对不同类型的历史文化遗存进行量身订做、因地制宜式地展示与利用。当地围绕遵义会议会址，以及多个重要战斗遗址，通过展示和利用使历史文化遗存更好地适应社会经济的全面发展，同时结合文化培育、产业发展、文化旅游，采用多样化、真实性和物化性的原则合理利用红色遗产。而延安则对文化遗产进行分类梳理，系统地展示延安"全系列"历史文化特色，包含红色文化系列、古城格局系列、宗教文化系列、黄土风情系列等主题。在此基础上，当地对红色资源进行整合提升，在遗产线路组织、功能互

---

〔1〕 金鹏，卢东，曾小乔. 中国红色旅游研究评述[J]. 资源开发与市场，2017，33(6)：764-768.

〔2〕 参见黄细嘉，许庆勇，等. 红色旅游产业发展若干重要问题研究[M]. 北京：人民出版社，2018.

动、展示模式上进行创新，强化文化遗产间互动关联，最大程度强化遗产体系“合力”，并形成了红色文化线、古城风貌线、地域风情线等特色旅游线路。

此外，红色遗产是文化遗产的重要类型，除了具有文化遗产的一般共性外，还具有政治意识强、精神内涵统一以及民间性等特征。因此，红色旅游的保护方法亦具有一定的特殊性，其传承、保护和利用也一直是学术界及相关政府部门所关注的课题之一，涉及建筑规划、文博场馆、档案文献等多个领域，而由于中国革命路线是从“农村包围城市”的具有中国特色的革命道路，这也注定了绝大部分革命活动或革命事件发生在农村，因此农村或县城保留的红色遗存较多，分布于大中城市的红色遗存也多隐于城市建筑群中。

三、瑞金的红色旅游项目

瑞金最知名的红色旅游景点无疑是由叶坪、红井、二苏大、中华苏维埃纪念园（南园和北园）四大景区所组成的瑞金共和国摇篮景区，总计占地 4 550 余亩，也是全国爱国主义教育示范基地。景区依托丰富的红色历史和旅游资源，先后入选了国家级风景名胜区、国家 5A 级旅游景区、全国红色旅游精品线路、中国体育旅游十佳精品线路、中国红色旅游十大景区等国家级金字招牌，瑞金也因此成为了江西省旅游强县、江西省全域旅游示范区、省级生态旅游示范区、全省低碳旅游示范景区等重要旅游目的地，连续三年获评中国县域旅游竞争力百强县市，列入国家全域旅游示范区创建单位。

但另一方面，尽管拥有丰富的红色旅游资源，但相较于延安、井冈山、西柏坡、遵义等其他著名的红色旅游城市，瑞金的红色旅游发展略显滞后。2012 年 6 月，《国务院关于支持赣南等原中央苏区振兴发展的若干意见》为瑞金发展红色旅游提供了政策支持和良好契机。2015 年 7 月，经国家旅游局正式批复，瑞金共和国摇篮景区成为江西第七、赣州首个 5A 级旅游景区。此后，瑞金的红色旅游的发展速度得到了明显的提升。例如为推动红色旅游高质量跨越式发展，瑞金市成立了由市委主要领导任组长的文化和旅游工作领导小组，每月召开全市文化和旅游工作领导小组会议。近年来，瑞金先后出台了《瑞金市红色旅游高质量跨越式发展三年行动计划（2018—2020 年）》《长征国家文化公园瑞金段规划》《瑞金市推进全域旅游发展扶持奖励办法（试行）》等有关红色旅游发展的政策规划，确立了以共和国摇篮 5A 级景区和红色文化为核心，并通过“一核四线”串联起各大景区的发展模式。

而为了提升其作为红色旅游目的地的知名度，瑞金也先后举办了包括红色旅游博览会暨中国红色旅游推广联盟年会、江西省旅游产业大会等重要的文化旅游展会和活动，通过对红色文化旅游资源进行全面、深度的展示，有力地提升了瑞金作为红色故都的知名度和美誉度。同时，为加快红色培训和红色研学发展，瑞金专门制定了《瑞金市红色培训产业发展扶持奖励办法（试行）》，并成立了具有地方特色的管理服务机构——瑞金市红色文化培训产业发展领导小组办公室。瑞金市依托瑞金干部学院和瑞金市委党校开发了一系列精品课程，开设了红色培训辅导员培训班，并通过招商引资启动了可容纳 1 000 人以上的红色文化培训基地建设。疫情前的 2019 年，瑞金共接待来自全国各地红色培训和红色研学的学员达 5 080 批次 44.5 万人次[1]。

第四节　红色旅游目的地的多元空间重构路径

一、推进红色文化空间的培育

红色文化作为瑞金最主要的文化特色，在旅游目的地的开发中，既要发挥红色文化遗存爱国主义教育作用，也要发挥红色文化推进发展的经济作用。因此，首先需要建立革命旧址保护利用与旅游、文化创意等产业融合发展机制，开发、推广具有红色文化特色的旅游线路、旅游服务、旅游产品，逐步形成一批经典红色旅游核心区，如沙洲坝、叶坪等。

其次，则是需要创新红色文化宣传形式，在宣传、教育、展演等各项活动中，在突出红色文化要素的基础上，借助高科技元素，推出红色文化 VR（虚拟现实技术）体验馆、红色文化 AR（增强现实技术）等系列产品。

最后，培育一批红色主题的文化空间，围绕红色文化题材，创作生产、展演展示一批红色文化文艺精品。同时，通过线上线下相结合的方式，打造网络文艺精品创作基地、红色文化网络动漫、网游及衍生品等，使红色基因和红色血脉融入全国人民特别是青少年的世界观、人生观、价值观中。

二、脱贫致富与“善治文化”空间建构

瑞金所处的赣南地区，地处全国较大的集中连片特困地区，脱贫攻坚

〔1〕 记者（报道）. 江西瑞金：高质量推动红色旅游发展[J]. 中国人大，2020(11)：56.

任务繁重。作为闻名中外的红色故都，瑞金的脱贫，无疑有着更为深远的意义，共同富裕是社会主义的本质规定和根本原则，是中国共产党带领中国人民孜孜追求的目标。以“精准扶贫”为导向的脱贫致富就是求同共富的方法论。精准扶贫要做实的三件事：“一是发展生产要实事求是，二是要有基本公共保障，三是下一代要接受教育”。这是凝聚着党和人民走向社会大同的追求。“精准扶贫”的号召，推动着各级领导干部主动作为，勇于担当，扎实推进重点工作，从理论和实践上更加丰富及彰显了党的群众路线思想。

瑞金市深入学习贯彻习近平总书记关于扶贫工作的重要论述，坚持以脱贫攻坚统揽经济社会发展全局，聚焦“两不愁三保障”，狠抓责任落实、政策落实和工作落实，围绕精准扶贫、精准脱贫进行了一系列实践与探索，推动脱贫攻坚各项工作扎实开展并取得显著成效。2015 年以来，瑞金市成功减贫19 945户 81 400 人，贫困发生率从 2014 年底的 14.3%降至目前的2%以下，49 个贫困村全部顺利退出，农村居民年人均可支配收入由 2015 年的 8 251 元增至 2019 年的 12 510 元。2018 年 7 月，经国务院扶贫开发领导小组评估并经省政府批准，瑞金以零漏评、零错退、群众认可度99.38%的优异成绩顺利实现脱贫摘帽，成为赣南革命老区首个实现脱贫摘帽的县市。

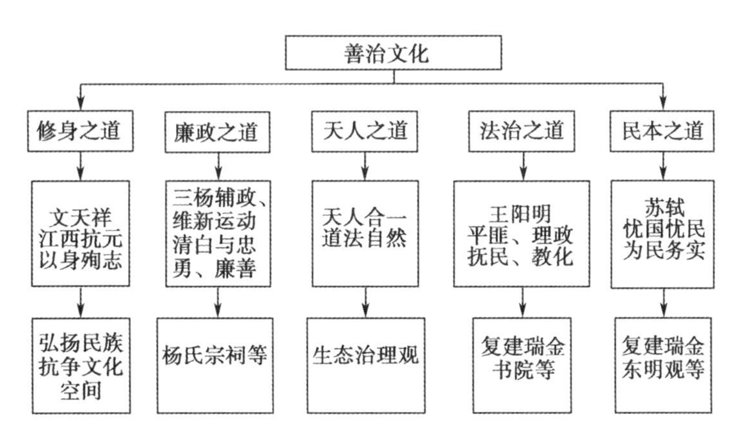

图 7.1 “善治文化”空间建构路径

在瑞金的历史上，苏轼、文天祥、王阳明等传统政治文化的杰出代表，均与当地的地方治理有着密切的关联。因此利用和重建既有的名人与宗族历史文化遗存，大力弘扬儒家的优秀传统美德，借鉴儒家“为政以德”“道之以德，齐之以礼”的德治主张，使其与坚持为人民服务的宗旨和以人为本的执政理念相结合，将有助于培育和弘扬社会主义核心价值观，从而成为有助于提升领导干部的道德修养的儒家伦理资源宝库（图 7.1）。

三、基于生态修复理念的空间塑造

在生态文明建设背景下，基于“生态修复、生态融城”理念，借助城乡空间资源整合契机，统筹城乡社会经济发展与生态保护的双重需求，塑造城市的良好结构与形态的新型城乡空间增长模式，形成结构合理、系统稳定、功能完善、空间耦合的网络化城市生态空间体系，引导城市整体形态与生态环境大格局的优化，并最终实现生态化与城镇化的和谐统一。

瑞金的自然山水格局在结构上相生相依，内容上则将瑞金的历史文化有机串联。“三圈”作为瑞金历史文化的承载体，功能上各有特点又紧密结合：城池圈包含了千年瑞金的古老城池，承载着历史悠久的古城历史遗存和儒道治理哲学；历史城区圈包含了古代瑞金的关厢地区，承载着瑞金水运文化、宗族文化和商贸历史；自然山水环境协调圈将叶坪乡和沙洲坝镇等革命遗址群和纪念园区囊括在内，承载着红色革命文化和“共和国摇篮”民主执政历史故事，“三圈”之间贯穿联结着“善政”思想，体现着瑞金传统历史文化与革命精神内涵的一脉相承。

四、以休闲体验为目标的旅游空间营造

体验是旅游个体通过与外部世界取得联系，从而改变并调整其心理状态结构的过程。秉承全域旅游理念，为了给游客塑造舒畅而独特的旅游体验，应遵循差异性、参与性、真实性和挑战性的原则塑造旅游产品。

以体验休闲为支撑的“旅游文化”空间营造包括空间组织创新和空间组织优化两部分。即一方面强调对作为文化资源的内容进行深度和广度的挖掘，开发新形式的项目、制定新的营销策略、设计新的旅游线路；另一方面以需求为导向，实现旅游项目和旅游线路的大分散、小集中，将生态空间、生活空间、文化空间和旅游空间相融合，推进旅游目的地的圈层化发展（表 7.1）。

表 7.1　旅游空间塑造路径

旅游空间开发方向	具体开发模式	核心内容
方向一：旅游＋内容	存量空间提升模式（纵向深耕）	旅游＋项目
		旅游＋营销
	增量空间挖潜模式（横向拓展）	生产空间融入旅游空间 旅游＋工业、旅游＋农业、旅游＋商务等
		生态空间融入旅游空间 旅游＋生态等
		生活空间融入旅游空间 旅游＋文化、旅游＋社区等
方向二：旅游＋手段	智慧旅游发展模式（空间有序）	旅游＋信息技术 （智慧交通、智慧设施等）

在此基础上打造瑞金古城体验街区，包含“吃、穿、游、购、娱、研＋学”等多个面向。“吃”即注重老字号的品牌宣传，打造特色美食街，发挥集聚效应，扶植地方特色餐饮企业，在形成一定规模后，定期开展美食交流会或美食节系列活动。“穿”即打造苏区特色服饰一条街，体验穿戴或购买革命特色的东西。游客穿着红军服饰踏寻红色遗迹，更好地继承和发扬红军的革命优良传统。“游”即结合瑞金市的特有民俗建筑风貌推行传统村落旅游；结合瑞金当地的客家传统文化，加强文化空间的打造；依托瑞金风俗节事，吸引全国各地游客汇聚瑞金体验独特风情。“购”即联合当地的民间手工艺人，基于传统民俗打造特色文艺品，同时开展旅游创意产品加工，让游客在离开瑞金的时候手中都提着心思巧妙的伴手礼，对瑞金有二次宣传的作用。“娱”即对当地传统的客家文化进行充分利用，举办系列风俗活动，让游客融入到宗族文化的环境中。鼓励引导文化创新，采取相关保护策略。“研＋学”即结合瑞金客家原有聚居文化，加强文化空间的打造；针对红色故事历史建筑，打造红色文化研学堂，通过宣传吸引全国各地游客汇聚瑞金体验独特红色文化，鼓励倡导对红色文化进行学习和研究。

目前，瑞金正在加快推进浴血瑞京景区、云石山长征体验园、马克思映像小镇、红源记忆教育培训基地、智慧旅游大数据中心等重点文旅项目建设。其中，浴血瑞京景区按照绿色发展理念，利用废弃矿山改造而成，作为赣州市首个实战实景演艺项目，补齐了瑞金夜游经济短板。

第五节 小 结

本章通过对瑞金历史发展过程中优秀传统文化及其红色革命文化的初步梳理，解析两者一脉相承的基因特质。瑞金传统文化中客家民系的包容坚忍、开拓进取的特质，群山重叠盆地中的聚落环境所孕育的生存智慧，均是中国传统文化中的优秀成分，并在红色故都的建设过程中完成了革命性转换和升华。这两方面的文化都是瑞金当前构建国家历史文化名城的社会主义先进文化的基础，也是发展红色旅游的宝贵文化资源。只有通过弘扬优秀传统文化，传承红都革命精神，挖掘历史文化遗产的社会价值，才能激活瑞金各类文化遗产空间，推进新时期文旅融合下的精神文明和生态文明建设，以及文化旅游产业的发展。

同时，发展这些代表瑞金辉煌历史文化的空间载体，也需要激活其当代价值。瑞金历史文化遗产的活化利用，对于传承和继承地方历史文化遗产、发扬光荣革命传统、建设社会主义精神文明、提升城市形象以及发展文化旅游等，都有巨大的现实意义。

结语　从文化立市到文旅兴市：迈向文化体验空间的城市

随着我国的经济正式步入新常态，城乡建设与发展开始摆脱单纯注重GDP的物质增长，从改革开放初期的增量模式逐渐转变为注重社会、经济、文化、环境等相协调和可持续的高质量发展模式。在此背景下，城市竞争力开始被视为一个综合概念，既包括过去长期重视的经济竞争力，也包括社会文化领域的竞争力，尤其是文化竞争力对城市发展的影响与作用越来越突出。越来越多的城市研究者和城市管理者认识到，城市文化同样是推动城市经济和社会可持续发展的重要力量。城市作为人类文明的集中体现和重要结晶，以文化品位提升城市品质、塑造城市形象、展示城市品牌、推动城市发展，即“文化立市”，无疑是城市建设和管理的重中之重。

城市文化包括了物质文化和精神文化两个层面。而从发展过程看，文化作为一个地区人类生活方式及其形态的总和，在漫长的时间延续序列中逐渐积累，最终形成当地的历史文化资源。历史文化资源一旦形成，即会表现出两种基本的存在形式：其一为有形存在，即历史文化资源的实物遗存，包括古都遗址、石刻岩画、名人故里、古墓古建筑、博物馆等文物群；其二为无形存在，即历史文化资源实物遗存形式下的技艺、民俗、习惯等，以及其背后所蕴含的文化内涵和价值理念。城市是人类改造自然和利用自然的能力体现得最为充分和突出的地方，它是人类文明发展到一定阶段的产物，也是一个地区经济和文化相对发达的中心，城市自然成为集成历史文化资源两种形态的主要载体。物质形态与非物质形态并存，二者相互照应，成为客观与主观的统一体。

无论是中国古代从里坊制到街巷制下的街市，还是发展到当代的百货商店、购物中心，商业和休闲活动始终是城市空间中的重要职能。城市提供了商品交易、休闲游憩以及公共生活的场所，大量的消费空间分布在城市的各个核心区域，并随着市域范围的扩大向周边的郊区或卫星城镇蔓延。而随着消费活动不断扩大和升级，人们对消费空间逐渐从产品需求发展到精神需求。尤其是在互联网经济浪潮的冲击下，传统的线下商品交易活动正越来越多地受到网络购物活动的挑战而逐渐削弱。取而代之的是文化消费正逐渐成为城市空间中最重要的消费活动，传统的百货商店、购物中心甚至超市开始被文化空间主导的多业态混合商业空间所取代。特色文化街区、城市综合体、历史风情小镇等具有浓郁文化氛围的创意活动空间和体验性消费空间，由于满足了人们日益增长的精神文化需求，从而成为当代城市公共生活的重要组成部分，得以聚集了大量的资本和人气。

正如约瑟夫·派恩二世（B. Joseph Pine Ⅱ）和詹姆斯·吉尔摩（James H. Gilmore）在其《体验经济》中所描述的，体验经济是企业以服务为舞台，以商品为道具，以消费者为中心，从生活与情境出发，塑造感官体验及思维认同，创造消费者美好回忆的活动。体验经济是继农业经济、工业经济、服务经济之后的第四种经济形态。[1] 可以说，在体验经济时代，不论是购物、饮食、文化还是教育，都不能再以单一服务形态吸引消费者，而是娱乐、观光与体验几种结合的复合型的产业形态：购物娱乐、饮食娱乐及教育娱乐等。对于城市空间而言，它也需要与多方面的休闲娱乐产业结合，打造出具有体验功能的综合性场所。

同时不少城市管理者意识到，在过去近半个世纪快速的城市化建设过程中，对于城市工商业的过度追求，往往忽视了人与城市文化情感的关联性，因此有必要在新时代的城市更新中将包括幸福感、地方性、场所精神、集体记忆等人文因素置入其中。换言之，在庞大的人造建筑空间面前，城市居民对此做出的反应，即城市人的主观感受，不是“身为物役”的 GDP 崇拜，而是“万物皆备于我”的主体体验，正成为城市品质的核心指标。人们评价城市的品质和魅力的注重点是其文化内涵，在影响城市品质的诸多要素中，文化

---

〔1〕 参见 B. 约瑟夫·派恩，詹姆斯·H. 吉尔摩. 体验经济[M]. 毕崇毅，译. 北京：机械工业出版社，2012.

品质首当其冲。在此背景下,城市更新的模式也从粗放的“大拆大建”转向“绣花式”的精细化微更新,从关注重大产业项目到关注老旧小区改造、城市遗产复兴、文化创意氛围营造等民生和文化,更加注重提升市民的获得感、幸福感。

可以说,体验经济正成为我国不少大中城市主导的经济形式。相较于过去的服务经济,体验经济将消费者置于中心的位置,除了满足消费者基本的物质方面的要求,更注重精神、社会和个性的发展需求。在体验经济时代,人们会通过创新和创意来创造越来越多与体验有关的经济活动,商家将靠提供体验服务提高竞争力以获得更高的市场回报。同时,注重体验的理念正融入到城市生活的各个方面,一方面表现在大量业态复合化,体验性、舒适度都能满足现代城市居民需求的商业街、综合体、办公楼等不断涌现;另一方面则是城市空间日益景区化、旅游化。“文旅兴市”正成为当前及今后城市发展的一个重要方向。

城市空间的景区化建设,不仅使城市商业街、传统街巷乃至办公园区成为一个更具有文化氛围、休闲娱乐功能加强的现代都市生产和生活空间,吸引更具有创新创意思维的高质量人才,同时也能够通过挖掘城市特色文化,打造具有国际竞争力和影响力的城市地标和名片。事实上,近年来越来越多的城市文化空间的设计,开始强调通过探索当地文化和生活的不同内涵,并使用传统和自然美学的空间载体,以促进城市的传统文化传承。同时,大量的沉浸式体验的文化和旅游设施在城市中涌现,不断更新的新技术手段让民众能够瞬间脱离现实,得到全新的感官体验。可以说,文旅融合背景下的城市空间,不仅仅是为了推动文化资源的旅游开发,更是希望通过文化的保护传承、与创新提升城市商业和休闲空间的整体品质、服务质量、环境质量及综合设施水平,构建一个集经济效益、社会效益、环境效益于一体的现代文化与旅游服务体系,实现社会经济的良性发展。

在城市文旅融合发展中,现有的诸多文化产品也将有机会开发包装成全新的产品形态和商业业态,得到更多的传播和推广机会。例如通过匹配文化演出供给与文化旅游需求实现文化演出观赏客群的旅游化,通过创意化的策划设计在城市中营造网红景点、创意店铺、特色书店和咖啡馆等带动文化领域的万众创新,促进城市文化旅游产品的创新发展。

在党的二十大报告中,习近平总书记以“推进文化自信自强,铸就社会主义文化新辉煌”为总纲，对中国特色社会主义文化进行了深刻阐释，将文化的地位和作用提升到新的高度，为新时代新征程上社会主义文化强国建设进一步指明了前进方向。被视作“文化的容器”的城市无疑是展现新时代中国式现代化文化建设成就的最重要舞台和场域。在经济全球化和文化全球化快速发展的时代，城市之间的竞争日趋激烈。城市要想在竞争中取胜，要想创造、提升自我价值、增益其核心竞争力，就必须以城市为营销主体，运用现代化市场手段，通过对城市经济、政治、文化、环境等资源进行整合和规划，从而提升城市的软硬环境及相关服务，发掘和创新城市独特的吸引力，满足市民、投资者、旅游者、企业等不同的消费需求，进而树立良好的城市品牌形象，推动城市的良性发展。

参考文献

中文著作

[1] 保继刚. 旅游地理学[M]. 3 版. 北京：高等教育出版社，2012.

[2] 柴彦威，等. 城市地理学思想与方法[M]. 北京：科学出版社，2012.

[3] 陈恒，等. 西方城市史学[M]. 北京：商务印书馆，2017.

[4] 陈劲，王焕祥. 演化经济学[M]. 北京：清华大学出版社，2008.

[5] 戴学锋，廖斌. 全域旅游理论与实践[M]. 北京：中国旅游出版社，2021.

[6] 傅才武，许启彤. 文化创意、产业融合和城市发展[M]. 北京：中国社会科学出版社，2015.

[7] 顾江. 文化产业经济学[M]. 南京：南京大学出版社，2007.

[8] 郭兵主. 红都瑞金[M]. 北京：中央文献出版社，2010.

[9] 贺灿飞. 转型经济地理研究[M]. 北京：经济科学出版社，2017.

[10] 贺云翱. 文化遗产学论集[M]. 南京：江苏人民出版社，2017.

[11] 胡惠林. 文化产业发展的中国道路[M]. 北京：社会科学文献出版社，2018.

[12] 皇甫晓涛. 城市文化：文明类型与文化建构[M]. 北京：经济科学出版社，2018.

[13] 黄凯南. 现代演化经济学基础理论研究[M]. 杭州：浙江大学出版社，2010.

[14] 黄细嘉，许庆勇，等. 红色旅游产业发展若干重要问题研究[M]. 北京：人民出版社，2018.

[15] 津浦铁路管理局总务处编查课. 津浦铁路旅行指南[M]. 第 7 期，1933.

[16] 孔进. 公共文化服务供给：政府的作用[M]. 北京：中国社会科学出版社，2021.

[17] 李敬宇. 老浦口[M]. 南京：江苏凤凰文艺出版社，2016.

[18] 林艺，刘涛. 区域文化导论[M]. 北京：清华大学出版社，2015.

[19] 刘敏. 公共文化服务：从均等化到品质共享[M]. 北京：中国经济出版社，2019.

[20] 刘卫东. 经济地理学思维[M]. 北京：科学出版社，2021.

[21] 吕建昌. 当代工业遗产保护与利用研究：聚焦三线建设工业遗产[M]. 上海：复旦大学出版社，2020.

[22] 宓汝成. 中国近代铁路史资料（1863—1911）（第 1 册）[M]. 北京：中华书局，1963.

[23] 民国设计技术委员办事处. 首都计划[M]. 南京：南京出版社，2006.

[24] 莫健伟，崔德炜. 文化创意空间——艺术与商业的集聚与融合[C]. 北京：社会科学文献出版社，2012.

[25] 南京国民政府交通部，铁道部交通史编纂委员会. 交通史·路政编（十）[M]. 1935.

[26] 南京市地方志编纂委员会. 南京交通志[M]. 深圳：海天出版社，1994.

[27] 南京市地方志编纂委员会. 浦口区志[M]. 北京：方志出版社，2005.

[28] 南京市建邺区地方志编纂委员会. 建邺区志[M]. 北京：方志出版社，2003.

[29] 祁述裕. 十八大以来中国文化政策与法规研究[M]. 北京：社会科学文献出版社，2019.

[30] 瑞金市志编纂委员会. 瑞金市志[M]. 西安：三秦出版社，2007.

[31] 史正富，荣兆梓. 当代中国政治经济学：实践与创新[M]. 北京：社会科学文献出版社，2016.

[32] 司马云杰. 文化社会学[M]. 5 版. 北京：华夏出版社，2011.

[33] 孙斌栋，等. 中国城市经济空间[M]. 北京：科学出版社，2018.

[34] 孙秋云. 文化人类学教程[M]. 北京：民族出版社，2004.

[35] 唐燕，等. 文化、创意产业与城市更新[M]. 北京：清华大学出版社，2016.

[36] 汪晖，陈燕谷. 文化与公共性[M]. 北京：生活·读书·新知三联书店，2005.

[37] 汪敬虞. 十九世纪西方资本主义对中国的经济侵略[M]. 北京：人民出版社，1983.

[38] 王缉慈，等. 超越集群——中国产业集群的理论探索[M]. 北京：科学出版社，2010.

[39] 王建民，等. 中国人类学评论[M]. 北京：文津出版社，2014.

[40] 吴军，等. 文化动力：一种城市发展新思维[M]. 北京：人民出版社，2016.

[41] 夏赞才. 张家界现代旅游发展史研究[M]. 长沙：湖南师范大学出版社，2006.

[42] 向勇，刘静. 中国文化创意产业园区实践与观察[M]. 北京：红旗出版社，2012.

[43] 徐菊凤，等. 旅游公共服务：理论与实践[M]. 北京：中国旅游出版社，2013.

[44] 徐延平，徐龙梅. 南京工业遗产[M]. 南京：南京出版社，2012.

[45] 许俊基. 中国广告史[M]. 北京：中国传媒大学出版社，2006.

[46] 宣婷. 历史风貌区保护规划：以南京浦口火车站为例[M]. 南京：东南大学出版社，2013.

[47] 薛恒. 南京百年城市史・3・市政建设卷(1912—2012)[M]. 南京：南京出版社，2014.

[48] 雍玉国. 南京市行政区划史(1927—2013)[M]. 南京：南京出版社，2016.

[49] 张家界地方志编纂委员会. 张家界市志[M]，2006.

[50] 张蕊燕. 千年瑞金[M]. 北京：中国文史出版社，2014.

[51] 张庭伟，王兰. 从CBD到CAZ：城市多元经济发展的空间需求与规划[M]. 北京：中国建筑工业出版社，2011.

[52] 中共南京市浦口区委党史工作办公室. 中共南京市浦口地方史第二卷(1949—1978)[M]. 北京：中共党史出版社，2007.

[53] 中国旅游研究院. 中国入境旅游发展年度报告2017[M]. 北京：旅游教育出版社，2017.

[54] 周黎安. 转型中的地方政府：官员激励与治理[M]. 上海：格致出版社，2008.

[55] 周尚意，孔翔，朱竑. 文化地理学[M]. 北京：高等教育出版社，2004.

中文译著

[1] 阿兰・R. H. 贝克. 地理学与历史学：跨越楚河汉界[M]. 阙维民，译. 北京：商务印书馆，2008.

[2] 艾伦・J. 斯科特. 城市文化经济学[M]. 董树宝，张宁，译. 北京：中国人民大学出版社，2010.

[3] 安纳李・萨克森尼安. 区域优势：硅谷与128号公路的文化和竞争[M]. 温建平，李波，译. 上海：上海科学技术出版社，2020.

[4] 保罗・萨巴蒂尔. 政策过程理论[M]. 彭宗超，等译. 北京：生活・读书・新知三联书店，2004.

[5] 贝拉・迪克斯. 被展示的文化：当代"可参观性"的生产[M]. 冯悦，译. 北京：北京大学出版社，2012.

[6] 查尔斯・兰德利. 创意城市[M]. 杨幼兰，译. 北京：清华大学出版社，2009.

[7] 查尔斯・瓦尔德海姆. 景观都市主义：从起源到演变[M]. 陈崇贤，夏宇，译. 南京：江苏凤凰科学技术出版社，2018.

[8] Mark Abrahamson. 城市社会学：全球导览[M]. 宋伟轩，等译. 北京：科学出版社，2018.

[9] 大卫・赫斯蒙德夫. 文化产业[M]. 3版. 张菲娜，译. 北京：中国人民大学出版社，2016.

[10] 戴维・索罗斯比. 文化政策经济学[M]. 易昕，译. 大连：东北财经大学出版

社,2013.

[11] 丹尼尔·亚伦·西尔,特里·尼科尔斯·克拉克.场景:空间品质如何塑造社会生活[M].祁述裕,吴军,等译.北京：社会科学文献出版社,2019.

[12] 道格拉斯·C.诺思,等.制度、制度变迁与经济绩效[M].杭行,译.上海：格致出版社,2014.

[13] 段义孚.恋地情结[M].志丞,刘苏,译.北京：商务印书馆,2018.

[14] 哈尔特穆特·罗萨.加速：现代社会中时间结构的改变[M].董璐,译.北京：北京大学出版社,2015.

[15] 加文·杰克,艾利森·菲普斯.旅游与跨文化交际：旅游何以如此重要?[M].王琳,匡晓文,译.北京：商务印书馆,2020.

[16] 卡尔·波兰尼.大转型：我们时代的政治与经济起源[M].冯钢,刘阳,译.杭州：浙江人民出版社,2007.

[17] 克利福德·格尔茨.文化的解释[M].韩莉,译.南京：译林出版社,2014.

[18] 理查德· 佛罗里达.创意基层的崛起：关于一个基层和城市的未来[M].欧阳爱勤,译.北京：中信出版社,2010.

[19] 刘易斯·芒福德.城市发展史：起源、演变和前景[M].宋俊岭,倪文彦,译.北京：中国建筑工业出版社,2005.

[20] 露丝·陶斯.文化经济学[M].周正兵,译.大连：东北财经大学出版社,2016.

[21] 马文·哈里斯.文化唯物主义[M].张海洋,王曼萍,译.北京：华夏出版社,1989.

[22] 马修·波泰格,杰米·普灵顿.景观叙事：讲故事的设计实践[M].张楠,等译.北京：中国建筑工业出版社,2015.

[23] 迈克·克朗.文化地理学(修订版)[M].杨淑华,宋慧敏,译.南京：南京大学出版社,2005.

[24] 莫里斯·哈布瓦赫.论集体记忆[M].毕然,郭金华,译.上海：上海人民出版社,2002.

[25] 诺伯格·舒尔兹.场所精神：迈向建筑现象学[M].汪坦,译.武汉：华中科技大学出版社,2010.

[26] 皮埃尔·诺拉.记忆之场：法国国民意识的文化社会史[M].黄艳红,等译.南京：南京大学出版社,2015.

[27] 齐格蒙特·鲍曼.流动的现代性[M].欧阳景根,译.北京：中国人民大学出版社,2018.

[28] 让·博西玛,让·马丁.演化经济地理学手册[M].李小建,罗庆,等译.北京：商务印书馆,2016.

[29] 藤田昌久,雅克-弗朗斯瓦蒂斯.集聚经济学：城市、产业区位与全球化[M].2

版. 石敏俊,等译. 上海：格致出版社,2016.

[30] 托比・米勒,乔治・尤迪思. 文化政策[M]. 刘永孜,付德根,译. 南京：南京大学出版社,2017.

[31] 温迪・J. 达比. 风景与认同：英国民族与阶级地理[M]. 张箭飞,赵红英,译. 南京：译林出版社,2011.

[32] 沃尔夫冈・希弗尔布施. 铁道之旅：19 世纪空间与时间的工业化[M]. 金毅,译. 上海：上海人民出版社,2018.

[33] 希拉里・迪克罗,鲍勃・麦克彻. 文化旅游[M]. 2 版. 朱路平,译. 北京：商务印书馆,2017.

[34] 扬・阿斯曼. 文化记忆：早期高级文化中的文字、回忆和政治身份[M]. 金寿福,黄晓晨,译. 北京：北京大学出版社,2015.

[35] 约翰・厄里,乔纳斯・拉森. 游客的凝视[M]. 3 版. 黄宛瑜,译. 上海：格致出版社,2016.

[36] 约翰・W. 金登. 议程、备选方案与公共政策[M]. 2 版(中文修订版). 丁煌,方兴,译. 北京：中国人民大学出版社,2017.

[37] B. 约瑟夫・派恩,詹姆斯・H. 吉尔摩. 体验经济[M]. 毕崇毅,译. 北京：机械工业出版社,2012.

[38] 朱莉・里夫斯. 文化与国际关系：叙事、本地人和游客[M]. 朱振明,郭之恩,译. 北京：华夏出版社,2019.

中文期刊

[1] 曹正伟. 两岸旅游发展与政治关系之间的交互影响[J]. 旅游学刊,2012,27(11)：81－88.

[2] 程遥,赵民. 论现代制造业的生产组织与“城市—区域”空间演变的关联性：“网络”和“嵌入性”双重理论视角研究[J]. 城市规划学刊,2015(6)：20－29.

[3] 戴俊骋,那鲲鹏,单雪婷. 世界文学之都对中国城市申都启示[J]. 文化学刊,2019(2)：24－29.

[4] 戴旭俊,刘爱利. 地方认同的内涵维度及影响因素研究进展[J]. 地理科学进展,2019,38(5)：662－674.

[5] 董一平,侯斌超. 工业遗存的“遗产化过程”思考[J]. 新建筑,2014(4)：40－44.

[6] 范春燕. 解读当代西方发达国家的文化政策：西方学者对文化政策的研究及其启示[J]. 国外社会科学,2013(3)：32－38.

[7] 范帅邦,郭琪,贺灿飞. 西方经济地理学的政策研究综述：基于 CiteSpace 的知识图谱分析[J]. 经济地理,2015,35(5)：15－24.

[8] 方书生. 近代中国工业体系的萌芽与演化[J]. 上海经济研究,2018,30(11)：

114－128.

[9] 高见，邬晓霞，张琰．系统性城市更新与实施路径研究：基于复杂适应系统理论[J]．城市发展研究，2020，27(2)：62－68.

[10] 韩源．全球化背景下的中国国家形象战略框架[J]．当代世界与社会主义，2006(1)：99－104.

[11] 郝帅，程楠，孙星．新型工业博物馆初探[J]．文物春秋，2019(2)：45－50.

[12] 何丹，金凤君，戴特奇，等．北京市公共文化设施服务水平空间格局和特征[J]．地理科学进展，2017，36(9)：1128－1139.

[13] 贺灿飞，李伟．演化经济地理学与区域发展[J]．区域经济评论，2020(1)：39－54.

[14] 胡大平．南京长江大桥[J]．学术研究，2012(10)：1－19.

[15] 胡抚生．"一带一路"倡议背景下跨境旅游合作区建设的思考[J]．旅游学刊，2017，32(5)：1－3.

[16] 黄晓．产业化视角下的贵州民族民间文化资源保护[J]．贵州社会科学，2006(2)：51－53.

[17] 记者(报道)．江西瑞金：高质量推动红色旅游发展[J]．中国人大，2020(11)：56.

[18] 贾根良．理解演化经济学[J]．中国社会科学，2004(2)：33－41.

[19] 蒋淑媛．北京现代公共文化服务体系构建研究[J]．北京社会科学，2015(1)：118－122.

[20] 金鹏，卢东，曾小乔．中国红色旅游研究评述[J]．资源开发与市场，2017，33(6)：764－768.

[21] 荆学民，李彦冰．政治传播视野：国家形象塑造与传播中的国家理念析论：以政治国家与市民社会的良性互动为理论基点[J]．现代传播(中国传媒大学学报)，2010，32(11)：15－20.

[22] 李凡，朱竑，黄维．从地理学视角看城市历史文化景观集体记忆的研究[J]．人文地理，2010，25(4)：60－66.

[23] 李飞．跨境旅游合作区：探索中的边境旅游发展新模式[J]．旅游科学，2013，27(5)：10－21.

[24] 李锋．国外旅游政策研究：进展、争论与展望[J]．旅游科学，2015，29(1)：58－75.

[25] 李倩菁，蔡晓梅．新文化地理学视角下景观研究综述与展望[J]．人文地理，2017，32(1)：23－28，98.

[26] 李育菁，竺岫．场域与资本理论视角下世界"文学之都"的建构脉络研究[J]．出版发行研究，2021(5)：98－104.

[27] 李云燕，赵万民，朱猛，等. 我国新时期旧城更新困境、思路与基本框架思考[J]. 城市发展研究，2020，27(1)：55－64.

[28] 梁学成. 对世界遗产的旅游价值分析与开发模式研究[J]. 旅游学刊，2006，21(6)：16－22.

[29] 林强. 城市更新的制度安排与政策反思：以深圳为例[J]. 城市规划，2017，41(11)：52－55.

[30] 刘珂秀，刘滨谊. “景观记忆”在城市文化景观设计中的应用[J]. 中国园林，2020，36(10)：35－39.

[31] 刘逸. 关系经济地理的研究脉络与中国实践理论创新[J]. 地理研究，2020，39(5)：1005－1017.

[32] 吕斌，张玮璐，王璐，等. 城市公共文化设施集中建设的空间绩效分析：以广州、天津、太原为例[J]. 建筑学报，2012(7)：1－7.

[33] 马仁锋，王腾飞，张文忠. 创意再生视域宁波老工业区绅士化动力机制[J]. 地理学报，2019，74(4)：780－796.

[34] 南京市浦口区土地管理局. 南京市浦口区土地管理志. 北京：方志出版社，1999.

[35] 南京特别市市政府. 接收浦口商埠案[J]. 首都市政公报，1929(27).

[36] 彭兆荣. 以民族—国家的名义：国家遗产的属性与限度[J]. 贵州社会科学，2008(2)：5－12.

[37] 钱俊希，朱竑. 新文化地理学的理论统一性与话题多样性[J]. 地理研究，2015，34(3)：422－436.

[38] 苏卉，王丹. 基于数字技术的大遗址区文化资源的活化策略研究[J]. 资源开发与市场，2016，32(2)：174－177.

[39] 佟玉权，韩福文. 工业遗产景观的内涵及整体性特征[J]. 城市问题，2009(11)：14－17.

[40] 王兰，邱松，廖舒文. 创意产业园区周边绅士化：基于上海案例的实证研究[J]. 现代城市研究，2019，34(2)：69－77.

[41] 魏宗财，甄峰，单樑，等. 深圳市文化设施时空分布格局研究[J]. 城市发展研究，2007，14(2)：8－13.

[42] 吴隽宇. 从东西方哲学思想探讨建筑文化遗产概念之差异[J]. 华中建筑，2011(5)：34－37.

[43] 吴淑凤. 迁入者与创意街区的社会建构：基于一种绅士化的视角[J]. 城市规划，2019，43(6)：90－96.

[44] 夏洁秋. 文化政策与公共文化服务建构：以博物馆为例[J]. 同济大学学报(社会科学版)，2013，24(1)：62－67.

[45] 向勇，刘颖. 国际文化产业的政策模式及对中国的启示研究[J]. 福建论坛(人文

社会科学版)，2016，20(4)：102－110.

[46] 徐红罡，郑海燕，保继刚. 城市旅游地生命周期的系统动态模型[J]. 人文地理，2005，20(5)：66－69.

[47] 徐苏宁，王国庆，李世芬，等. 工业遗产保护与城市更新[J]. 城市规划，2017，41(2)：81－84.

[48] 颜银根，安虎森. 演化经济地理：经济学与地理学之间的第二座桥梁[J]. 地理科学进展，2013，32(5)：788－796.

[49] 颜玉凡. 城市社区公共文化服务的多元主体互动机制：制度理想与现实图景：基于对N市JY区的考察[J]. 南京社会科学，2017(10)：134－142.

[50] 杨虎涛. 演化经济学的方法和主题特征及其演变：一种以“另类教规理论”为例的解释[J]. 财经研究，2010，36(1)：43－52.

[51] 虞虎，王开泳，徐琳琳. 工业遗产资源游憩化利用研究及其启示[J]. 世界地理研究，2019，28(5)：210－220.

[52] 张朝枝，屈册，金钰涵. 遗产认同：概念、内涵与研究路径[J]. 人文地理，2018，33(4)：20－25.

[53] 张秋东，李桂华. 城市公共阅读空间治理主体关系转型分析[J]. 图书馆建设，2020(5)：115－122.

[54] 张文忠. 宜居城市建设的核心框架[J]. 地理研究，2016，35(2)：205－213.

[55] 赵红梅. 论遗产的生产与再生产[J]. 徐州工程学院学报(社会科学版)，2012，27(3)：29－34.

[56] 赵建中. 南京古代诗歌资源的历史文化价值研究[J]. 中共南京市委党校学报，2016(4)：99－104.

[57] 赵可金，陈维. 城市外交：探寻全球都市的外交角色[J]. 外交评论(外交学院学报)，2013，30(6)：61－77.

[58] 赵燕菁. 制度经济学视角下的城市规划(下)[J]. 城市规划，2005，29(7)：17－27.

[59] 赵政原，刘志高. 演化经济地理学视角下旅游目的地研究述评及启示[J]. 地理科学进展，2019，38(1)：101－110.

[60] 赵政原. 日本地方城市振兴视角下的工业遗产转型机制：以北九州市为例[J]. 现代城市研究，2021，36(11)：127－132.

[61] 赵政原. 文化景观与城市记忆：南京浦口火车站的记忆重构[J]. 史林，2021(6)：90－101.

[62] 郑迦文. 公共文化空间：城市公共文化服务建设的空间维度[J]. 华南师范大学学报(社会科学版)，2017(1)：164－167.

[63] 钟兴菊. 地方性知识与政策执行成效：环境政策地方实践的双重话语分析[J].

公共管理学报，2017，14(1)：38－48.

[64] 朱逸宁，苏晓静．“文学之都”的历史源流与建设路径研究：以南京为例[J]．中国名城，2020(6)：63－69.

[65] 邹统钎，胡莹．旅游外交与国家形象传播[J]．对外传播，2016(5)：22－24.

英文著作

[1] Americans for the Arts. Creative Industries 2005: The Congressional Report [M]. Washington DC: Americans for the Arts, 2005.

[2] Amsden A. Asia's Next Giant: South Korea and Late Industrialization[M]. New York: Oxford University Press, 1989.

[3] Anderson K, Domosh M, Thrift N, Pile S. Handbook of Cultural Geography [M]. London: Sage Publications Ltd, 2003.

[4] Anthony P. Key Debates in New Political Economy [M]. London: Routledge, 2006.

[5] Atkinson R, Bridge G. Gentrification in a global context: The New Urban Colonialism[M]. London: Routledge, 2005.

[6] Barthel D. Historic Preservation: Collective Memory and Historical Identity [M]. New Brunswick, NJ: Routledge University Press, 1996.

[7] Butt J, Donnachie I. Industrial Archaeology in the British Isles[M]. London: Paul Elek, 1979.

[8] Chitty G. Heritage, Conservation and Communities: Engagement, Participation and Capacity Building[M]. London: Routledge, 2017.

[9] Chitty G. Heritage, Conservation and Communities: Engagement, Participation and Capacity Building[M]. London: Routledge, 2017.

[10] Cooke P, Lazzeretti L. Cultural Clusters and Local Economic Development[M]. Cheltenham: Edward Elgar, 2007.

[11] Dicks B. Culture on Display: The Production of Contemporary Visibility[M]. Maidenhead, 2004.

[12] Douglas P. Tourist Development, 2nd edn[M]. Essex, UK: Longman Scientific and Technical, 1991.

[13] Faulconbridge J, et al. The Globalization of Advertising: Agencies, Cities and Spaces of Creativity[M]. London and New York: Routledge, 2011.

[14] Fischer M M, Nijkamp P. Handbook of Regional Science[M]. London: pringer-Verlag, 2013.

[15] Florida R. Cities and the Creative Class[M]. London and New York: Rout-

ledge, 2005.

[16] Florida R. The Rise of the Creative Class and How It's Transforming Work, Leisure, Community and Everyday Life[M]. New York: Basic Books, 2002.

[17] Franke S, Verhagen E. Creativity and the City: How the Creative Economy Changes the City[M]. Rotterdam: Nai Uitgevers Pub, 2005.

[18] Geddes P S. Cities in Evolution[M]. London: Williams & Norgate, 1915.

[19] Hall T, Hubbard P. The Entrepreneurial City: Geographies of Politics, Regime, and Representation[M]. London: Wiley, 1998.

[20] Hannigan J. Fantasy City: Pleasure and Profit in the Postmodern Metropolis [M]. New York: Routledge, 1998.

[21] Hayden D. The Power of Place: Urban Landscapes as Public History[M]. Cambridge, Mass: MIT Press, 1995.

[22] Hudson K. World Industrial Archaeology[M]. London: CUP Archive, 1979.

[23] Jackson P. Maps of Meaning: An Introduction to Cultural Geography[M]. London: Routledge, 1989.

[24] Jacobs J M. Edge of Empire: Postcolonialism in the City[M]. London: Routledge, 1996.

[25] Jacobs J. The Death and Life of Great American Cities (50th Anniversary Edition)[M]. New York: Modern Library, 2011.

[26] Jacobs J. The Economy of Cities[M]. New York: Random House, 1969.

[27] Jones O, Garde-Hansen J. Geography and Memory: Explorations in Identity, Place and Becoming[M]. Basingtoke, 2012.

[28] Kelman H C. International Behaviour: A Socio-Psychological Analysis[M]. New York: Holt, Rinehart & Winston, 1965.

[29] Kelman H C. International Behaviour: A Socio-Psychological Analysis[M]. New York: Holt, Rinehart & Winston, 1965.

[30] Lumply R. The Museum Time Machine[M]. Routledge, 1988.

[31] Lynch K. Good City Form[M]. Cambridge, MA: MIT Press, 1984.

[32] Macdonald S, Fyfe G. Theorizing Museums[M]. Oxford: Cambridge, Mass: Blackwell, 1996.

[33] Marilyn P N. Industrial Archaeology Principles and Practice[M]. London and New York: Routledge, 1998.

[34] Nelson R R, Winter S G. An Evolutionary Theory of Economic Change[M]. Cambridge, MA and London: The Belknap Press, 1982.

[35] Palmer M. Industrial Archaeology: Principles and Practice[M]. Abingdon-on-

Thames, UK: Routledge, 2012.

[36] Relph E. Place and Placelessness[M]. London: Pion, 1976.

[37] Rix M. Industrial Archaeology[M]. London: Historical Association, 1967.

[38] Sassen S. Cities in a World Economy[M]. California: Pine Forge Press, 1994.

[39] Sassen S. The global City (Second editions)[M]. Princeton, Oxford: Princeton University Press, 2001.

[40] Scott A J. Regions and the World Economy: The Coming Shape of Global Production,Competition and Political Order[M]. Oxford: Oxford University Press,2000.

[41] Sears D O, et al. Oxford Handbook of Political Psychology[M]. New York: Oxford University Press,2003.

[42] Sessen S. Global Networks, Linked Cities[M]. New York and London: Routledge, 2002.

[43] Smith L. Uses of Heritage[M]. London: Routledge, 2006.

[44] Steward J H. Theory of Culture Change[M]. Urbana: University of Illinois Press,1955.

[45] Stratton M, Trinder B. Twentieth Century Industrial Archaeology[M]. Abingdon-on-Thames, UK: Taylor & Francis, 2000.

[46] Tilden F. Interpreting Our Heritage (4th ed.)[M]. Chapel Hill, NC: The University of North Carolina Press, 2009.

[47] UK Department of Culture,Media and Sport. The Creative Industries Mapping Document 2001[M]. London: DCMS, 2001.

[48] UNESCO Institute for Statistics(UIS). The 2009 UNESCO Framework for Cultural Statistics(Draft)[M]. Montreal: UIS, 2009.

[49] Upton D, Vlach J M. Common Places: Readings in American Vernacular Architecture[M]. Athens: University of Georgia Press, 1986.

[50] Urry J. Consuming Place[M]. London: Routedge, 1995.

[51] Urry J. How Societies Remember the Past. Sharon Macdonald and Gordon Fyfe eds, Theorizing Museums[M]. Oxford: Cambridge, Mass: Blackwell, 1996.

[52] Wang J. Brand New China: Advertising, Media, and Commercial Culture[M]. Cambridge: Harvard University Press, 2008.

[53] World Intellectual Property Organization(WIPO). Guide on Surveying the Economic Contribution of the Copyright-based Industries[M]. Geneva: WIPO,2003.

[54] Zelinski W. The Cultural Geography of the United States[M]. Englewood Cliffs: Prentice Hall, 1973.

[55] Zukin D. Structures of Capital: The Social Organization of the Economy[M].

Cambridge, UK: CUP Archive, 1990.

英文期刊

[1] Airey D, Chong K. National Policy-makers for Tourism in China[J]. Annals of Tourism Research, 2010,2: 295 - 314.

[2] Amin A, Thrift N J. Neo-Marshallian Nodes in Global Networks[J]. International Journal of Urban and Regional Research,1992, 16(4): 571 - 587.

[3] Anton C S, Wilson J. The Evolution of Coastal Tourism Destinations: A Path Plasticity Perspective on Tourism Urbanization[J]. Journal of Sustainable Tourism, 2017, 25(1): 96 - 112.

[4] Asheim B T, Coenen L, Moodysson J, et al. Constructing Knowledge Based Regional Advantage: Implications for Regional Innovation Policy[J]. International Journal of Entrepreneurship and Innovation Management,2007, 7(2 - 7): 140 - 155.

[5] Baggio R. Symptoms of Complexity in a Tourism System[J]. Tourism Analysis, 2008, 13(1): 1 - 20.

[6] Bailey D, Bellandi M, Caloffi A, et al. Place-renewing Leadership: Trajectories of Change for Mature Manufacturing Regions in Europe[J]. Policy Studies, 2010, 31(4): 457 - 474.

[7] Balaguer J, Cantavella-Jordá M. Tourism as a Long-run Economic Growth Factor: The Spanish Case[J]. Applied Economics,2002, 34(7): 877 - 884.

[8] Bardolet E, Sheldon P J. Tourism in Archipelagos: Hawaii and the Balearics[J]. Annals of Tourism Research,2008, 35 (4): 900 - 923.

[9] Boschma R A, Lambooy J G. Evolutionary Economics and Economic Geography [J]. Journal of Evolutionary Economics, 1999, 9(4): 411 - 429.

[10] Brau R, Lanza A, Pigliaru F. How Fast are Small Tourism Countries Growing? Evidence from the Data for 1980—2003 [J]. Tourism Economics, 2007, 13 (4): 603 - 613.

[11] Brouder P. Evolutionary Economic Geography: A New Path for Tourism Studies[J]. Tourism Geogrphies,2014, 16(1): 2 - 7.

[12] Brouder P, Ioannides D. Urban Tourism and Evolutionary Economic Geograaphy: Complexity and Co-evolution in Contested Spaces[J]. Urban Forum, 2014, 25: 419 - 430.

[13] Buhalis D. Marketing the Competitive Destination of the Future[J]. Tourism Management, 2000, 21(1): 97 - 116.

[14] Butler R W. The Concept of a Tourist Area Cycle of Evolution: Implications for

Management of Resources[J]. Canadian Geographer, 1980, 24(1): 5 - 12.

[15] Chen C F, Chen F S. Experience Quality, Perceived Value, Satisfaction and Behavioral Intentions for Heritage Tourists[J]. Tourism Management, 2010, 31(1): 29 - 35.

[16] Chen, Chien-Min. Role of Tourism in Connecting Taiwan and China: Assessing Tourists' Perception of the Kinmen-Xiamen Links[J]. Tourism Management, 2010, 31(3): 421 - 424.

[17] Cunningham S. Soft Innovation: Economics, Product Aesthetics and Creative Industries[J]. Journal of Cultural Economics, 2011, 35(3): 241 - 245.

[18] Dai J, Huang X, Zhu H. Interpretation of 798: Changes in Power of Representation and Sustainability of Industrial Landscape[J]. Sustainability, 2015, 7: 5282 - 5303.

[19] D'Amore L J. Tourism: The World's Peace Industry[J]. Business Quarterly, 1988, 3: 79 - 81.

[20] Del Bosque I R, Martín H S. Tourist Satisfaction a Cognitive-Affective Model [J]. Annals of Tourism Research, 2008, 35(2): 511 - 573.

[21] Del Pozo P B, González P A. Industrial Heritage and Place Identity in Spain: From Monuments to Landscapes[J]. Geographical Review, 2012, 102(4): 446 - 464.

[22] Desilvey C, Edensor T. Reckoning With Ruins[J]. Progress in Human Geography, 2012, 37(4): 465 - 485.

[23] Drake G. "This Place Gives Me Space": Place and Creativity in the Creative industries[J]. Geoforum, 2003, 34(4): 511 - 524.

[24] Eaton W M. What's the Problem? How "Industrial Culture" Shapes Community Responses to Proposed Bioenergy Development in Northern Michigan, USA[J]. Journal of Rural Studies, 2016, 45: 76 - 87.

[25] Edensor T. The Ghosts of Industrial Ruins: Ordering and Disordering Memory in Excessive Space[J]. Environment and Planning D, 2005, 23: 829.

[26] Faulconbridge J. London and New York's Advertising and Law Clusters and Their Networks of Learning: Relational Analyses with a Politics of Scale? [J]. Urban Studies, 2007, 44 (9): 1635 - 1656.

[27] Flack W. American Microbreweries and Neolocalism: "Ale-ing" for a Sense of Place[J]. Journal of Cultural Geography, 1997, 16(2): 37 - 53.

[28] Florida R. The Rise of the Creative Class[J]. The Washington Monthly, 2002, 34(5): 15 - 25.

[29] Friedmann J, Wolff G. World City Formation: An Agenda for Research and Action[J]. International Journal of Urban and Regional Research, 2009, 6(3): 301 - 344.

[30] Frith S. Knowing One's Place: The Culture of Cultural Industry[J]. Cultural

Study from Birmingham, 1991,1: 135 - 155.

[31] Fuentes J M, García A I, Ayuga E, Ayuga F. The Development of the Flour-milling Industry in Spain: Analysis of Its Historical Evolution and Architectural Legacy [J]. Journal of Historical Geography, 2011, 37: 232 - 241.

[32] Garcia A F. A Comparative Study of the Evolution of Tourism Policy in Spain and Portugal[J]. Tourism Management Perspectives,2014, 11(1): 34 - 50.

[33] Garud R, Karnoe P. Path Dependence and Creation[J]. Administrative Science Quarterly, 2003,48(1): 154.

[34] Goss J. The Built Environment and Social Theory: Towards an Architectural Geography[J]. Professional Geographer, 1988, 40: 392 - 403.

[35] Grabher G. Ecologies of Creativity: the Village, the Group, and the Heterarchic Organisation of the British Advertising Industry[J]. Environment and Planning A, 2001, 33 (2): 351 - 374.

[36] Grabher G. The Project Ecology of Advertising: Tasks, Talents and Teams[J]. Regional Studies,2002, 36(3): 245 - 262.

[37] Granovetter M. Economic Action and Social Structure: The Problem of Embeddedness[J]. American Journal of Sociology, 1985, 91(3): 481 - 510.

[38] Hagedoorn J, Understanding the Cross-level Embeddedness of Inter-firm Partnership Formation[J]. Academy of Management Review, 2006, 31(3): 670 - 680.

[39] Hill L. Archaeologies and Geographies of the Post-industrial Past: Landscape, Memory and the Spectral[J]. Cultural Geographies, 2013, 20: 379 - 396.

[40] Hodgson G M. Darwinism in Economics: From Anlogy to Ontology[J]. Journal of Evolutionary Economics, 2002, 12(3): 259 - 281.

[41] Hodgson G M, Knudsen T. In Search of General Evolutionary Principles: Why Darwinism is too Important to Be Left to the Biologists[J]. Journal of Bio-economics, 2008, 10(1): 51 - 69.

[42] Hospers G J. Creative Cities: Breeding Places in the Knowledge Economy[J]. Knowledge Technology & Policy, 2003,16: 143 - 162.

[43] Hu G. Entry and Performance of Transnational Advertising Agencies in Taiwan [J]. Asian Journal of Communication, 2002, 8(2): 100 - 123.

[44] Ioannides D. Commentary: The Economic Geography of the Tourist Industry: Ten Years of Progress in Research and an Agenda for the Future[J]. Tourism Geographies, 2006,8(1): 76 - 86.

[45] Jacint B, José C P. Relationship between Spatial Agglomeration and Hotel prices: Evidence from Business and Tourism Consumers[J]. Tourism Management, 2013,

36: 391 - 400.

[46] Jafari J. Tourism and Peace[J]. Annals of Tourism Research, 1989, 16(3): 439 - 443.

[47] Jones C, Munday M. Blaenavon and United Nations World Heritage Site Status: Is Conservation of Industrial Heritage a Road to Local Economic Development? [J]. Regional Studies, 2001, 35(6): 585 - 590.

[48] Jucan C N, Jucan M S. Travel and Tourism as a Driver of Economic Recovery [J]. Procedia Economics and Finance, 2013, 6(1): 81 - 88.

[49] Kim Ⅲ, et al. Knowledge Spillovers and Growth in the Disagglomeration of the US Advertising-agency Industry[J]. Journal of Economics & Management Strategy, 2003, 12(3): 327 - 362.

[50] Kim S, Prideaux B. Tourism, Peace, Politics and Ideology: Impacts of the Mt. Gumgang Tour Project in the Korean Peninsula[J]. Tourism Management, 2003, 6: 675 - 685.

[51] Kniffen F. Folk Housing: Key to Diffusion[J]. Annals of the Association of American Geographers, 1965, 55: 549 - 577.

[52] Krige S. "The Power of Power": Power Stations as Industrial Heritage and Their Place in History and Heritage Education[J]. Yesterday Today, 2010, 5: 107 - 126.

[53] Krätke S. Global Media Cities in a World-wide Urban Network[J]. European Planning Studies, 2003, 11(6): 605 - 628.

[54] Krupar S R. Where Eagles Dare: An Ethno-fable with Personal Landfill (1) [J]. Environment and Planning D: Society and Space, 2007, 25: 194.

[55] Larsen J, Urry J, Axhausen K. Networks and Tourism, Mobile Social Life[J]. Annals of Tourism Research, 2007, 34(1): 244 - 262.

[56] Lees L. Super-gentrification: The Case of Brooklyn Heights, New York City [J]. Urban Studies, 2003, 40(12): 2487 - 2509.

[57] Lees L. Towards a Critical Geography of Architecture: The Case of an Ersatz Colosseum, Ecumene, 2001, 8: 51 - 86.

[58] Lim K F. Transnational Collaborations, Local Competitiveness: Mapping the Geographies of Filmmaking in/through Hong Kong[J]. Swedish Society for Anthropology and Geography, 2006, 88B(3): 337 - 357.

[59] Llewellyn M. Poly Vocalism and the Public: "doing" a Critical Historical Geography of Architecture[J]. Area, 2003, 35: 264 - 270.

[60] Lowenthal D. Past Time, Present Place, Landscape and Memory[J]. Geographical Review, 1975, 65(1): 1 - 36.

[61] Mackinnon D, Cumbers A, Pike A, et al. Evolution in Economic Geography: Institutions, Political Economy, and Adaptation[J]. Economic Geography, 2009, 85(2): 129 - 150.

[62] Ma M. Hassink R. An Evolutionary Perspective on Tourism Area Development [J]. Annals of Tourism Research, 2013, 41: 89 - 109.

[63] Ma M. Hassink, R, Path Dependence and Tourism Area Development: The Case of Guilin, China[J]. Tourism Geographies, 2014, 16(4): 580 - 597.

[64] Martensen A, Grønholdt L. Improving Library Users' Perceived Quality, Satisfaction and Loyalty: An Lntegrated Measurement and Management System[J]. The Journal of Academic Librarianship, 2003, 29(3): 140 - 147.

[65] Martin R, Sunley P. Towards a Developmental Turn in Evolutionary Economic Geography? [J]. Regional Studies, 2015, 49: 5, 712 - 732.

[66] Mathews V. Lofts in Translation: Gentrification in the Warehouse District, Regina, Saskatchewan[J]. The Canadian Geographer, 2019, 63(2): 284 - 296.

[67] Mathews V, Picton R M. Intoxifying Gentrification: Brew Pubs and the Geography of Post-industrial Heritage[J]. Urban Geography, 2014, 35(3): 337 - 356.

[68] Mehmood A. On the History and Potentials of Evolutionary Metaphors in Urban Planning[J]. Planning Theory, 2010, 9(1): 63 - 87.

[69] Mills M, Blossfeld H P, Buchholz A, et al. Converging Divergences? An International Comparison of the Impact of Globalization on Industrial Relations and Employment Careers[J]. International Sociology, 2008, 23(4): 561 - 595.

[70] Milne S, Ateljevic I. Tourism, Economic Development and the Globallocal Nexus: Theory Embracing Complexity[J]. Tourism Geographies, 2001, 3(4): 369 - 393.

[71] Mould O, Joel S. Knowledge Networks of "buzz" in London's Advertising Industry: A Social Network Analysis Approach[J]. Area, 2010, 42(3): 281 - 292.

[72] O'Hanlon S, Sharpe S. Becoming Post-industrial: Victoria Street, Fitzroy, *c*. 1970 to Now[J]. Urban Policy and Research, 2009, 27(3): 289 - 300.

[73] Pastras P, Bramwell B. A Strategic-relational Approach to Tourism[J]. Annals of Tourism Research, 2013, 43(1): 390 - 414.

[74] Pavlovich K. The Evolution and Transformation of a Tourism Destination Network: The Waitomo Caves, New Zealand[J]. Tourism Management, 2004, 24(2): 203 - 216.

[75] Peng H, Zhang J, Lu L, et al. Eco-efficiency and Its Determinants at a Tourism Destination: A Case Study of Huangshan National Park, China[J]. Tourism Management, 2017, 60(6): 201 - 211.

[76] Röling R W. Small Town, Big Campaigns: The Rise and Growth of an International Advertising Industry in Amsterdam[J]. Regional Studies,2010, 44(7): 829 - 843.

[77] Rofe M W. From "problem city" to "Promise City": Gentrification and the Revitalization of Newcastle[J]. Australian Geographical Studies, 2004,42(2): 193 - 206.

[78] Rogerson C M, Rogerson J M. Urban Tourism Destinations in South Africa: Divergent Trajectories 2001—2012[J]. Urbani Izziv,2014, 25(S): 189 - 203.

[79] Rojas C, Camarero C. Visitors' Experience, Mood and Satisfaction in a Heritage Context: Evidence from an Interpretation Center[J]. Tourism Management, 2008,29(3): 525 - 537.

[80] Romero-Padilla Y, Navarro-Jurado E, Malvárez-García G. The Potential of International Coastal Mass Tourism Destinations to Generate Creative Capital[J]. Journal of Sustainable Tourism, 2016,24(4): 574 - 593.

[81] Sauer C. The Morphology of Landscape[J]. University of California Publications in Geography, 1925, 2: 19 - 54.

[82] Scott A J. Cultural Economy and the Creative Field of the City[J]. Geografiska Annaler: Series B, Human Geography,2010, 92(2): 115 - 130.

[83] Scott A J, Pope N E. Hollywood, Vancouver, and the World: Employment Relocation and the Emergence of Satellite Production Centers in the Motion-picture Industry[J]. Environment and Planning A, 2007, 39(6): 1364 - 1381.

[84] Sepe M. Urban History and Cultural Resources in Urban Regeneration: A Case of Creative Waterfront Renewal[J]. Planning Perspectives,2013,28(4): 595 - 613.

[85] Shaw G, Williams A. Knowledge Transfer and Management in Tourism Organizations: An Emerging Research agenda[J]. Tourism Management, 2009, 30(3): 325 - 335.

[86] Sheng L. Specialization Versus Diversification: A simple Model for Tourist Cities[J]. Tourism Management,2011, 32(5): 1229 - 1231.

[87] Sheng L, Tsui Y. Foreign Investment in Tourism: The Case of Macao as a Small Tourism Economy[J]. Tourism Geographies,2010, 12(2): 173 - 191.

[88] Skramstad H. The Mission of the Industrial Museum in the Postindustrial Age[J]. The Public Historian, 2000, 22(3): 25 - 32.

[89] Starkey K, Barnatt C, Tempest S. Beyond Networks and Hierarchies: Latent Organizations in the U. K. Television Industry[J]. Organization Science, 2000, 11(3): 299 - 305.

[90] Stewart K. Atmospheric Attunements[J]. Environment and Planning D: Society and Space, 2011, 29: 445.

[91] Summerby-Murray R. Interpreting Deindustrialized Landscapes of Atlantic Canada: Memory and Industrial Heritage in Sackville, New Brunswick[J]. The Canadian Geographer, 2002, 46(1): 48 - 62.

[92] Taylor P J. The New Geography of Global Civil Society: NGOs in the World City Network[J]. Globalizations, 2004, 1: 265 - 277.

[93] Terhorst P, Erkus-Öztürk H. Urban Tourism and Spatial Segmentation in the Field of Restaurants: The Case of Amsterdam[J]. International Journal of Culture, Tourism and Hospitality Research, 2015, 9(2): 85 - 102.

[94] Tuan Y F. Rootedness and Sense of Place[J]. Landscope, 1980, 24(2): 3 - 8.

[95] Tuan Y F. Humanistic Geography[J]. Annals of the Association of American Geographers, 1976, 66(2): 266 - 276.

[96] Van Riper J. Heritage Narratives for Landscapes on the Rural-urban Fringe in the Midwestern United States[J]. Journal of Environmental Planning and Management, 2019, 62(7): 1269 - 1286.

[97] Walder A G. Local Governments as Industrial Firms: An Organizational Analysis of China's Transitional Economy[J]. The American Journal of Sociology, 1995, 101(2): 263.

[98] Waley P. Speaking Gentrification in the Languages of the Global East[J]. Urban Studies, 2015, 53(3): 615 - 625.

[99] Williams A M. Mobilities and Sustainable Tourism: Pathcreating or Path-dependent Relationships? [J]. Journal of Sustainable Tourism, 2013, 21(4): 511 - 531.

[100] Yin Y, Liu Z, Dunford M, et al The 798 Art District: Multi-scalar Drivers of Land Use Succession and Industrial Restructuring in Beijing[J]. Habitat International, 2015, 46: 147 - 155.

[101] Yoon Y, Uysal, M. An Examination of the Effects of Motivation and Satisfaction on Destination Loyalty: A Structural Model[J]. Tourism Management, 2005, 26(1): 45 - 56.

[102] Yu L, Chung M H. Tourism as a Catalytic Force for Low-politics Activities between Politically Divided Countries: The Cases of South North Korea and Taiwan China [J]. New Political Science, 2001, 4: 537 - 545.

[103] Zahra A, Ryan C. From Chaos to Cohesion—Complexity in Tourism Structures: An Analysis of New Zealand's Regional Tourism Organizations[J]. Tourism Management, 2007, 28(3): 854 - 862.

日文文献

[1] 半澤誠司. コンテンツ産業とイノベーション：テレビ・アニメ・ゲーム産業の

集積[M]. 東京：勁草書房，2016.

［2］富田和暁. 大阪市における情報サービス業と広告業のサービスエリアと立地地区[J]. 経済地理学年報，1982，28(4)：314－324.

［3］古川智史. 東京における広告産業の組織再編と地理的集積の変容[J]. 地理学評論，2013，86(2)：135－157.

［4］古川智史. クリエイターの集積におけるネットワーク構造：大阪市北区扇町周辺を事例に[J]. 経済地理学年報，2010，56(2)：88－105.

［5］河島伸子. 都市文化政策における創造産業——発展の系譜と今後の課題[J]. 経済地理学会年報，2011，57(4)：295－306.

［6］後藤和子. 文化と都市の公共政策：創造的産業と新しい都市政策の構想[M]. 東京：有斐閣，2005.

［7］金田章裕. 大地へのまなざし——歴史地理学の散歩道[M]. 京都：思文閣出版，2008.

［8］久末亮一. 香港「帝国の時代」のゲートウェイ[M]. 名古屋：名古屋大学出版会，2012.

［9］森嶋俊行. 近代化産業遺産の保存と活用に関する政策的対応の比較[J]. E-journal GEO，2014，9(2)：102－117.

［10］森嶋俊行. 企業創業地における近代化産業遺産の保存と活用：倉敷地域と日立地域の比較分析から[J]. 経済地理学年報，2014，60(2)：67－89.

［11］山本理佳. 近代産業景観をめぐる価値——北九州市の高炉施設のナショナル/ローカルな文脈[J]. 歴史地理学，2006，48(1)：45－60.［12］山本理佳.「近代化遺産」にみる国家と地域の関係性[M]. 東京：古今書院，2013.

［13］神田孝治. 観光空間の生産と地理的想像力[M]. 京都：ナカニシヤ出版，2012.

［14］松原宏. 経済地理学——立地・地域・都市の理論[M]. 東京：東京大学出版会，2006.

［15］松原宏. 知識と文化の経済地理学[M]. 東京：古今書院，2017.

［16］伊東孝. 日本の近代化遺産——新しい文化財と地域の活性化[M]. 東京：岩波書店，2000：1－8.

［17］趙政原. グローバル化にともなう中国広告産業集積地域の変容：上海市を事例に[J]. 経済地理学年報，2015，61(3)：181－201.

［18］中俣均. 空間の文化地理[M]. 東京：朝倉書店，2011.